Schwarzer Traum und weiße Sklavin
Deutsch-dänische Filmbeziehungen 1910-1930

D1672175

Ein CineGraph Buch
Herausgegeben von Hans-Michael Bock,
Wolfgang Jacobsen und Jörg Schöning

Schwarzer Traum und weiße Sklavin
Deutsch-dänische Filmbeziehungen 1910-1930

Redaktion
Manfred Behn

edition text + kritik

Mit Unterstützung der Kulturbehörde der Freien und Hansestadt Hamburg und der Stiftung Deutsche Kinemathek, Berlin

Übersetzungen: Gisela Neuhof (Quaresima) und Manfred Behn (Tybjerg)

Fotos und Dokumente: Dansk Filmmuseum, Kopenhagen (20), Stiftung Deutsche Kinemathek, Berlin (2), Bundesarchiv Potsdam (1), Heide Schlüpmann (3), CineGraph (2)

CIP-Titelaufnahme der Deutschen Bibliothek
Schwarzer Traum und weiße Sklavin: deutsch-dänische Filmbeziehungen 1910–1930 / Red. Manfred Behn. [Übers.: Gisela Neuhof und Manfred Behn]. – München: edition text + kritik, 1994
    (Ein CineGraph Buch)
    ISBN 3-88377-483-9
NE: Behn, Manfred [Red.]

Umschlag-Entwurf: Dieter Vollendorf, München, unter Verwendung eines Fotos aus dem Dansk Filmmuseum, Kopenhagen

Satz: fulgura frango, Hamburg / H & G Herstellung, Hamburg
Druck und Buchbinder: Schoder Druck GmbH & Co. KG, Gersthofen
Verlag edition text + kritik GmbH, München 1994
ISBN 3-88377-483-9

INHALT

Marguerite Engberg

ZWISCHEN KOPENHAGEN UND BERLIN
Ein Überblick

Schon vor der Jahrhundertwende kamen deutsche Filmpioniere nach Dänemark. Die ersten waren die Brüder Skladanowsky, die, nachdem sie ihre Bioscop-Bilder in Kristiania (Oslo) gezeigt hatten, nach Kopenhagen fuhren, wo sie am 2. Juni 1896 im Pantomimetheater im Tivoli ihre Premiere hatten. Ihr Programm wurde so beliebt, daß es einen ganzen Monat lief.
Am 1. November 1897 zeigte der Erfinder Oskar Messter seinen Cosmographen im Scala Varieté in Kopenhagen. Der Kritiker einer der größten kopenhagener Zeitungen Politiken schreibt am 1. 11. folgende Ankündigung: »Natürlich entgehen wir weder dem Eisenbahnzug noch dem Tunnel, obwohl das Publikum sich wohl bald müde gefahren hat. Zur Abwechslung stellt man sich in diesem Film vor, daß das Publikum in einer Bremskalesche auf einem der Wagen angebracht ist. Die Illusion ist nicht gering. Unter den übrigen Bildern gibt es einige Wiederholungen anderer Programme; andere sind deutsche Phantasiegebilde von einem grauenvollen Humor. Im Durchschnitt sind die Bilder schlechter als die, die in den übrigen Varietés der Stadt vorgeführt werden, obwohl es ein paar Ausnahmen gibt.«
Der Austausch ging indessen auch den anderen Weg. Peter Elfelt, der dänische Hoffotograf, interessierte sich für alle Neuheiten der fotografischen Kunst, wie zum Beispiel Perspektivbilder. Nach Erfindung des Films begann er bald Filme zu machen, kleine Reportagefilme, die das Leben des Königshauses und der Bürger beschrieben. Mit Perspektivbildern und Filmen bereiste er das ganze Land und fuhr auch nach Deutschland. Ein Programmzettel von einer seiner deutschen Vorstellungen ist erhalten geblieben. Aus diesem ergibt sich, daß die Vorstellung, die am 13. September 1904 in Schwerin stattfand, für die kaiserliche Familie abgehalten wurde.
Im Jahr 1906 wurde die Nordisk Films Kompagni, die erste dänische Filmgesellschaft, von Ole Olsen gegründet. Seine Erfahrungen als Kinobesitzer zeigten ihm, daß die bisherige Filmproduktion in keiner Weise die Nachfrage des Publikums befriedigen konnte. Er richtete zudem von Anfang an seine Gesellschaft auf den Export aus; sofort setzte ein beträchtlicher Export von dänischen Filmen nach Deutschland ein.
Von 1906 bis 1909 war die Nordisk Films Kompagni die einzige dänische Filmgesellschaft. Danach entstanden auch andere Gesellschaften. Eine von diesen, Fotorama, produzierte im Frühjahr 1910 einen Film, der Filmge-

schichte machte: DEN HVIDE SLAVEHANDEL (DIE WEISSE SKLAVIN). Außergewöhnlich an diesem Film war, daß er doppelt so lang dauerte wie alle anderen europäischen Spielfilme: Er spielte über eine halbe Stunde. Das Publikum mochte diesen langen Film und stand vor dem Kino Schlange. Sein Erfolg bewirkte, daß auch die anderen dänischen Gesellschaften die Produktion von langen Spielfilmen aufnahmen. Zu dieser Zeit gab es in Dänemark sieben Filmgesellschaften. Im September 1910 produzierte Kosmorama, eine der neuen Gesellschaften, den Film AFGRUNDEN (ABGRÜNDE), in dem Asta Nielsen ihr fabelhaftes Filmdebüt gab. Mit diesem Film war ein neues Genre entstanden: das erotische Filmmelodrama, das bald eine dänische Spezialität wurde und überall sehr beliebt war.

Lange Spielfilme wurden in ganz Europa populär; und da Dänemark das erste Land war, das diese langen Filme produzierte, wurden dänische Filme überall in großer Kopienzahl verkauft. Der Erfolg hatte zur Folge, daß dänische Künstler und Techniker ins Ausland geholt wurden. Schon Ende 1909 ging Viggo Larsen nach Berlin. Er hatte bei beinahe allen Spielfilmen der Nordisk Films Kompagni seit 1906 Regie geführt, wurde aber Ende 1909 wegen fehlenden künstlerischen Talents entlassen. In Deutschland wirkte er während der ganzen Stummfilmzeit als Schauspieler und Regisseur. Er gründete mit der Schauspielerin Wanda Treumann eine eigene Filmgesellschaft. Von seinen späteren Filmen kann man UBO THOMSENS HEIMKEHR (1920) erwähnen. Dieser Film zeigt gute Außenaufnahmen von der deutschen Ostseeküste, aber sein Rhythmus ist altmodisch. Viggo Larsen hatte kein durchschlagendes Talent. Ihm folgten viele andere Dänen.

Die bekanntesten der Vorkriegsjahre waren Asta Nielsen und Urban Gad, die zusammen 1911 nach Berlin kamen. Schon vor ihrer Abreise nach Deutschland war Asta Nielsen ein international bekannter Filmstar, der erste Europas. In Deutschland wurde ihr Ruhm gefestigt, und sie vergrößerte das Interesse für die deutsche Filmindustrie im Ausland. Auch ökonomisch war sie von größter Bedeutung für die PAGU, die mit dem Geld, das sie mit ihren Filmen verdiente, die ersten Studios in Neubabelsberg baute.

1912 reiste Alfred Lind nach Berlin. Er war als Spezialist für Zirkusfilme bekannt geworden, nachdem er DEN FLYVENDE CIRKUS (DER FLIEGENDE ZIRKUS) für Skandinavisk-Russisk Handelshus gemacht hatte. Einer seiner bekanntesten deutschen Filme war gleichfalls ein Zirkusfilm: ZIRKUS WOLFSONS LETZTE GALAVORSTELLUNG (1916). Ein weiterer dänischer Regisseur, der nach Deutschland ging, war Stellan Rye, der 1913 DER STUDENT VON PRAG drehte.

Einzelne deutsche Schauspieler wie Alwin Neuß und Ferdinand Bonn gingen den umgekehrten Weg; sie wurden bei der Nordisk Films Kompagni engagiert.

Neben erotischen Melodramen produzierte man in Dänemark unter anderem Kriminalfilme und Lustspiele. Unter den Kriminalfilmen waren die

Vampyrdanserinden (August Blom, 1911): Clara Wieth, Robert Dinesen

GAR EL HAMA-Filme (ab 1911) und die Filme um den MANDEN MED DE NI FINGRE (MANN MIT DEN NEUN FINGERN, ab 1914) die beliebtesten. Ob diese Filme deutsche Kriminalfilme beeinflußt haben, wäre eine Untersuchung wert. Die Produktion von Lustspielen wurde ab 1914 besonders rege; in diesem Jahr nämlich wurde Lau Lauritzen bei der Nordisk Films Kompagni angestellt. Zwischen 1914 und 1919 drehte er 203 Lustspiele. Er arbeitete mit einem festen Team von Komikern: Olga Svendsen, Oscar Stribolt, Carl Schenstrøm, Lauritz Olsen und Frederik Buch. Letzterer wurde unter dem Namen Knöpfchen in Deutschland besonders beliebt.

Eine wichtige Neuerung während der Vorkriegsjahre waren die sogenannten Autorenfilme, die man ab 1911 produzierte. Es war hauptsächlich die Nordisk Films Kompagni, die sich mit diesem Genre profilierte. Unter Autorenfilm verstand man einen Film, dessen Manuskript von einem zeitgenössischen Schriftsteller geschrieben wurde, oder einen Film nach aktuellen Romanen, Novellen oder Theaterstücken. Am besten sollte die Geschichte in der Gegenwart spielen. Einer der ersten Autorenfilme war DEN FARLIGE ALDER (DAS GEFÄHRLICHE ALTER, 1911), nach dem Roman von Karin Michaelis von der Nordisk Films Kompagni produziert. Im selben Jahr entstand die Kinografen-Produktion DE FIRE DJAEVLE (DIE VIER TEUFEL) nach einer

Novelle von Herman Bang, der selbst an der Ausarbeitung des Manuskripts beteiligt war. Im Jahre 1912 wurde die Zusammenarbeit mit den Autoren, besonders mit deutschen und österreichischen, systematisiert. Dies war Carl Ludwig Schröder, dem deutschen Dramaturgen der Nordisk, zu verdanken, der in Berlin arbeitete und die Verträge mit den Schriftstellern aushandelte. 1913 gelang es der Nordisk, die Rechte für Gerhart Hauptmanns Roman »Atlantis« und für Arthur Schnitzlers »Liebelei« zu bekommen. Beide wurden noch im selben Jahr verfilmt. 1914 wurde NED MED VAABNENE (DIE WAFFEN NIEDER!) realisiert. In diesem Fall hatte die Autorin Bertha von Suttner die Erlaubnis gegeben, daß ein Dramaturg der Nordisk das Manuskript schreiben dürfe – das war der junge Carl Theodor Dreyer.

Asta Nielsen wirkte bis 1916 in Deutschland; in diesem Jahr kehrte sie nach Dänemark zurück. Aber unmittelbar nach Kriegsende reiste sie wieder nach Deutschland, wo sie viel bessere Arbeitsbedingungen vorfand. 1916 kam ein anderer dänischer Schauspieler nach Berlin: Olaf Fønss, der in Deutschland besonders wegen der HOMUNCULUS-Filme (1916) berühmt wurde.

Zwischen 1910 und 1914 wurde die deutsche Niederlassung der Nordisk ausgebaut. Die Nordisk begann zu dieser Zeit, deutsche Premierenkinos zu kaufen, um die Distribution ihrer Filme besser zu kontrollieren. Gleichzeitig ging sie dazu über, die Filme zu verleihen statt sie zu verkaufen.

Die Produktion von dänischen Filmen erreichte 1914 ihren Höhepunkt. Die Nordisk produzierte 132 Filme; die anderen zwölf Gesellschaften brachten es zusammen auf 60 Filme. Doch schon vor dem Krieg entstanden die ersten Schwierigkeiten für die dänische Filmindustrie. 1913 hatten alle anderen Filmländer begonnen, lange Filme zu produzieren, so daß die Konkurrenz erheblich zunahm. Durch kostspielige Filme, insbesondere Autorenfilme, versuchte die Nordisk, konkurrenzfähig zu bleiben. Die kleinen Gesellschaften unterlagen im Wettbewerb; viele mußten schon vor 1914 aufgeben.

Obwohl Dänemark während des Krieges neutral blieb, wurde der Filmexport erschwert. Schon im November 1915 weigerte sich das englische Konsulat in Kopenhagen, die sogenannten »certificates of origin« für dänische Filme auszustellen. Dies bedeutete, daß von diesem Zeitpunkt an keine dänischen Filme nach England exportiert werden konnten. Bald schlossen sich Frankreich und später auch Italien dieser Blockade an. Der Grund für die Blockade war, daß die englischen Behörden meinten, die dänische Filmindustrie sei so eng mit der deutschen verbunden, daß man sie als mehr oder weniger deutsch betrachten müsse. Besonders die Verbindungen mit der Oliver-Filmgesellschaft waren Grundlage für diese Verdächtigungen bzw. Beschuldigungen.

Ein weiterer Schlag für den dänischen Filmexport war das 1916 von Deutschland verhängte Importverbot für ausländische Filme. Der totale U-Boot-Krieg nach 1917 bewirkte darüber hinaus, daß die Verbindungen in die USA abrissen; und als die russische Revolution ausbrach, verlor die dänische

Filmindustrie einen großen Markt. Dort nämlich waren besonders die Filme mit Valdemar Psilander höchst populär.

Ende 1917 zwang der deutsche Staat die ausländischen Filmgesellschaften, ihre Aktien dem deutschen Staat zu verkaufen. Für die Nordisk bedeutete dies unter anderem, daß sie alle ihre deutschen Premierenkinos verkaufen mußte. Finanzielle Gründe zwangen die Nordisk im selben Jahr, die Gesellschaft rigoros zu verkleinern. Sämtliche Verträge mit Künstlern und Technikern wurden mit Ablauf des Jahres gekündigt. Von da an wurden Verträge nur noch für einzelne Filme abgeschlossen, nicht mehr für die gesamte Saison. Das Resultat war, daß eine Abwanderung ins Ausland einsetzte, vorzugsweise nach Deutschland und Schweden.

Bei Kriegsende gab es nur noch zwei dänische Filmgesellschaften: außer der Nordisk hielt sich die Dansk Film Co. Letztere machte ausschließlich Filme mit Olaf Fønss. Dansk Film Co. war zu 50% mit deutschem Kapital finanziert. Die Firma war nur kurzlebig; schon 1921 ging sie in Liquidation.

Nach dem Krieg debütierte Carl Theodor Dreyer als Regisseur für die Nordisk mit PRAESIDENTEN (DER PRÄSIDENT). Er machte noch einen weiteren Film für die Nordisk, BLADE AF SATANS BOG (BLÄTTER AUS DEM BUCHE SATANS). Obwohl die Nordisk mit seiner Arbeit zufrieden war, war er gezwungen, nach dem zweiten Film ins Ausland zu gehen, um als Regisseur zu arbeiten. Die Nordisk schränkte ihre Produktion immer weiter ein; 1921 gab es fast ausschließlich Geld für die Filme des neuen künstlerischen Direktors A. W. Sandberg. Er versuchte, den Weltmarkt mit Dickens-Verfilmungen zurückzuerobern. Seine Bemühungen blieben vergebens – sie waren ökonomische Mißerfolge. Dasselbe galt für die meisten anderen Filme, die er produzierte. Sie waren zu kostspielig für die schwache Gesellschaft, die schließlich 1929 aufgelöst wurde.

Die Abwanderungsbewegung unter dänischen Künstlern und Technikern nahm während der zwanziger Jahre noch zu. Die Kameraleute Axel Graatkjær (schon 1913), Hugo und Carl Ludwig Fischer, Ludvig Lippert und Frederik Fuglsang, die Regisseure Einar Zangenberg, Holger-Madsen, Valdemar Andersen, Svend Gade, Robert Dinesen, A. W. Sandberg und Urban Gad verbrachten ebenso wie Asta Nielsen den größten Teil dieses Jahrzehnts in Berlin. Urban Gad realisierte 1922 den wohl bekanntesten Film seiner Nach-Nielsen-Zeit: HANNELES HIMMELFAHRT nach der Vorlage von Gerhart Hauptmann.

Wie schlecht die Arbeitsbedingungen in Dänemark waren, zeigt sich auch daran, daß die bedeutendsten dänischen Filmkünstler in Deutschland tätig waren, nämlich Asta Nielsen, Benjamin Christensen und Carl Theodor Dreyer. Asta Nielsen machte meiner Meinung nach ihre besten Filme im Nachkriegsdeutschland; der expressionistische Filmstil gab ihr künstlerische Möglichkeiten, die sie früher nicht gehabt hatte: zu denken ist an DER REIGEN (1920) und DIRNENTRAGÖDIE (1927).

Dreyer machte zwei Filme in Deutschland: DIE GEZEICHNETEN (1922) und MICHAEL (1924). Obwohl DIE GEZEICHNETEN zu einer Zeit gedreht wurde, da der deutsche expressionistische Film Höhepunkte mit den Werken von Robert Wiene, Murnau und Fritz Lang erreichte, war Dreyer kaum davon beeinflußt. Dreyer versuchte, wie es der Verfasser der Romanvorlage Aage Madelung getan hatte, eine realistische Darstellung der Situation der russischen Juden während der Zarenzeit zu geben. Es war das erste Mal, daß Dreyer sich mit dem Antisemitismus beschäftigte. Das Thema sollte ihn nicht mehr loslassen: Mehr als 30 Jahre versuchte er vergeblich, einen Film über Christus und den Antisemitismus zu realisieren. Um DIE GEZEICHNETEN so wirklichkeitsnah wie möglich zu machen, wählte er vorzugsweise russische Schauspieler aus, die ja unter den zahlreichen russischen Emigranten im Berlin der zwanziger Jahre stark vertreten waren. Diese Schauspieler waren zumeist Schüler von Stanislavski und hatten einen naturalistischen Stil entwickelt, den Dreyer dem schwülstigen, theatralischen Stil der deutschen Schauspieler vorzog. Eine der Hauptrollen hatte indessen der dänische Schauspieler Johannes Meyer, ein Lieblingsschauspieler Dreyers. Meyer spielte die wichtige Rolle des diabolischen Mönchs. Die Uraufführung des Films fand am 7. Februar 1922 in Kopenhagen statt, die deutsche Erstaufführung zur Eröffnung des Primus-Palastes am 22. Februar in Berlin. In der dänischen Presse wurde der Film positiv aufgenommen: Typen und Stimmungen seien wohlgelungen.

Nach diesem Erfolg wandte sich der Ufa-Produzent Erich Pommer an Dreyer und schlug vor, Dreyer solle einen Film nach Herman Bangs »Mikael« machen. Die Bücher Bangs waren damals in Deutschland sehr populär. Dreyer war schnell einverstanden und begann mit der Arbeit. Für die große Rolle des Künstlers, im Film »Der Meister« genannt, hatte Dreyer sich ursprünglich Albert Bassermann gewünscht. Dieser mußte aber wegen anderer Verpflichtungen ablehnen. Dreyer übertrug nun Benjamin Christensen die Rolle, eine glückliche Wahl, wie sich zeigen sollte. Christensen hatte zuvor die Arbeit an SEINE FRAU, DIE UNBEKANNTE beendet. Den Michael besetzte Dreyer mit Walter Slezak, die Fürstin Lucia Zanukof mit Nora Gregor. Nach späteren Aussagen von Asta Nielsen hatte Dreyer ihr die Rolle der Fürstin angeboten, sie habe aber abgelehnt. Auch in diesem Film arbeitete Dreyer realistisch; aber hier lebten die Personen in einem durch und durch falschen Milieu. Stilistisch ist der Film eine verfeinerte Arbeit; Dreyers Beschreibungen betonen den Abstand zur verlogenen Künstlerwelt. Mit vielen Großaufnahmen, die einen Kontrast zu den Totalen der pompösen Salons bilden, hat Dreyer etwas Typisches vom Stil Herman Bangs getroffen; darüber hinaus ist der Film stilistisch ein Vorläufer von LA PASSION DE JEANNE D'ARC (1928).

Glücklicherweise war nicht die gesamte dänische Filmindustrie während der zwanziger Jahre gelähmt. Es gab einen Lichtpunkt: A/S Palladium. Palla-

Klovnen (A. W. Sandberg, 1916): Valdemar Psilander

dium war ursprünglich eine schwedische Gesellschaft, die nach dem Krieg, als die Arbeitsbedingungen für dänische Filmleute sehr schlecht waren, viele Dänen aufgenommen hatte. Auch viele dänische Filmateliers, die leer standen, wurden von schwedischen Firmen wie der Palladium angemietet. Unter den Künstlern befand sich seit Ende 1919 der Regisseur Lau Lauritzen, der für die schwedische Palladium 1920/21 viele erfolgreiche Lustspiele drehte. Als die Gesellschaft 1921 beschloß, die Filmproduktion einzustellen, entschieden sich Lau Lauritzen und der Geschäftsmann Svend Nielsen, die Produktion von Lustspielen nach Dänemark zu verlagern. Ende 1921 wurde die dänische Palladium gegründet. Bis 1925 produzierte Palladium ausschließlich Lustspiele mit dem von Lau Lauritzen erfundenen Komikerpaar FYRTAARNET OG BIVOGNEN. Drei bis vier dieser anderthalb Stunden langen Filme kamen jedes Jahr heraus. Die Erfindung des Komikerpaares war ein großer Coup; sie waren das erste Komikerpaar, das weltberühmt wurde. Fyrtaarnet wurde von Carl Schenström, Bivognen von Harald Madsen dargestellt. Auch in Deutschland wurden die beiden schnell beliebt: als Pat und Patachon. Nach dem deutschen Erfolg von HAN, HUN OG HAMLET (ER, SIE UND HAMLET) erwarb 1922 der deutsche Verleiher Lothar Stark das Alleinvertriebsrecht in Deutschland für die Filme des Komikerpaares. Zur selben

Zeit verpflichtete sich Svend Nielsen, jedes Jahr vier Filme mit den Komikern zu produzieren. Die Lieferung funktionierte bis 1925, als Lauritzen mit
der Arbeit an DON QUIXOTE begann. Von da an mußten auch andere Regisseure Pat und Patachon-Filme drehen, um den Verpflichtungen nachkom-
men zu können. So wurden auch in Österreich, England und Deutschland
Filme gedreht. Der erste deutsche Film mit Pat und Patachon war zugleich
ihr erster Tonfilm: TAUSEND WORTE DEUTSCH (1930). Zur Premiere dieses
Filmes reisten die Hauptdarsteller nach Hamburg. Ein Zitat aus dem Hamburger Anzeiger vom 9. Januar 1931 gibt einen Eindruck von der Popularität
der Komiker: »Pat und Patachon in Lebensgefahr. Stürmischer Empfang des
dänischen Komikerpaares in Hamburg. Heute vormittag 10.26 Uhr trafen
Pat und Patachon mit dem Kopenhagener D-Zug auf dem Hamburger Haupt-
bahnhof ein. Punkt 10.27 Uhr befanden sie sich in Lebensgefahr. Tausend
Menschen, die sich eine Bahnsteigkarte leisten konnten, standen wartend
auf dem Bahnsteig 2. Tausende warteten kostenlos in der Bahnhofshalle.
15–20 Wagen der Ufa-Theater und der Schauburgen waren als Eskorte
vorgesehen. Sie konnten überhaupt nicht in Funktion treten. Sie wurden
von der begeisterten Menge platt an den D-Zug gedrückt. Punkt 10.29 Uhr
klirrten die ersten Fensterscheiben. Eingedrückt. Eine Minute später verlor
Frau Madsen (Patachon) aus Kopenhagen ihren Hut, dann endlich, sehr,
sehr langsam gelang es der Kavalkade, angeführt von den Reklamechefs des
Schauburg-Konzerns, sich über den Bahnsteig zu schieben. Ein Leiterwagen
hing voller Menschenbündel, Bänke und Fahranzeiger wurden im Sturme
genommen. Einiges fiel um.« Mit dem Film TAUSEND WORTE DEUTSCH
haben wir aber die Zeit des Stummfilms schon verlassen.

Peter Lähn

AFGRUNDEN UND DIE DEUTSCHE FILMINDUSTRIE
Zur Entstehung des Monopolfilms

»Pathé, Gaumont und die Nordisk waren vor genau 15 Jahren die Könige der Filmproduktion, und eine verrückte Löwenjagd, die Ole Olsen auf einer dänischen Insel aufgenommen hatte, hielt denn zehn Minuten lang alle europäischen Kinobesucher in Atem, bis schließlich DIE WEISSE SKLAVIN den Erfolg von Olsen noch mehr erhöhte und ihn für alle Zeiten zum größten Filmindustriellen Dänemarks machte«[1], erinnert sich 1925 der düsseldorfer Filmfabrikant Ludwig Gottschalk an 1910 zurück. Er beschreibt die wirtschaftlichen Gegebenheiten im deutschen Filmgewerbe durchaus treffend.

Die vorgenannten Firmen, denen noch die Firma Eclair zuzurechnen ist, beherrschen, was die Filmproduktion anbelangt, zu diesem Zeitpunkt den europäischen Markt. In Deutschland haben sie ihre Verkaufsfilialen hauptsächlich in Berlin; von dort werden die jeweils neuesten Programme an die Abspieler vertrieben. Die Produktion umfaßt sowohl Spielfilme in den Populärgenres Kriminal- und Detektivfilm, Komödie, Melodram und phantastischer Film als auch ›Kulturfilme‹ bzw. Dokumentationen wie Aktualitäten, Naturaufnahmen oder wissenschaftliche Berichte. Die Filme sind um 1910 zwischen 15 und 300 Meter lang, was einer Projektionsdauer von zwei bis fünfzehn Minuten entspricht; sie werden von den Abspielern zu einem Gesamtprogramm zusammengestellt.

Die von Gottschalk erwähnten Filme hat die von Ole Olsen 1906 in Kopenhagen gegründete Produktionsfirma Nordisk hergestellt. Die Löwenjagd entstammt dem Film LØVEJAGDEN (LÖWENJAGD), 1907, der vom Hausregisseur der Nordisk, Viggo Larsen, inszeniert und von der Nordisk in 259 Kopien verkauft wird.[2] Bei einem Verkauf von zwanzig Kopien sind die Produktionskosten eines Films amortisiert.

In Deutschland gibt es zu diesem Zeitpunkt keine nennenswerte Filmproduktion, die mit den französischen und dänischen Filmen konkurrieren könnte. Allein der mittelständische Erfinder und Unternehmer Oskar Messter, der seit den Anfängen der Kinematographie 1896 diese in allen Sparten der Produktion (von der Herstellung von Projektoren, der Entwicklung des Malteserkreuzes bis zur Lieferung der ›Software‹ der Filme) innovativ begleitet, stellt Filme her, die zuerst den Verkauf seiner Projektionsmaschinen unterstützen sollen. 1903 entwickelt er unter anderem das ›Biophon‹, eine Apparatur, die Projektor und Grammophon dergestalt synchronisiert, daß

›Tonbilder‹ auf die Leinwand projiziert werden. Bis 1909 kann Messter sich
mit dieser Erfindung auf dem Filmmarkt behaupten. Da die Technik der
Tonsynchronisation aber sehr arbeitsintensiv in der Vorführung und zudem
störungsanfällig ist, kann sie auf Dauer mit den zunehmenden Standardisie-
rungen der Vorführungstechnik nicht konkurrieren. Auch fehlt es Oskar
Messter an Kapital, um auch nur annähernd die Produktivität der französischen Firmen und der Nordisk zu erreichen.

Während es für einen deutschen Unternehmer in der Filmproduktion nicht
viel zu verdienen gibt, nimmt sich das nicht so kapitalintensive Filmtheater-
gewerbe besser aus. Die Kinobetriebe des Frankfurter Geschäftsmanns Paul
Davidson, die er ab 1906 in einigen Großstädten eröffnet, entwickeln sich
zum erfolgreichsten Theaterbetrieb in Deutschland. Sein erstes Kino, das er
im Juni 1906 in Mannheim gründet, gibt auch den weiteren Kinos, die er in
den Zentren der Städte etabliert, den Namen: Union-Theater (U.T.-Theater).
Paul Davidson ist maßgeblich daran beteiligt, daß ortsfeste Kinos die Norm
werden und dadurch die Voraussetzungen geschaffen sind, dem Konsump-
tionsbereich eine solide Basis zu geben. Nach einer Statistik aus dem Jahre
1910 existieren in den erfaßten Gebieten 456 Kinos. Berlin ist Spitzenreiter
mit 139 festen Häusern, Hamburg weist mit 40 Kinos eine geringere Dichte
auf.[3] Davidsons Geschäfte sind überaus erfolgreich. Eine Aufstellung der
Reingewinne seiner Firma Projektions-AG »Union« weist schon im ersten
Jahr einen Gewinn von 98.067 Mark aus, der sich 1911 auf 154.010 Mark
stark erhöht hat.[4]

Die gängige Verwertung der Filme durch die Theaterbesitzer erfolgt durch
den Kauf der Filme, die wiederum, um die hohen Anschaffungskosten zu
amortisieren (in der Fachliteratur werden Preise zwischen 500 und 5.000
Mark pro Film genannt), an weitere Kinotheaterbesitzer verkauft werden.
Doch dieser direkte Verwertungszusammenhang zwischen Produktion und
Konsumption ist zu starr, so daß die Kinotheaterbesitzer ein neuartiges Vertriebssystem für die Filme schaffen, indem der Filmverleih sich als Handels-
geschäft zwischen Filmproduktion und Abspieler setzt. Der so gestaltete
Filmverleih ermöglicht den Kinobesitzern eine größere Variabilität der Pro-
grammgestaltung, denn mit der Zunahme der festen Abspielstätten »steigerte
sich auch des Bedürfnis des Publikums nach Abwechslung im Film-
programm, was die Kinotheaterbesitzer zu einem häufigeren Wechsel der
vorgeführten Filmsujets veranlaßte«[5]. Auch die Produktionsfirmen schaffen
durch das Filmvertriebsgeschäft einen Zwischenhandel, der die Verteilung
der Filmproduktion optimieren hilft.

Im September 1910 fährt Ludwig Gottschalk, der nach seinen Angaben zu
dieser Zeit in Deutschland das Verleihgewerbe repräsentiert, nach Kopenhagen, auf der Suche nach günstigen Filmen. Dort sieht er in einem Theater
einen Film der neuen, langen Generation: AFGRUNDEN, mit Asta Nielsen in
der Hauptrolle, die in diesem Film unter der Regie von Urban Gad ihr Kino-

debüt gibt. Für Asta Nielsen ist die Beschäftigung mit dem Film eher eine Nebentätigkeit, da sie zur Zeit kein festes Engagement am Neuen Theater in Kopenhagen hat. Sie schlägt Urban Gad, der als Ausstatter am selben Theater ist und mit dem sie auch als Autor und Regisseur schon zusammengearbeitet hat, vor, einen Film zu verfassen, bei dem Gad auch die Regie führen soll, unter der Voraussetzung, daß das für die Herstellung erforderliche Kapital aufgetrieben werden kann. Gad schreibt sein erstes Filmmanuskript für Asta Nielsen, für AFGRUNDEN. In der Erinnerung von Asta Nielsen stellt sich diese für ihre Karriere so bedeutsame Episode folgendermaßen dar: »Bald war auch der Inhaber eines kleinen Kinos in Kopenhagen, namens Davidsen, als Geldgeber gewonnen. Der Mann bewies Mut, indem er sein kleines Vermögen an das kühne Experiment wagte. (...) Der Film ABGRÜNDE wurde im Juni auf einem entlegenen Gefängnishof in Kopenhagen gedreht. Eine notdürftig zurechtgezimmerte Tribüne war der Schauplatz der Handlung. Die einzige Beleuchtung war die Sonne. Herstellungsdauer eine Woche. (...) Alle Rollen waren auf mein Betreiben mit Berufsschauspielern besetzt. Als der Film nach Fertigstellung vorgeführt wurde, stellte sich heraus, daß die Photographie entsetzlich war. Die Arbeit des einzigen ›Fachmanns‹ war nahezu unbrauchbar. Der Geldgeber fiel vor Schreck beinahe in Ohnmacht und mußte die folgende Zeit über das Bett hüten. Zwei Wochen später hatte er gleichwohl das Glück, den Film in Bausch und Bogen nach Düsseldorf zu verkaufen. (...) Nach Ablauf eines halben Jahres war er wieder soweit, daß er sich krank fühlte, als ihm nämlich die unzweifelhafte Kunde wurde, daß der Käufer in Düsseldorf an diesem Film reich geworden war.«[6]
Die Produktion von AFGRUNDEN hat Hjalmar Davidsen, ein Freund von Urban Gad und Inhaber des Kosmorama (Uraufführungskino von AFGRUNDEN), übernommen. Die Produktionsgesellschaft Fotorama hat kurz zuvor mit dem Film DEN HVIDE SLAVEHANDEL (DIE WEISSE SKLAVIN) ein überaus erfolgreiches Geschäft gemacht. Der Film wird im selben Jahr von der Nordisk plagiiert (DEN HVIDE SLAVEHANDEL I). Der von Asta Nielsen gescholtene Kameramann Alfred Lind arbeitet als Regisseur und Kameramann seit 1906 für die Fotorama.
Der Filmverleiher Gottschalk ist nicht nur von dem Spiel Asta Nielsens elektrisiert. Er erkennt sofort die wirtschaftlichen Möglichkeiten, die in der Verwertung dieses Filmes stecken. Das »kleine Vermögen« allerdings verdient Gottschalk an einer neuen Vertriebsform, die er mit dem Verleih von AFGRUNDEN in Deutschland etabliert: mit dem ›Monopolfilm‹. Gottschalk, dessen Firma, die Düsseldorfer Film-Manufaktur, AFGRUNDEN vertreibt, teilt Deutschland in Verleih- und Absatzgebiete auf; auf diese Weise wird dem Kinotheaterbesitzer für einen bestimmten Zeitraum eine von der Konkurrenz ungeschmälerte Ausnutzung der Aufführungsrechte gesichert. Bei der bisherigen Verleih- bzw. Verkaufspraxis ließen sich Doppelbespielungen eines Filmes in einer Stadt nicht vermeiden.

Gottschalk macht sein neues Vertriebssystem über Fachzeitschriften publik. Zwei Monate nach der Uraufführung von AFGRUNDEN schaltet er ganzseitige Anzeigen und verkündet:»Das sensationelle Theater-Drama ABGRÜNDE, ca. 850 Meter, ist kaum einige Tage angeboten, und schon haben es sich die bedeutendsten Kinematographen-Theater Deutschlands gesichert. Unzählig sind die Nachfragen und Bestellungen, die täglich noch einlaufen. Da ich verschiedene Ausgabe-Tage für die verschiedenen Teile Deutschlands fest-gesetzt habe, ist jeder Theaterbesitzer in der Lage, sich das konkurrenzlose Erstaufführungsrecht dieses Schlagers bis zur zehnten Woche in einem Ort zu sichern. Ich verleihe ABGRÜNDE für die erste bis zur zehnten Woche und liefere erschöpfendes Reklamematerial. Umgehende Bestellung ist im Inter-esse eines jeden Reflektanten. Düsseldorfer Film-Manufaktur Ludwig Gott-schalk.«[7] Zwei Monate später vermeldet Gottschalk anhaltenden Erfolg: »Das Sensationsstück ABGRÜNDE, Theater-Drama in 2 Akten von Urban Gad, verließ als größter Glücksbringer, als größter Kassenmagnet das Jahr 1910 und tritt als größter Geldmacher für die Kinematographentheater ins neue Jahr 1911 ein.«[8] Unverstellt hebt Gottschalk die wirtschaftlichen Aspekte seiner Beziehung zum Produkt Film hervor und versäumt es nicht, das Verwertungsmonopol für AFGRUNDEN auch auf das Ausland auszudeh-nen. Gottschalk ist mithin der erste Filmunternehmer, der den Einstieg in den internationalen, das heißt europäischen Filmhandel schafft. Seinen Aus-sagen nach knüpft er Handelsbeziehungen mit den Vertretern der Film-branche in Spanien, Frankreich, Italien und Rußland sowie Österreich, Un-garn und dem Balkan.

Die Neuorganisation des Filmvertriebs durch Filmmonopol-Lizenzen gestal-tet fortan den Markt übersichtlicher. Die Kinotheater allerdings differenzie-ren sich in Theater mit Erstaufführungsrechten und Zweitabspieler. Bis zur allgemeinen Durchsetzung des Monopolfilm-Systems ist es allerdings noch ein langer Weg. Ab 1912 gehen die kapitalkräftigen Verleihfirmen überwie-gend dazu über, Monopol-Lizenzen zu vergeben. Dies bedeutet den Einstieg in die wirtschaftlich kalkulierte Filmproduktion und schafft die Vorausset-zungen eines reibungslosen Vertriebs, der notwendig ist, um die ortsansäs-sigen Kinos mit neuer Ware zu versorgen. Um die Filme bestmöglich aus-werten zu können, ist ein sogenannter (unbefugter) Pendelverkehr unter Theaterbesitzern üblich; sie tauschen Filme untereinander aus und verwer-ten die Filme innerhalb der Mietdauer in mehreren Theatern. Erst 1916 entstehen, unterstützt durch die kriegsbedingte wirtschaftliche Abgeschlos-senheit, organisatorische Konzentrationsbewegungen der einzelnen Film-unternehmenssparten. Im November 1916 wird der erste Verband, der Zen-tralverband der Filmverleiher Deutschland e.V., durch 36 Verleihfirmen gegründet.[9] Der Verband unterbindet den Pendelverkehr, schafft günstigere Verleihabkommen mit den Theaterbesitzern und teilt die Absatz- und Ver-triebsgebiete neu ein, die auch für die gesamte Filmindustrie verbindlich

Afgrunden (Urban Gad, 1910): Poul Reumert, Asta Nielsen

werden: Berlin und das östliche Deutschland, Sachsen, Rheinland und West-
falen, Hamburg und Süddeutschland.
Aber nicht nur wirtschaftlich ist AFGRUNDEN ein Initiationsfilm. Die zeitge-
nössischen Kritiken sehen in ihm den Anfang der Filmkunst, eine gelungene
Synthese aus künstlerischem Anspruch und wirtschaftlichem Erfolg: »Man
mag über Urban Gads ABGRÜNDE denken wie man will. Sicherlich hat dieses
Filmdrama den größten Einfluß auf unser Theaterleben ausgeübt. Eine
Wandlung, ein Stimmungsumschlag hat sich vollzogen, der bedeutungsvoller
ist, als das Auftreten des Naturalismus, der Naturromantik und anderer
Kunst- und Literaturströmungen, die mit soviel Lärm angekündigt worden
sind. Es ist kein neues Prinzip, keine neue Richtung, die so kampflos einen
so plötzlichen Sieg davongetragen hat. Literaten, Schauspieler und
Theaterfreunde sind in das Kinematographentheater gegangen und haben in
wenigen Abenden Gefallen gefunden an einer neuen Schauspieltechnik.«[10]
Der legitimatorische Charakter der Kritiken ist nicht zu übersehen. Es ist
Asta Nielsens Verdienst, daß die ›Kino-Kunst‹ sich aus dem ihr auferlegten
Vergleich mit dem Theater zu lösen vermag und dem Film eine eigenständi-
gene Ebene zugestanden wird: »In künstlerischer Hinsicht ist es vor allem
die Geste, die Bewegung, der Tanz, es sind die Mittel der Pantomime, die die

Wirkung der Kinodramen außerordentlich zu vertiefen vermögen. Alle diese Umstände mögen zu dem sensationellen Erfolg des Lichtbild-Theater-Dramas ABGRÜNDE, das jetzt im Palasttheater in Düsseldorf zweimal abendlich vor ausverkauftem Haus gegeben wird, beigetragen haben. Alle Welt ist davon überzeugt, daß diese Vorführungen das Theaterereignis des Jahres bedeuten, und so ist denn die öffentliche Meinung gezwungen, wenigstens von dieser Ansicht Notiz zu nehmen«, faßt ein unbekannter Kritiker seinen Eindruck zusammen.[11] Die Zuschauer gehen in das Kino, »nicht weil es zum guten Ton gehört, nicht, weil man dort gesehen werden kann, sondern weil sie gefesselt, gepackt, angeregt, gespannt, geschüttelt werden wollen. Die Menschen wollen immer ›das Wunderbare‹ sehen und erleben. Und deswegen gehen sie zum Kinematographentheater. Im Jahre 1910 waren es in Düsseldorf 440.502 Menschen.«[12]

AFGRUNDEN bedient sich der Attraktionen in einer sehr subtilen Weise. Die Exposition des ›Theater-Dramas‹ spielt mitten im pulsierenden Leben von Kopenhagen und veranschaulicht ein ungebrochenes und unverfangenes Verhältnis zur Realitätsdarstellung. Magda (Asta Nielsen), Erzieherin in einem Pastorenhaushalt, wartet auf eine Straßenbahn. Sie steigt ein, und von da an folgt die Kamera der Protagonistin auf allen ihren Wegen. Sie begleitet in der Eingangssequenz Martha auf der hinteren Plattform der Straßenbahn, wo sie ihren späteren Geliebten, den Artisten Rudolph kennenlernt; seinetwegen wird sie ihre bürgerliche Existenz aufgeben. Das Drama entwickelt sich gewissermaßen aus dem Leben heraus; noch heute faszinieren die dokumentarische Genauigkeit und Lebendigkeit der Großstadt- und Straßenaufnahmen.

Die Natürlichkeit der Darstellung vor allem in Asta Nielsens Spiel unterscheidet AFGRUNDEN von dem bis dahin gängigen Kino, allerdings verzichtet Gad keinesfalls auf die attraktiven Versatzstücke des Varietés. Der Höhepunkt dieses Films ist der sogenannte ›Gaucho-Tanz‹, den Magda mit ihrem Geliebten als Varieténummer im Film vorstellt. Die Erotik und das sinnliche Begehren verdichten sich in diesem Tanz der Liebenden, wobei Magda/Asta Nielsen eindeutig das Tempo in dem leidenschaftlichen Spiel zwischen Forderung und Verweigerung bestimmt und erstmals eine Demonstration ihres emanzipativen Rollenverständnisses gibt. Allein diese Darstellung läßt »offenbar die Herzen aller Varietékenner und Direktoren höher schlagen (...) Die Folge war, daß ich von so ziemlich allen großen Varietés Europas Engagementaufträge mit mir damals phantastisch hoch erscheinenden Gagenangeboten erhielt. Ich fand die Kraft, dankend abzulehnen.«[13]

Der überragende Erfolg von AFGRUNDEN erleichtert Asta Nielsen und Urban Gad allerdings nicht die Finanzierung künftiger Filmprojekte. Ein Angebot der Produktionsfirma Deutsche Bioscop stellt nur Asta Nielsen ein Engagement in Aussicht, das sie, unter der Bedingung, daß Urban Gad die Regie führen und die Manuskripte erarbeiten müsse, annimmt. HEISSES

BLUT (UA: März 1911) und NACHTFALTER (UA: 13.5.1911) sind ebenfalls so erfolgreich, daß Asta Nielsen und Urban Gad zusammen mit Paul Davidson noch im selben Jahr die Internationale Film-Vertriebsgesellschaft gründen: »Ich verpflichtete mich, ebenso wie Urban Gad, für die folgenden drei Jahre, von 1912 bis einschließlich 1914, auf je acht von uns zu liefernde Filme jährlich, gegen Beteiligung von einem Drittel am Gewinn. Damit war die erste internationale Filmgründung vollzogen.«[14]

1) Ludwig Gottschalk: 15 Jahre Monopolfilm. In: Lichtbild-Bühne, Nr. 247, 1925, S. 14. – 2) Vgl. die Chronik im Anhang. – 3) Karl Zimmerschied: Die deutsche Filmindustrie. Ihre Organisation und Stellung im deutschen Staats- und Wirtschaftsleben. Erlangen 1922, S. 54. Zimmerschied zitiert eine Statistik aus der ersten Dissertation, die sich mit der Filmproblematik unter juristischen Gesichtspunkten beschäftigt hat: Hans Werth: Öffentliches Kinematographenrecht. Erlangen 1910. – 4) Zimmerschied, S. 49. – 5) Ebd., S. 48. – 6) Asta Nielsen: Mein Weg im Film. Serie in der BZ am Mittag, 22.9.1928 und 24.9.1928. Wieder in: Renate Seydel, Alan Hagedorff: Asta Nielsen. Eine Bildbiographie. München 1981, S. 36-38. – 7) Der Kinematograph, 23.11.1910. – 8) Erste Internationale Film-Zeitung, 14.1.1911. – 9) Zimmerschied, S. 89. – 10) Gustav Melcher: Kino-Kunst in Düsseldorf. In: Lichtbild-Theater, Nr. 35, 1911. – 11) Der Kinematograph, 14.12.1910. Diese Kritik liefert auch die authentischen technischen Daten von AFGRUNDEN: »Es sei noch erwähnt, daß der Film 850 Meter lang ist und daß seine Vorführung 45 Minuten dauert. Die begleitende Musik hat Raimund Rasch geschrieben. Sie trägt viel dazu bei, die farblosen Bilder mit Leben und Farbe zu erfüllen und uns den technischen Apparat völlig vergessen zu lassen.« – 12) Vgl. Melcher. – 13) Asta Nielsen: Mein Weg im Film. In: Seydel, Hagedorff, S. 38. – 14) Ebd., S. 55.

Evelyn Hampicke

VOM AUFBAU EINES VERTIKALEN KONZERNS
Zu David Olivers Geschäften in der deutschen Filmbranche

Die Zeit vor dem Beginn und die ersten Monate des Ersten Weltkriegs bringen Bewegung in die deutsche Filmindustrie. Fusionen, Trennungen, Neugründungen um jeden Preis. Der Markt will bedient werden. Der übermächtige Konkurrent Pathé ist ausgeschaltet. Die international operierende dänische Filmgesellschaft Nordisk nutzt die Gunst der Stunde und erweitert ihre deutsche Tochtergesellschaft, die Nordische Films Co. Die seit 1906 in Deutschland arbeitende Firma entwickelt sich im Laufe der nächsten Jahre zum größten Verleiher Deutschlands. Geschäftsführer sind Ole Olsen, Direktor des dänischen Stammhauses, und der deutsche Geschäftsmann David Oliver. Er bringt seinen Besitz, die berliner Kammerlichtspiele am Potsdamer Platz und zahlreiche hervorragende Lichtspieltheater in der Provinz, vor allem im östlichen Teil des Reiches, mit ins Geschäft.

Im Auftrag des kopenhagener Stammhauses verfolgt die deutsche Tochter Nordische Films Co. folgende Strategie: zum einen die Sicherung des deutschen Absatzmarktes für Nordisk-Produktionen unabhängig von der politischen Entwicklung; zum anderen die Erweiterung des unter Nordisk-Einfluß stehenden Potentials als Ausgangsposition für die Zeit nach dem Krieg.

Die Nordische muß also mit Kapital ausgerüstet werden, um Neugründungen und Ankäufe auf dem deutschen Markt finanzieren zu können. Nach Lage der Dinge im Krieg ist es vorteilhaft, diese Geschäfte über einen deutschen Geschäftsmann oder noch besser: über eine in Deutschland eingetragene deutsche Firma abzuwickeln.

Am 6. Februar 1915 beschließt die Nordisk Films Kompagni in Kopenhagen, ihr Aktienkapital von 2 auf 4 Millionen Kronen zu erhöhen. 1 Million Kronen werden dem Vorstand zu Verfügung gestellt, um enge Verbindungen mit anderen ausländischen Betrieben zu knüpfen und Aktiva von Leuten zu erwerben, die Aktienbesitz einer Barzahlung vorziehen. Die Produktion sollte, wenn möglich, erweitert werden, um bei Friedensschluß operationsfähig zu sein. Die Nordische unterhält zu dieser Zeit deutsche Zweigniederlassungen in Berlin, Breslau, Düsseldorf und Leipzig. Das Netz der Zweigniederlassungen wird sich in der Folgezeit erweitern. David Oliver, der deutsche Statthalter der Nordisk, baut die Verleihfirma Nordische Films Co. zu einem erfolgreichen, von Konkurrenten immer wieder mit allen Mitteln angefeindeten, horizontalen Konzern aus, der clever gesichert ist.

☞ **Ab Mitte August** geben wir

wöchentlich über 5000 Meter Neuheiten 🖐

heraus, die sich zusammensetzen aus den besten Film-Marken der Welt:

„NORDISK"

„SVENSKA"

„OLIVER"

„Amerikanische Marken", Kalem, A. B. usw.

An erster Stelle erwähnen wir die große

Nordisk-Detektiv-Serie

sowie **Sensationen** mit nie dagewesenen Tricks und Effekten in höchster Vollendung.

Ferner die **„Oliver"-Marke** mit den weltbekannten Künstlern:

🖐 **Guido Thielscher, Dorrit Weixler** und viele andere.

NORDISCHE FILMS Co. G. m. b. H.

BERLIN, Friedrichstraße 225   DÜSSELDORF, Graf Adolfstr. 12
Telephon: Lützow 3143 und 3144   Telephon: 4446
BRESLAU, Bahnhofstraße 13   LEIPZIG, Windmühlenstraße 31
Telephon: 6350   Telephon: 20792, 20573, 20793
MÜNCHEN, Marienplatz 11-12 -- Telephon: 27680

Anzeige aus der Lichtbild-Bühne, 10.7.1915

Am 23.3.1915 schließt die Oliver-Films den Gesellschaftsvertrag in Bremen ab. Geschäftsführer ist der in Leipzig wohnhafte Direktor David Oliver. Gegenstand des Unternehmens ist die Anfertigung, der Ankauf und Verkauf sowie das Verleihen von Filmen; Stammkapital: 50.000 RM. Am 28.4.1915 wird die Gesellschaft in das Handelsregister Berlin unter der Nr. 13 732 eingetragen.

Obwohl im Handelsregister als ein Zweck der Oliver-Films der Verleih von Filmen genannt wird, läuft der Generalvertrieb über die Nordische. Bei unvorhergesehenen politischen Wendungen, wie sie zu Kriegszeiten üblich sind, könnte aber die Oliver-Films produzieren, ankaufen, verkaufen und verleihen. Die Firma bliebe manövrierfähig und könnte im Falle einer Abtrennung der dänischen Stammfirma und selbst bei einer Zwangsverwaltung der Nordischen alle Geschäfte des zu errichtenden Konzerns als rein deutsche Firma weiterführen. Die neugegründete Filmfabrik bezieht die ehemaligen Räume der Vitascope in der Lindenstraße. Künstlerischer Leiter wird Hermann Fellner, der frühere Leiter der Vitascope und der Projektions-AG »Union« (PAGU).

Ab Juli sind die Filme auf dem deutschen Markt. In Großreklamen erscheint neben dem auf der Weltkugel balancierenden Eisbären ein aus seinem Schlaf geweckter Löwe auf einem würdigen Sockel: Oliver-Films. Sogleich melden sich die ersten Mahner. Die Lichtbild-Bühne schätzt die Lage am 7.8.1915 auch sofort richtig ein: »Wenn er (Ole Olsen) sich für Deutschland Herrn Oliver zur Durchführung seiner Pläne gesichert hat, so muß man umsomehr eine große Vorsicht walten lassen, zumal Oliver sich als Kenner unserer Theaterverhältnisse erwiesen hat.« David Oliver ist zu dieser Zeit im deutschen Filmgeschäft kein Unbekannter mehr. Seit etwa 1905 ist er Theaterbesitzer. Seine Kinos sind ein Millionen-Objekt, die ihn sehr wohl befähigen, geschäftliche Transaktionen zu wagen. Er kennt die deutschen Verleiher, hat jahrelang Geschäfte mit ihnen gemacht; was wohl noch wichtiger ist: Er kennt die Bedürfnisse und Probleme, die Schwachstellen der Branche. Am 23.4.1915 meldet sich Oliver zur Mitgliedschaft des Presse- und Propagandaausschusses an. Später ist seine Mitgliedschaft im geschäftsführenden Vorstand des Verbandes zur Wahrung gemeinsamer Interessen der Kinematographie und verwandter Branchen nachweisbar.

Kurz nach der Gründung der eigenen Firma, im Frühjahr 1915, schließt Oliver ein weiteres erfolgreiches Geschäft ab. Um die Absatzmöglichkeiten auch im Westen des Reiches zu sichern und zu erweitern, erwirbt er von der PAGU die Kette der Union-Theater, die für deutsche Verhältnisse einen beachtlichen Umfang hat, für 1 Million, nach anderen Quellen 700.000 RM. Nach Olivers Angaben erfolgt der Kauf mit eigenen Mitteln aus seinen früheren Theatereinkünften und keinesfalls mit Mitteln der Nordisk Films Kompagni. Spätere Erklärungen Ole Olsens deuten jedoch auf ein Engagement aus Kopenhagen hin. Die PAGU und Oliver bringen ihre Theater in die neu gegründete Union-Theater-GmbH ein. An der Spitze steht Generaldirektor Oliver. Direktor Glücksmann tritt von der PAGU in die Leitung des neuen Unternehmens über. Generaldirektor Paul Davidson wird Aufsichtsrat der neuen Gesellschaft. Außerdem zählt die Nordische seit Kriegsbeginn ca. 65 Feldkinos zu ihren ständigen Abnehmern, die mit der prompten Bedienung sehr zufrieden sind.

Der derart erweiterte Einflußbereich der Nordischen Verleihgesellschaft löst Ängste in der deutschen Filmindustrie, unter den Verleihern und zum Teil auch bei den Theaterbesitzern aus. Die PAGU aber, damals die größte deutsche Filmfabrik, kommt aus den roten Zahlen. Ihre Geschäftsverbindungen mit Pathé wurden durch den Beginn des Krieges zerstört, die Fusion mit Jules Greenbaums Vitascope brachte nicht den gewünschten Erfolg. Die PAGU hat mit dem Erlös aus dem Verkauf die Möglichkeit, die Produktion zu sanieren. Sie betreibt in Zukunft nur noch die Fabrikation. Der Absatz der PAGU-Filme ist durch den Verleih der Nordischen vertraglich gesichert.

Olivers Nordische Films Co. bringt wöchentlich 7000 m Film in den Verleih, 2000 m liefern PAGU und Oliver-Film, 2000 m kauft er in Deutschland dazu, die Nordisk liefert aus Kopenhagen 2000 m; und 1000 m kommen aus Schweden von der Svenska und aus Amerika von den Firmen American Biograph und Kalem. In Großreklamen werden die Vertragsfirmen als Säulen oder Trümpfe in einer Hand dargestellt. Ein Blick auf die verliehenen Produktion der genannten Firmen macht das Selbstbewußtsein verständlich, mit dem der Verleiher Oliver die Probleme des Konkurrenzkampfes zu Fragen der Qualität ummünzt. Die Nordische beliefert die zahlreichen eigenen Theater und hat darüber hinaus auch Lieferverträge mit anderen Kinos.

Aber die Anwürfe gegen die Nordisk/Nordische werden immer wieder relativiert, wenn sich David Oliver in die Debatten der verschiedenen Vereinigungen der deutschen Filmindustrie einschaltet. Die Redner betonen, daß ihnen persönliche Angriffe auf Herrn Oliver fernliegen. Man kennt ihn seit Jahren als Ehrenmann, man bringt seinen offiziellen Erklärungen volles Vertrauen entgegen, bescheinigt ihm Zuverlässigkeit.

Gerade der Umstand, daß David Oliver das Bindeglied zwischen den verschiedenen Gesellschaften ist und an der Spitze der Nordischen steht, scheint nach Meinung des Kinematographen erhebliche Garantien für die Zukunft zu bieten, weil die Interessen Herrn Olivers sich hauptsächlich auf die deutschen Theater richten, in die er unendlich viel mehr Kapital investiert hat und die für ihn ein viel größeres Obligo bedeuten als die Beteiligung bei der Nordisk. Das würde bedeuten, daß für ihn im Konfliktfall immer erst die Interessen seiner Theater und dann erst diejenigen der Nordisk stünden.

Oliver vertritt in den Auseinandersetzungen ganz selbstverständlich die Interessen der Nordisk, der Nordischen, aber auch die der Oliver-Films sowie der anderen Firmen im Verleih der Nordischen. Das Interesse der im Kon-

zern der Nordischen Films Co. zusammenarbeitenden Firmen ist ein ge-
meinsames, das durchaus dem der Muttergesellschaft in Kopenhagen entspricht: Es geht um die Eroberung des deutschen Marktes und die Sicherung
des Gewinnes aller beteiligten Unternehmen. Um die bedrohliche Lage in
der deutschen Filmbranche zu entschärfen und Konfrontation zu vermeiden,
macht Oliver Zugeständnisse an die deutsche Filmindustrie. Er öffnet im
August 1915 seine Theater für die neuesten Henny Porten-Filme, für die bis
dahin die führenden berliner Lichtspielhäuser verschlossen waren. Er geht,
soweit ohne große Verluste möglich, im Sommer 1915 auf die Forderungen
der Theaterbesitzer und der Filmindustrie ein. Unter anderem versichert er,
keine Theaterkäufe mehr zu tätigen.
Oliver ist Produzent, Verleiher und Theaterbesitzer. Der Konkurrenzkampf
tobt auf allen Ebenen. Aber Oliver ist ein erfahrener Geschäftsmann, der
seine Unternehmen nach allen Seiten absichert. Er nutzt die Bedürfnisse des
deutschen Kinomarktes nach kurzen Filmen, die in Beratungen der deutschen Filmindustrie im August 1915 von den Theaterbesitzern gewünscht,
aber von den deutschen Produzenten dann doch nicht geliefert wurden. Im
Verleih der Nordischen sind die ›kleinen Bilder‹.
Die Oliver-Films Co. verzeichnet Produktionszahlen, die etwa in Höhe der
PAGU-Produktionen liegen. Insgesamt gibt die Oliver-Films im zweiten Jahr
ihres Bestehens 48 Filme in den Verleih der Nordischen. 1917 produziert sie
72, 1918 50 Filme. Bei Herbert Birett ist die Produktion der Oliver-Film von
1915 bis 1919, im Jahrbuch der Filmindustrie bis 1922 vermerkt. Das Pro-
duktionskonzept der Firma ist interessant, da es sowohl Spiel– als auch
Dokumentarfilme berücksichtigt. Es sind Lustspiele, Detektivfilme, Melodramen, aber auch dokumentarische Heimatbilder aus Deutschland, Städtebil-
der und Berichte über Lazarette, Frontgeschehen, Berichte über Industrie-
betriebe. Die Dokumentarfilmproduktion wird bis 1919 beibehalten. Ihr
Umfang ist geringer als der der produzierten Spielfilme. IM KAMPF UM VER-
DUN, KIRSCHBLÜTE IM ELBTAL, LEICHTATHLETISCHE WETTKÄMPFE DES 19.
ARMEEKORPS, WINTER IM HARZ, UNSERE HELDEN AN DER SOMME sind Titel
aus dem Angebot.
Immer wieder wird die rein deutsche Ausrichtung des Unternehmens betont,
die Firma scheint mit deutschem Engagement zu posieren:»Wir behaupten
und können jeder Zeit beweisen, dass unsere Gesellschaft nur mit
deutschem Kapital arbeitet und in gleicher Weise wie alle anderen Firmen
unserer Branche die Segnungen unseres Vaterlandes in Anspruch zu nehmen berechtigt ist. Dass unsere Gesellschaft bemüht ist, deutsche Films mit
deutschem Geist herzustellen, geht daraus hervor, dass wir die ersten deutschen Kräfte für unsere Unternehmungen gewonnen haben. In unserer Fa-
brik wird kein Ausländer beschäftigt und auch die Nordische Films Co. hat
keinen Einfluß auf unsere Gesellschaft.«[1] So stellt sich die Frage nach der
Art der Verbindungen der Unternehmen untereinander. In den zeitgenössi-

schen Blättern ist von Trust-Gefahr die Rede; PAGU, Oliver-Films und die Nordische werden als Nordisk-Töchter bezeichnet. Man kann davon ausgehen, daß die PAGU eine Geschäftsverbindung im Sinne eines Abnahme/Verleihvertrages mit der Nordischen Films Co. hatte, darüber hinaus aber selbständig manövrierte. Allein die befürchteten Unterbilanzen und Kapitalansprüche aus der PAGU/Vitascope/Pathé-Zeit bedingen eine gewisse Anlehnung an einen starken und vor allem geschäftstüchtigen Partner, der den Absatz der Produktion sichert. Von einer Tochterfirma im engen Sinne kann wohl nicht die Rede sein. Dennoch bestehen durch Davidson, der im Aufsichtsrat der Union Theater-Kette sitzt, und Fellner, den künstlerischen Leiter der Oliver-Films, Einflußmöglichkeiten und Verbindlichkeiten. Nach offiziellen Äußerungen David Olivers wäre demnach auch die Oliver-Films keine echte Tochter.

Nach Lage der Dinge ist so auch die Trust-Debatte neu zu bedenken:»Die PAGU und die Oliver Films arbeiten in Deutschland und ihr gesamter Reingewinn bleibt in Deutschland. Was die Theater anbelangt, so bleiben die Riesensummen für Mieten, Kinosteuern, Beleuchtung usw. in Deutschland. Für den Ankauf bzw. das Leihen von Filmen bleiben rund vier Siebentel in Deutschland, drei Siebentel gehen ins Ausland. Der gesamte Reingewinn bleibt in Deutschland.«[2]

Die Kapitalverbindlichkeiten der beteiligten Firmen untereinander mögen so klar, abgegrenzt und unanfechtbar sein, wie Oliver immer wieder darlegt, und die Richtigkeit seiner Angaben mit finanzieller Haftung verbürgt, allein die Tatsache der personellen Verbindlichkeiten deutet auf Abhängigkeiten hin, vor allem gestärkt durch das gemeinsame Interesse am geschäftlichen Überleben und am Gewinn. Im Zuge der geschäftlichen Transaktionen wird eine personelle Verflechtung der Unternehmen durch Wechsel von einer Firma zu anderen oder die direkte Einsetzung David Olivers in Geschäftsfunktionen der verschiedene Unternehmen offenbar.

David Oliver ist im August 1915 Teilhaber der Nordisk in Kopenhagen, Geschäftsführer der Nordischen Films Co, der größten Verleih-Firma Deutschlands, Besitzer und Geschäftsführer der Oliver Films GmbH, Besitzer und Geschäftsführer der Union Theater GmbH.

Oliver mußte sich sicher sein, daß er juristisch unantastbar war. Die Frage nach dem ausländischen Kapital in den Unternehmungen des Konzerns kann auch heute nicht definitiv beantwortet werden. So wie 1915 bleibt die Vermutung über die tatsächliche Verflechtung von Nordisk, Oliver und Nordischer Films Co.:

1) Es wäre Oliver möglich gewesen, als Teilhaber mit seinem Nordisk-Kapital zu operieren. Das kann selbst in der Kriegszeit der Fall gewesen sein, da die Nordisk mit dem Kapital deutscher Banken gegründet wurde. Zum anderen ist es möglich, daß die Käufe in Deutschland mit Olivers Kapital oder mit von ihm in Deutschland aufgenommenem Kapital getätigt wurden und er im

Gegenzug mit den oben genannten ›Aktien bei der Firma‹ gesichert wurde. Auslandsguthaben für die Zeit des Krieges und danach erscheinen lukrativ. Am 13. Dezember 1918 erklärt die Nordisk, deren Aktien an der Börse im letzten Monat von unter Tari auf bis zu 180 gestiegen sind, sie habe zu günstigen Bedingungen einen Teil ihrer ausländischen Interessen verkauft. Es handelt sich dem Verlauten nach um Veräußerung ihrer bedeutenden Beteiligungen an Kinotheatern, bzw. Filmfabriken in Deutschland.[3] Im Jahre 1921 gehen die Nordisk-Aktien in den Besitz des Deutschen Bankenkonsortiums über.[4]

2) Die Nordische Films Co. ist eine echte Tochter der Nordisk. Ihr Geschäftsführer ist Ole Olsen, aber auch David Oliver. Oliver ist kein Strohmann Olsens, er ist eher der Statthalter Olsens mit weitgehendsten Befugnissen. Die Nordische ist durch ihre Einzelunternehmen ein vertikaler Konzern, der im Falle einer Abtrennung von der Stammgesellschaft durch das Kriegsgeschehen lebens- und konkurrenzfähig sein würde, selbst wenn die Tochter der ausländischen Firma unter Zwangsverwaltung kommen sollte. Alle Funktionen, die die Nordische ausübt, hätten problemlos von der Oliver-Films aufgefangen werden können, da sie im Gesellschaftsvertrag von 1915 festgeschrieben wurden.

Ab Ende 1916 verkauft die Nordisk keine fertigen Filme mehr nach Deutschland, wiederholte Anträge auf Einfuhr werden von deutscher Seite abgelehnt. Es verbreitet sich das Gerücht, die Nordische Films Co. werde den Betrieb einstellen. Ein ganzseitiges Inserat in Der Kinematograph warnt die Gegner am 27.8.1917 vor unlauteren Konkurrenzmanövern.

Direktor Oliver stellt für Kriegsanleihen insgesamt 1,25 Millionen RM zur Verfügung. Noch vor der Eintragung der Ufa ins Handelsregister verhandelt der Oliver-Konzern wegen der Übernahme weiterer rheinisch-westfälischer Theater, eine westfälische Bank ist beteiligt, und einer großen Verleihfirma sagt man Käufe von Lichtspielhäusern nach.

1918 geht der von David Oliver, wahrscheinlich im Auftrage der Nordisk Films Kompagni, aufgebaute Filmkonzern Nordische Films Co. – bestehend aus: Oliver-Films, Theatergesellschaften der Nordischen und der Verleih-Firma Nordische – in die Ufa über. Sie ist mit 8,4 Millionen RM am Aktienkapital der Ufa beteiligt. Die PAGU schließt sich an.

Der Geschäftsführer der Nordischen Films Co. David Oliver wird als erster Fachmann der Branche für ein Jahreseinkommen von 44.000 RM nebst Gewinnbeteiligung an die Ufa gebunden. Er verantwortet das Theater- und Verleihgeschäft. Im Mai 1919 wird David Oliver Vorstandsmitglied der Decla. 1920 tauchen Gerüchte über eine bevorstehende Fusion zwischen Decla-Bioscop und Ufa auf. Am 2. Dezember 1920 tritt David Oliver aus dem Vorstand aus.[5] An seine Stelle tritt Rudolf Meinert, die Fabrikation übernimmt Erich Pommer. Hier verliert sich die Spur Olivers.

Nachsatz: 1928 hat ein Geschäftsmann Oliver Baugrund in Hamburg gekauft, um für die Phoebus-Film ein Büro-Gebäude mit Lichtspiel-Theater zu bauen. Die Ufa verhandelt mit einem Herrn Oliver, steigt in das Geschäft ein; es entsteht der Ufa-Palast. Jener Geschäftsmann Oliver, der in einschlägigen Darstellungen[6] keinen Vornamen hat, könnte David Oliver sein.

1) Der Kinematograph, 11.8.1915. – 2) Bild & Film IV, 12, 1914/15. – 3) Vgl. Der Kinematograph, Nr. 576, 16.1.1918. – 4) Jahrbuch der Filmindustrie 1921/22. – 5) Vgl. hierzu Wolfgang Jacobsen: Erich Pommer. Ein Produzent macht Filmgeschichte. Berlin/West: Argon 1989, S. 48. – 6) Vgl. Das Ufa-Buch. Hg. von Hans-Michael Bock und Michael Töteberg. Frankfurt am Main: Zweitausendeins 1992, S. 290.

Jeanpaul Goergen

NEUE FILME HABEN WIR NICHT ERHALTEN
Die deutsche Filmpropaganda 1917/18 in Dänemark

»In Skandinavien und Holland (ist) bisher für die Filmpropaganda wenig geschehen. Dort müßten erst neue Organisationen geschaffen werden.«[1] Eine
klare und unmißverständliche Lagebeschreibung, wie sie am 29. Juli 1916
bei einer Sitzung im Auswärtigen Amt (AA) zum Thema festgehalten wurde.[2]
Tatsächlich war bis dahin in puncto deutscher Filmpropaganda im neutralen
Ausland wenig passiert. Aktiv in diesem Sinn war lediglich die Zentralstelle
für Auslandsdienst (ZfA) beim AA; sie hatte die Aufgabe, auch
Wochenschauen in ihre Werbetätigkeit einzubeziehen[3] und vertrieb diejenigen der Firmen Messter und Eiko auf dem Balkan. Im Juli 1915 war für
den Wochenschaueinsatz eine Etatsumme von 10.000 RM vorgesehen,[4] ein
Jahr später standen »für Filmpropaganda« monatlich 10–15.000 RM zur Verfügung.[5] In Skandinavien vertrieb Messter seine Wochenschauen selbst –
mit Erfolg, denn im Mai 1916 meldete er, daß die Messter-Woche »in fast
sämtlichen Kino-Theatern Dänemarks, Schwedens und Norwegens gespielt
wird«.[6]
Vieles spricht dafür, den Juli 1916 als Wendepunkt in der bis dahin ablehnenden Haltung der maßgebenden Behörden, insbesondere der Obersten
Heeresleitung (OHL), gegenüber dem Film als Propagandamittel anzusehen.[7] Entscheidend war wohl die Sitzung vom 29. Juli 1916 im AA, auf der
eine besondere Stelle zur »Bearbeitung militärischer Filme« bei der OHL geschaffen wurde.[8] Ende August 1916 heißt es, daß das AA nicht nur auf dem
Balkan, sondern auch im übrigen Ausland »Filmaufklärung« betreiben
wolle.[9] Bereits Ende Oktober 1916 berichtet die ZfA, daß zur Durchführung
der Filmpropaganda in Skandinavien zunächst in Kopenhagen eine kleine
Film-Vertriebs-Gesellschaft in Form einer Aktiengesellschaft mit 20.000
Mark Kapital gebildet werde. Mit ihrer Organisation wurde »der bei der Kaiserlich Deutschen Gesandtschaft in Kopenhagen tätige Herr Leo Winz« beauftragt. Die Gesellschaft solle »auf rein geschäftlicher Grundlage« arbeiten;
die Filme der Militärischen Filmstelle seien zu »mäßigen« Preisen anzubieten.[10] Vor Oktober 1916 bediente sich die ZfA offenbar des Journalisten
Alfons Fedor Cohn, ständiger Berichterstatter der Vossischen Zeitung in Kopenhagen, um ihre Fotos und gelegentlich auch Kriegsfilme zu vertreiben.[11]
Parallel zu diesen amtlichen Bemühungen war die Deutsche Lichtbild-
Gesellschaft (DLG) auch in Skandinavien, insbesondere in Schweden, aktiv

geworden. Am 10. November 1916 meldete die deutsche Gesandtschaft aus Stockholm, bei ihr sei ein Herr Bintz von der Firma Kathreiner-Malzkaffee-Fabriken vorstellig geworden. Das Unternehmen wolle »zusammen mit einigen anderen deutschen Großfirmen sehr erhebliche Mittel für das geplante Propagandaunternehmen bereitstellen.«[12] Bintz selbst spricht später von »hochherzigen Spenden bekannter deutscher Firmen«[13]. Beim AA war man sich bewußt, daß die Propaganda-Organisation von Bintz »von der deutschen Industrie«[14] bezahlt wurde. Gemeint ist das »Schwedenkonsortium«[15], eine Schöpfung der zum Hugenberg-Konzern gehörenden Auslands GmbH in Essen[16] und somit der DLG und der Schwerindustrie zuzuordnen.[17] Aus diesem Grund sei die Organisation Bintz dem Reich »zwielichtig«[18] erschienen. Offenbar fand man sich aber mangels Alternative damit ab, in Skandinavien mit Direktor Bintz zusammenzuarbeiten.[19] Ob »Schweden-Konsortium«[20] eine offizielle Bezeichnung war, konnte nicht ermittelt werden. Die häufigste und wohl auch offizielle, wenn auch nicht öffentliche Bezeichnung lautete »Bureau Bintz«.[21]

Am 30. Januar 1917 erließ das preußische Kriegsministerium den Erlaß zur Gründung des Bild- und Filmamtes (Bufa). Aufgabe des Bufa war es, »die Verbreitung guten Bild- und Filmmaterials im In- und Auslande durchzuführen. Es soll erreicht werden, die gegen uns gerichtete Werbetätigkeit des feindlichen Auslandes (...) zu berichtigen und durch eine systematisch organisierte Werbetätigkeit durch Bild und Film die öffentliche Meinung im neutralen und verbündeten Auslande zu unseren Gunsten zu beeinflussen.«[22]

Der Auslandsdienst des Bufa sollte das neutrale Ausland individuell bearbeiten, das heißt auf nationale Besonderheiten Rücksicht nehmen. Eine amtliche Zusammenfassung der Bufa-Aufgaben vom 26. Februar 1917 legte fest, daß die Auslandsabteilung »das zu verbreitende Bild- und Filmmaterial Vertrauensleuten im Auslande (übermittelt), die unseren diplomatischen Missionen unterstehen und mit deren Hilfe die Verbreitung von Bild und Film organisieren. Die Weisungen für die Beeinflussung des neutralen Auslandes gibt die Nachrichtenabteilung des Auswärtigen Amtes.«[23] Der Bufa-Auslandsdienst wies neben der Balkan-Orient-Film GmbH eine Aufteilung in sechs Länder bzw. Ländergruppen auf: Nordamerika, Südamerika, Spanien, Holland, die Schweiz und Skandinavien.[24] Für die skandinavischen Länder Norwegen, Schweden und Dänemark war Direktor Bintz zuständig; sein Bureau war der Kaiserlich Deutschen Gesandtschaft in Stockholm angegliedert.[25] Sitz der Organisation Bintz als »Zentralstelle für Deutsche Kulturpropaganda in Skandinavien«[26] war Stockholm; Propagandabüros in Form von Aktiengesellschaften wurden in Kristiania und Kopenhagen eingerichtet. Anfang 1918 beschäftigte Bintz ca. 200 Personen.[27]

Das Bureau Bintz hatte das Alleinvertretungsrecht der Bufa-Filme für Skandinavien. Die Filme wurden »unter amtlichem Verschluß« im »sogenannten

Kuriergepäck« eingeführt; eine Prüfung durch die »Zentralstelle für Aus-
fuhrgenehmigungen für kinematographische Films« war nicht notwendig.[28]
Die Filme wurden Bintz ursprünglich mit 1 Mark pro Meter in Rechnung
gestellt.[29] Die Filme mußten vor Ort noch mit Zwischentiteln in der jeweili-
gen Landessprache versehen werden.
In Dänemark wurde die deutsche Filmpropaganda von der Aktieselkabet
Nordstjernen in Kopenhagen organisiert. Die Aktien befanden sich in der
Hand der schwedischen Organisation[30] – das Arbeitsgebiet, der Vertrieb
deutscher Filme in Dänemark, erstreckte sich sowohl auf die militärische
Filmpropaganda als auch auf die Spielfilmpropaganda.[31]
Der skandinavische Filmmarkt wurde von den drei großen Verleihgeschäften
Svenska Biograf (60 Theater), Fotorama (20 Theater) und Skandinavisk Film-
Centrale (30 Theater) beherrscht. Diese Firmen waren in allen drei Ländern
mit besonderen Organisationen vertreten. Die wichtigsten skandinavischen
Filmtheater waren fast ausnahmslos Eigentum von Verleihgeschäften.[32]
Ein Bericht von Bintz' dänischem Propagandabüro vom 3. Juni 1918 gibt
Aufschluß über den Stand der Kinoindustrie in Dänemark.[33] Von etwa 250
Kinos befanden sich 31 in der Hauptstadt Kopenhagen. Die dänischen Ki-
nos wurden von 16 Verleihfirmen bedient; nur vier kamen für die Organisa-
tion Bintz »in Betracht«, darunter Kinografen, die aber nur über 20 Kinos im
Land verfügte; die drei anderen Firmen waren wohl noch kleiner. Als
Matadore der dänischen Filmindustrie werden Ole Olsen, Generaldirektor
der Nordisk Films Kompagni, Fred Skaarup, Direktor von Fotorama, sowie
Sophus Madsen, Direktor von Dansk Svensk Films Co., genannt; sie seien an
fast allen dänischen Kinos mehr oder weniger finanziell beteiligt.
In dieser Zusammenstellung heißt es weiter, daß die dänische Kinoindustrie
mit sehr großen Schwierigkeiten zu kämpfen habe. Es bestehe zum einen ein
großer Mangel an Positiv- und Negativrohfilm. Dänemark besaß keine
Filmfabrik, der Import aus den Entente-Ländern war gestoppt, und aus
Deutschland wurden nur »sehr geringfügige« Mengen eingeführt. Die Folge:
»Die Produktion der meisten Fabriken ist gänzlich eingestellt, und nur zwei
Fabriken halten einen beschränkten Betrieb aufrecht.« Zum zweiten könnten die fertigen Negative der dänischen Filme nicht voll ausgenutzt werden,
da der Export in die Entente-Länder unmöglich sei und in die Länder der
Zentralmächte wegen des Einfuhrverbots unterbunden sei. So blieben als
Absatzmärkte Skandinavien, Holland und die Schweiz; in diese Länder
könnten aber von »Durchschnittswaren« höchstens fünf bis sieben Kopien
abgesetzt werden, was bei weitem nicht ausreiche, um die Produktionskosten zu amortisieren.
Die deutsche Kinoindustrie hatte es Mitte 1918 in Dänemark, dem erwähnten Bericht zufolge, sehr schwer. Der Absatz deutscher Kriegsfilme wurde
dadurch »fast unmöglich gemacht, daß die Entente nur den Firmen Entente-
Filme, besonders amerikanischen Fabrikats, liefern will, die sich verpflich-

ten, keine deutschen Filme vorzuführen.« Die einzigen deutschen Filme, die in Dänemark vorgeführt und gesehen werden, seien die Filme mit Henny Porten, Erna Morena, Mia May und Stuart Webbs. »Französische Filme und andere europäische Filme werden hier verhältnismäßig wenig gespielt, da die amerikanischen Marken fast jeden Wettbewerb an die Wand drücken.« Der erste zusammenfassende Bericht des Bureau Bintz über die Filmpropaganda in Dänemark datiert vom 14. Juni 1917. Er schlägt den Tenor an, der sich in nahezu allen der wöchentlichen Tätigkeitsberichte findet: »Das dänische Publikum (ist) zurzeit von Kriegsfilmen derart übermüdet, daß die Biographbesitzer sich geradezu fürchten, derartige Filme auf das Programm zu setzen.«[34] Ende Oktober 1917 meldete Bintz, »daß der Verkauf von Kriegsfilmen in Skandinavien fortgesetzt größeren Schwierigkeiten begegnet.«[35] Auch in der Provinz hege man zur Zeit »einen großen Widerwillen gegen Kriegsfilme.«[36]

Zwar wurden von März bis Juni 1917 insgesamt 15 Bufa-Filme eingeführt (u.a BEI UNSEREN HELDEN AN DER SOMME, EINE MODERNE FLUGZEUGFABRIK, SIEBENBÜRGER GRENZSTÄDTCHEN, VORWÄRTS GEGEN BRAILA UND GALATZ, AUFZIEHEN DER WACHTPARADE IN BUKAREST, VOGESENGRÄBER, BOSPORUSBILDER sowie HINDENBURG UND LUDENDORFF).[37] Diese Erfolgsmeldung täuscht jedoch, denn aufgeschlüsselt lauteten die Wochenberichte fast stereotyp: »Neue Filme haben wir in dieser Woche nicht erhalten«[38] und »Die Unterbringung von Filmen in Dänemark war besonders schwierig.«[39] Gelegentlich konnten dann doch einige Erfolge berichtet werden. Anfang 1918 heißt es, daß das kopenhagener Publikum den Messter-Film LUFTKÄMPFE mit »außerordentlich großem Interesse« aufgenommen habe; das Kino sei bei jeder Vorstellung »übervoll« gewesen.[40] Insbesondere der Aufklärungsfilm ES WERDE LICHT von Richard Oswald werde hervorragend besucht; er »spielt täglich vor überausverkauftem Hause«.[41]

Aus einer Liste von Anfang Dezember 1917 geht hervor, daß 18 Bufa-Filme jeweils in einer Kopie für Dänemark übernommen wurden: DAS SÄUGETIER, RIGA GENOMMEN, KAMPFPAUSE, HINDENBURGS GEBURTSTAG, SANITÄTSHUND IN DER AUSBILDUNG UND ARBEIT, KLEINBAHN IM FEUER, DER KAISER IN SOFIA usw.[42]

Das Publikum in den drei skandinavischen Ländern reagierte unterschiedlich auf diese ausgesprochenen Propagandafilme. So heißt es um die Jahreswende 1917/18 aus Kopenhagen, daß die »stark tendenziösen Filme« nicht unterzubringen seien: »Besonders war der Film SÄUGETIER für Dänemark durchaus nicht geeignet.«[43]

Kein Wunder, daß Bintz wegen dieser geringen Erfolge angegriffen wurde und sich gegen den Vorwurf wehren mußte, daß man in Skandinavien nur Entente-Filme sehe. Um diesen Anschuldigungen zu begegnen, fügte er seinen Berichten Listen mit allen deutschen Filmen bei, die in der Berichtswoche gezeigt wurden, so daß wir uns heute ein gutes Bild von der Verbreitung

AN *1875* **eing. 28. Jan. 1918**

DIREKTOR BINTZ
STOCKHOLM
KOPENHAGEN — KRISTIANIA

Kopenhagen, den 19. Januar 1918.

Abschrift ist gesandt an:

Journal=No.

1. Bild- und Filmamt,
2. A.A., Militärische St.
3. Gesandtschaft, Sthlm.
4.   "   , Kopen.
5.   "   , Kr'ia.

1.) Eintragen.

2.) Duplikat ist an Ufa zu senden.

3.) Z.d.A.

25.1.18.

Wochenbericht DÄNEMARK.

für die Zeit vom   14. Januar   bis   19. Januar   1918.

1. Verwertung der von dem Bild- und Film-Amt übersandten Filme und Bilder.

   a – <u>Betrifft Filme.</u>

        Neue Filme haben wir in der verflossenen Woche nicht erhalten.

   b – <u>Betrifft Bilder.</u>

        Auch Bilder haben wir in der verflossenen Woche nicht erhalten. Dagegen sind uns

500 Broschüren "Der grosse Krieg in Bildern Nr: 33" zugegangen.

        Zum Versand gelangten in der verflossenen Woche an unsere Aussteller, Konsulate, Zeitungskioske, Lehrer, deutsche Familien und deutschfreundliche dänische Familien
3750 Bilder, darunter 30 Bilder von der Entente.

        Ferner
540 Bilder von der Isonzo-Offensive an Kioske und Vertrauensleute in Jütland;

296 Bilder "Landgang auf Ösel" an Zeitungskioske;

16000 Postkarten von der "Isonzo-Offensive" an Cigarren-Geschäfte und Kioske, in Kopenhagen;

110 Rumänische Zeitungen an hiesige Hotels und hier wohnende Rumänen;

150 Exemplare – Restauflage – der Leipziger Illustrierten Zeitung "Minenwerfer" an hiesige Ärzte.

        Die Ausstellung in den verschiedenen Bezirken der Stadt war im allgemeinen gut. Besonders zu erwähnen ist, dass Politiken in der verflossenen Woche wieder angefangen hat, unsere Bilder im Schaufenster auszustellen.

        Auch Berlingske Tidende hatte unsere Bilder gut ausgestellt, wie die von uns in verschiedenen Stadtteilen erworbenen 5 Ausstellungsplätze mit Bildern reichlich versehen wurden.

Wochenbericht aus dem Büro Bintz (Bundesarchiv Potsdam)

der deutschen Spielfilme in Dänemark machen können.[44] Als Beispiel sei die Woche vom 29. Oktober bis 3. November 1917 angeführt, in der die Henny Porten-Filme NUR EINE GAUKLERIN, DIE SEKRETÄRIN DER KÖNIGIN, DER SCHIRM DER DOLLARPRINZESSIN, DIE FORDERUNG UM LIEBE, die Erna Morena-Filme DIE ZIGEUNERBARONIN, DIE ZWILLINGSSCHWESTERN, der Homunkulus-Film DER MANN OHNE SEELE, DER THEATERPRINZ von Franz Hofer, DER GEDANKENLESERDETEKTIV mit Heinrich Peer sowie NATURFILME AUS DEN SONTHOFER STEINBRÜCHEN IN BAYERN liefen.[45]

Diese für die Filmgeschichte wertvollen Rechenschaftsberichte sind meines Wissens noch nicht systematisch ausgewertet worden. Sie enthalten nicht nur Informationen über die »Verwertung der von dem Bild- und Film-Amt übersandten Films und Bilder«, sondern auch meist sehr ausführliche »Berichte über die Tätigkeit der feindlichen Propaganda«. So meldete der Wochenbericht vom 17. bis 22. September 1917: »Feindliche Propaganda-Filme sind in der verflossenen Woche nicht bemerkt worden. Wie uns von maßgebender Seite mitgeteilt wird, lagern bei der hiesigen Skandinavisk Agenci die beiden Hetzfilme THE FALL OF A NATION[46] und CIVILIZATION[47]. Es werden große Anstrengungen gemacht, diese Filme durch die Zensur zu bekommen, was aber bisher, dank unserer Vorkehrungen und gemeinschaftlich mit der Nordisk Film Kompagni, noch nicht gelungen ist.«[48] Im August 1918 berichtete Bintz über minutenlangen Applaus zu einzelnen Szenen des amerikanischen Riesenfilms JOAN THE WOMAN[49], der am stärksten beim Einzug der Jungfrau in Orléans, zu dem die Marseillaise gespielt wurde, gewesen sei.[50]

Die Kritik an der Organisation Bintz wurde auch Gegenstand eines Briefwechsels zwischen Generalkonsul Kiliani von der Nachrichtenabteilung des AA und der deutschen Botschaft in Kopenhagen. Mitte Dezember 1917 berichtete Kiliani von einem Treffen mit einem Professor Larsen, der die Arbeit von Bintz »außerordentlich scharf kritisiert« habe. Seine Propaganda »mache die Dänen nicht nur kopfscheu, weil sie die deutsche Schwerindustrie dahinter wittern, sondern verletze sie auch, weil sie damit gleichzeitig den Eindruck einer falschen Flaggenführung mache.«[51] Die deutsche Gesandtschaft in Kopenhagen bestätigte diese Vorwürfe: »Die aufdringliche plumpe Reklame, mit der Herr Bintz zu arbeiten liebt, wird in Schweden allenfalls hingenommen, während sie hier in Dänemark nur abstoßend und dadurch schädlich wirkt.« Er habe auf dem Gebiet der Filmpropaganda in Dänemark »so gut wie nichts« erreicht. »Bintz selbst schiebt seine Mißerfolge auf die langsame Lieferung von Kriegsfilmen durch (das) Bufa, womit er Recht haben dürfte, auf die Boykottierung der Filmtheater durch die Entente, namentlich England, bei Aufführung deutscher Filme, und endlich auf das deutsche Einführungsverbot für dänische Filme. Daß die Filmtheater jetzt vielfach von der Belieferung mit Ententefilmen abhängig sind, ist allerdings nicht ganz von der Hand zu weisen.«[52]

Der Boykott sah so aus, daß die Lieferung amerikanischer Filme an die Verleihgeschäfte von der Unterzeichnung eines bis zum Ende des Krieges lau-
fenden Reverses abhängig gemacht wurde, in dem diese sich verpflichteten,
mit deutschen Filmen nicht zu handeln und sie in den von ihnen abhängigen
Theatern – und das war die große Mehrzahl – nicht zu spielen.[53] Im April
1918 meldete Bintz, die Entente habe nunmehr den dänischen Film-
verleihern die Bedingung gestellt, »daß Kodak-Rohfilme in keiner Form mit
deutschen Filmen in Berührung gebracht werden dürfen.« Dieser Rohfilm
wurde für die Titel der deutschen Filme benutzt, was jetzt ausgeschlossen
sei.[54]

Das deutsche Einfuhrverbot für dänische Filme erklärt sich daraus, daß im
Juni 1917 »das mit der Nordischen Film-Kompanie getroffene befristete Abkommen hinsichtlich der Einfuhr einer kontingentierten Meterzahl nordischer Filme abgelaufen und nicht erneuert«[55] worden war. Ziel war es, den
Einfluß der Nordischen Film Co. auf das Filmgeschäft in Deutschland ein-
zugrenzen bzw. auszuschalten und damit die deutsche Filmindustrie zu
schützen. Das Bufa und die Nachrichtenabteilung des AA protestierten beim
Reichskommissar für Ein- und Ausfuhrbewilligungen und wiesen auf die
negativen Auswirkungen für die Auslandspropaganda in den nordischen
Ländern »und gegebenenfalls in Rußland« hin – ohne Erfolg.[56]

Das Bureau Bintz erkannte bald, daß es erfolgversprechender sei, die Bufa-
Filme in Verbindung mit erstklassigen deutschen Spielfilmen anzubieten.[57]
Diese Spielfilme wurden nicht vom Bufa geliefert, sondern von den deutschen Verleihfirmen auf den Markt gebracht; wenn das Bureau Bintz also
einen Spielfilm verleihen wollte, mußte es ihn sich bei der deutschen Filmindustrie selbst beschaffen. Bintz unterbreitete am 31. Oktober 1917 den
Vorschlag, den Spielfilmverkauf in Skandinavien in seiner Hand bzw. bei
seiner Organisation zu zentralisieren, um so mit jedem verkauften Spielfilm
gleichzeitig auch einen Kriegsfilm absetzen zu können.[58] Diese Idee war aber
allzu offensichtlich von privaten Interessen bestimmt – vielleicht verbarg
sich dahinter auch ein Expansionsversuch der DLG – er wurde jedenfalls
rundweg abgelehnt.[59] Ebenso erfolglos bemühte sich Bintz, die Skandi-
navienvertretung der Messter-Wochen im Zusammenhang mit den Messter-
Serien zu übernehmen.[60] Oberstleutnant von Haeften[61] stellte daher Ende
Oktober 1917 in einem Brief an die Nachrichtenabteilung des AA klar: »Das
Bild- und Film-Amt ist nicht (...) Zentral-Lieferstelle der Auslandsor-
ganisation für *sämtliche Arten* von Filmen, sondern nur für militärische und
ausgesprochene Propaganda-Filme.«[62] Er bemängelte im gleichen Zusammenhang, daß es in Deutschland kaum wirklich große, zugkräftige Sensati-
onsfilme gebe. Das Bufa beabsichtige, sich mit der Privatindustrie in Verbindung zu setzen, um »durch seine tatkräftige Unterstützung der Industrie
diesem Mangel abzuhelfen.« Haeften machte sich allerdings keine Illusionen
über die Leistungsfähigkeit der deutschen Filmindustrie: wegen der zu

hohen Kosten könnten Filme wie CIVILIZATION und THE FALL OF A NATION niemals hergestellt werden; er sei allerdings optimistisch, daß es gelingen müßte, »Filme nach Art der französischen MÈRES[63] herauszubringen.«
Die deutsche Filmpropaganda in Dänemark scheiterte aus mehreren Gründen:

1. Die Organisation Bintz, mit Sitz in Schweden, verantwortlich sowohl für die Bild- als auch die Filmpropaganda, hatte sich »geographisch und sachlich« zuviel auf einmal vorgenommen.[64]
2. Die Mentalität der Dänen stand deutschen Kriegsfilmen entgegen.
3. Die Bufa-Filme wurden zu spät geliefert und waren inhaltlich überholt.
4. Das Bufa war bürokratisch und unflexibel organisiert.[65]
5. Der Boykott der Entente behinderte den Absatz der deutschen Kriegsfilme.
6. Der Mangel an Rohfilm erschwerte die Anfertigung deutscher Titel.
7. Das deutsche Einfuhrverbot für dänische Filme erschwerte den Vertrieb deutscher Filme in Dänemark.
8. Der Absatz deutscher Filme wurde durch das Vordringen großer und gutgemachter amerikanischer Filme gehemmt.
9. Die besondere Stuktur der dänischen Filmindustrie, wo die Verleiher die meisten Kinos kontrollierten, erschwerte zudem den Verleih der Bufa-Filme.

Im Herbst 1918 unternahm Generalkonsul Kiliani von der Nachrichtenabteilung des AA und zuständig für die Überwachung des Bufa im Ausland eine Dienstreise nach Skandinavien. Die Ergebnisse seiner Reise faßte er in einer geheimen Denkschrift zusammen.[66] Seine Schlußfolgerung: »Als einzige wirksame Gegenmaßregel bleibt bei dem Aufbau der Film-Branche *in Skandinavien der Erwerb eigener Theater und Verleihgeschäfte.«* Hier setzte dann auch die Ufa an, so daß Kiliani von einer für den Anfang befriedigenden Lösung der Propagandafrage in Dänemark sprechen kann.[67]
So kaufte die Ufa die Verleihfirma der Skandinavisk Film-Union (Ufa: 250.000 Kronen, der Däne Davidsen: 50.000 Kronen). Es galt die Verpflichtung, 2/3 Ufa- und 1/3 Spielfilme anderer Herkunft zu verleihen. Die Skandinavisk Film-Union ist die »Finanzmutter« des alt eingeführten Verleihgeschäfts Kinografen, das in Kopenhagen ein kleines Kino von ca. 300 Plätzen sowie eine Filiale in Bergen besitzt. Außerdem wurde die Aktienmehrheit an dem 1200 Zuschauer fassenden Kino-Palast in Kopenhagen erworben – durch die in Kopenhagen neugegründete A.G. Skalandia mit 200.000 Kronen Kapital, die als »finanzielle Muttergesellschaft für alle in Skandinavien zu erwerbenden Filmtheater pp. fungieren« soll.[68] Der Kino-Palast mußte 60 % der Filme von der Skandinavisk Film-Union abnehmen und aufführen (hauptsächlich deutsche Filme), der Rest war in das Belieben gestellt. Bintz klagte daraufhin im Oktober 1918, im Kino-Palast liefen amerikanische Filme und die Bufa-Filme würden wegen schlechter Qualität abgelehnt.[69]

Nicht geklärt werden konnte die politische Bedeutung des Rohfilms im Kontext der Filmpropaganda der Ufa nach Dänemark. Im August 1918 hatte im AA eine vertrauliche Besprechung stattgefunden, bei der die Rolle des Rohfilms zur »Gefügighaltung von Ole Olsen für unsere Filmpropaganda-zwecke (Geldbeschaffung im Auslande, Verbindung mit Entente-Film-Kreisen usw.)«[70] auf der Tagesordnung stand.

In seiner Denkschrift über die skandinavische Dienstreise vom September 1918 kommt Generalkonsul Kiliani unter anderem zu dem Schluß: »*Wir brauchen also gute deutsche Spielfilme, eine gute deutsche Film-Belletristik*, so gut, daß die Leute ins Theater gehen, ohne über das Herkunftsland des Films und die Staatsangehörigkeit des Theater-Besitzers nachzudenken und daß damit eine uns günstige Anfangs-Atmosphäre geschaffen wird. Das Publikum, das sicher ist, sich für sein Geld zu unterhalten, wird allmählich auch politisch zu führen sein.(...) Der uns noch fehlende wirksame deutsche Propagandafilm muß auf der Grundlage einer überall verständlichen und sympathischen gut und spannend dargestellten *Menschheitsidee* (...) für das deutsche Wesen unaufdringlich Propaganda machen.«[71] In diesem Sinne engagierte sich Generalkonsul Kiliani auch ganz konkret. Im August 1918 lief in Kopenhagen mit großem Erfolg der amerikanische Spielfilm JOAN THE WOMAN. Kiliani, von Bintz über die Wirkung des Films unterrichtet, benachrichtigte die Ufa sowie einige Regisseure und Schriftsteller: im Interesse der deutschen Filmindustrie sei es, diesen Film in Kopenhagen zu besichtigen. Das AA sei bereit, die Ausstellung der erforderlichen Pässe zu vermitteln, die Reisen müßten allerdings auf eigene Kosten erfolgen. Eingeladen waren die Ufa, Robert Reinert, Richard Oswald, Rudolf Meinert, Friedrich Zelnik sowie Ernst Reicher von der Stuart-Webbs-Film.[72] Mitte September 1918 hielt Kiliani in einer Notiz fest, daß ihn nacheinander zwei Filmunternehmer – er erwähnt nur Richard Oswald – aufsuchten, die beide den Film »ausgezeichnet« und »technisch vollendet« gefunden hatten. »Gerühmt wurde die diskrete Art der Propaganda des genannten Films, die nur der sieht, der sie sehen will, während der andere nur ein spannendes Film-Drama sieht.«[73] Beide gaben an, daß sie durch den Besuch angeregt worden seien, »einen großen deutschen Propagandafilm (etwa 6-700.000 Mark Kosten) aufzunehmen«. Unabhängig voneinander nannten sie das Nibelungenlied.

Ohne Erfolg blieben Bemühungen des AA, im Mai 1918 Richard Oswald bei der Einreise von Asta Nielsen behilflich zu sein[74]; auch die Ufa war an ihr zwecks »Mitwirkung bei Propagandafilm« interessiert. Ihre Einreise wurde aber aus »militärischen Gründen« nicht erlaubt.[75]

Über die Auflösung der Organisation Bintz liegen keine Details vor, vermutlich wurde sie von der Ufa übernommen.[76] Im Dezember 1918 stellte das Bufa seine Propagandatätigkeit im Ausland ein.[77] Mit der Gründung der Ufa war das Bufa überflüssig geworden, denn die zweite Aufgabenstellung, die der Ufa mit auf den Weg gegeben wurde, bestand im »Ausüben der Propaganda im In- und Auslande im Sinne der Obersten Heeresleitung und der politischen Behörden«[78]. Neben der reinen Propagandatätigkeit war auch der Zuwachs an Einfluß wichtig, »den man in Dänemark durch den Besitz eines Teils der Aktien der Nordischen Film Co. erworben habe«[79] – so Kiliani in seinen Aufzeichnungen der Besprechung zur Ufa-Gründung vom 30. Januar 1918.

Die Einsicht, daß die Grundlage der Filmpropaganda im Ausland der »große, zugkräftige deutsche Spielfilm«[80] sei und daß die beste Art, die Kinos zu füllen, die sei, »die Menschen fröhlich zu unterhalten«[81], basierte auch auf den dänischen Erfahrungen und war eine der Überlegungen, die zur Gründung der Ufa führten. So trug das Scheitern der Filmpropaganda des Bufa in Dänemark dazu bei, daß eine neue Strategie der Filmpropaganda formuliert wurde, die schließlich zu einem veränderten Verständnis von Film und Propaganda und letzten Endes zur Ufa führte.

1) Bundesarchiv, Abtl. Potsdam. AA, Zentralstelle für Auslandsdienst, 946, Bl.104. – 2) Detaillierte Beschreibung dieser Sitzung bei Hans Barkhausen: Filmpropaganda für Deutschland. Hildesheim, Zürich, New York: Olms 1982, S. 68ff. – 3) Ebd., S. 2 und 65. – 4) Ebd., S. 24. – 5) Ebd., S. 68. – 6) Bundesarchiv, Bl. 5. In seiner Schrift »Der Film als politisches Werbemittel« vom August 1916 teilt Messter mit, daß in Schweden 1.260.000, in Norwegen und Dänemark jeweils 250.000 Personen seine Wochenschau gesehen haben. – 7) Barkhausen, S. 3 und 65 ff. – 8) Ebd., S. 69. – 9) Ebd., S. 70. – 10) Bundesarchiv, 1947 Bl. 40 f. Leo Winz war Chefredakteur der illustrierten Zeitschrift Ost und West (ebd., Bl. 91). – 11) Ebd., Bl. 43 ff. – 12) Ebd., Bl. 92. – 13) Ebd., 951, Bl. 377. – 14) Ebd., 953, Bl. 157. – 15) Barkhausen, S. 104 und 120. Ludwig Klitzsch teilte am 22.6.1917 auf der ersten ordentlichen Hauptversammlung der DLG mit, in ähnlicher Weise wie die Balkan–Orient GmbH »sind mit uns in Verbindung stehende Organisationen mit großem Erfolg in Skandinavien tätig.« (Aus: Bekenntnis zum deutschen Film. o. A. = vermutlich unveröffentlichte Festschrift zum 6o. Geburtstag von L. K.). Vgl. auch die Schilderung bei Hans Traub: Die Ufa – ein Beitrag zur Entwicklungsgeschichte des deutschen Films. Berlin 1942, S. 133. – 16) Barkhausen, S. 80 f. Die Auslands GmbH war im März 1914 gegründet worden. Ihr Geschäftsführer, Dr. Andrew Thorndike, saß auch im DLG-Verwaltungsrat. Laut Traub bildete die Auslands GmbH die »Dachgesellschaft der von Geheimrat Hugenberg ins Leben gerufenen nationalen Organisationen auf dem Gebiet der Filmpropaganda und des Nachrichtenwesens.« (Traub, S. 24). – 17) Barkhausen (S.80 f.) schreibt, von der Auslands GmbH seien »der deutsche Überseedienst, die Deutsche Lichtbildgesellschaft und die Auslands–Anzeigen GmbH mehr oder weniger abhängig«. Vlg. Bundesarchiv, 1030, Bl. 143 ff (=Vertrauliche Aufzeichnungen über die Besprechung im Bild- und Filmamt am 29. März d. Js. (1917). – 18) Barkhausen, S.104. »Ende des Jahres (1917) steht auch Bintz mitten in dem Kampf, der die Schlagkraft der deutschen Filmpropaganda so beeinträchtigte. Wiederholt muß er den amtlichen Stellen gegenüber beteuern, daß er kein Angestellter der DLG ist.« (Traub, S. 133). – 19) Die DLG hatte am 18. Januar 1917 in

einem »Abgrenzungsvorschlag« u.a. gefordert, daß ihr durch ein Abkommen mit Bintz Schweden als Vertriebsgebiet zugesichert werde. Vgl. Barkhausen, S. 113 und Hans Traub: Aktenauszüge über Filmpropaganda. Berlin 1938, S. 71 (Manuskript). – 20) Bundesarchiv, 1030, Bl. 143. – 21) Eine Organisation mit vergleichbaren Aufgaben – deutsche Propaganda in der Schweiz – war die internationale Gastspiel GmbH – eine »Tarngründung des Auswärtigen Amtes« (Barkhausen, S. 140). – 22) Bundesarchiv, 1030, Bl. 73. – 23) Ebd., Bl. 86 ff, hier: Bl. 88 f. – 24) Barkhausen, S. 45. Für die Propaganda in der Schweiz zuständig war der Diplomat Harry Graf Keßler, der 1917 den Dadaisten George Grosz und John Heartfield Filmaufträge besorgte und somit letzteren davor bewahrte, erneut eingezogen zu werden. – 25) Bundesarchiv, 950, Bl. 61. – 26) Ebd., Bl. 31 f, 951, Bl. 9 (Arbeitsverteilung der skandinavischen Propaganda). – 27) Ebd., 952, Bl. 248. – 28) Ebd., 950, Bl. 122. – 29) Ebd., 951, Bl. 377. – 30) Ebd., 949, Bl. 321 ff. sowie 951, Bl. 10. – 31) Ebd., 951, Bl. 10. – 32) Ebd., 941, Bl. 136 (Generalkonsul Kiliani: Auslands-Film-Propaganda. Denkschrift. Skandinavische Dienstreise. Berlin, 18. September 1918). – 33) Ebd., 940, Bl. 33 ff. – 34) Ebd., 948, Bl. 182. – 35) Ebd., 951, Bl. 36 ff. – 36) Ebd., Bl. 57 ff. – 37) Ebd., 949, Bl. 323. – 38) Ebd., 948, Bl. 229 ff. – 39) Ebd., 949, Bl. 324. – 40) Ebd. 952, Bl. 68. Der Vertrieb erfolgte durch Kinografen. – 41) Ebd., Bl. 130. – 42) Ebd., 951, Bl. 332. – 43) Ebd., 952, Bl. 68. – 44) Ebd., 951, Bl. 155. Vgl. auch Bl. 273, 408 und passim. – 45) Ebd., Bl. 57 ff. – 46) USA 1916. Regie: Thomas Dixon. – 47) USA 1916. Regie: David W. Griffith. – 48) Bundesarchiv, 950, Bl. 155. – 49) JOAN THE WOMAN (USA 1917. Regie: Cecil B. De Mille). – 50) Bundesarchiv, 941, Bl. 51. – 51) Ebd., 951, Bl. 327. – 52) Ebd., 952, Bl. 40 ff. Der Botschafter führt ferner an, daß die Arbeit mit Bintz an dem Grundübel leide, daß dessen Organisation »keine uninteressierte, sondern eine solche mit geschäftlichen Nebeninteressen« ist – eine klare Anspielung auf die Verbindung Bintz – DLG. – 53) Ebd., 941, Bl. 136. – 54) Ebd., 955, Bl. 157. – 55) Ebd., 948, Bl. 216. – 56) Ebd., 948, Bl. 216; 949, Bl. 280; vgl. 950, Bl. 129 sowie 951, Bl. 16. – 57) Ebd., 951, Bl. 36 ff. – 58) Ebd., Bl. 39. – 59) Ebd., Bl. 36. – 60) Ebd., Bl. 97. – 61) Leiter der Militärischen Stelle des AA. – 62) Bundesarchiv, 950, Bl. 225. – 63) MÈRES FRANÇAISES (Frankreich 1917. Regie: René Hervil, Louis Mercanton). Mit Sarah Bernhardt in einer Hauptrolle. – 64) Bundesarchiv, 941, Bl. 143. – 65) Diese Kritik wurde im September 1918 von Generalkonsul Kiliani von der Nachrichtenabteilung des AA in einer geheimen Denkschrift lapidar zusammengefaßt: »Das Bufa ist im Verhältnis zu seinen Leistungen der kostspieligste Organismus, den der Krieg hervorgebracht hat.« (Ebd., Bl. 96). – 66) Ebd., Bl. 135 ff. (Generalkonsul Kiliani: Auslands-Film-Propaganda. Denkschrift. Skandinavische Dienstreise. Berlin, 18. September 1918). – 67) Leider konnten die im Bundesarchiv Koblenz liegenden Ufa-Akten zu diesem Komplex nicht eingesehen werden. – 68) Bundesarchiv, 941, Bl. 137. Traub (1942, S.38) berichtet weitergehend:»In Dänemark erwirbt man die Majorität der Skandinavischen Film-Union, die AB-Film und Nordisk Biograph.« – 69) Vgl. Barkhausen, S. 156. – 70) Bundesarchiv, 940, Bl. 326 f. – 71) Ebd., 941, Bl. 140 f. – 72) Ebd., 940, Bl. 321. – 73) Ebd., 941, Bl. 133. – 74) Ebd., 956, Bl. 86. – 75) Ebd., 940, Bl. 255 f. In einem Aktenvermerk heißt es: »Wie verlautet, ist Asta Nielsen wegen Spionageverdachts ausgewiesen worden.« (Ebd., 956, Bl. 86). Vgl. zu dieser Episode auch Asta Nielsen: Die schweigende Muse. Rostock 1961, S. 223 ff. – 76) Bundesarchiv, 940, Bl. 60 f. In einem Schreiben der Nachrichtenabteilung vom 2.8.1918 heißt es noch: »Eine Übernahme der ganzen Organistion Bintz durch die Ufa steht zunächst nicht zu erwarten.« (Ebd., Bl. 228). Vgl. auch Traub, 1942, S. 133. – 77) Bundesarchiv, 1033, Bl. 7. – 78) Ebd., 976, Bl. 41. – 79) Ebd., Bl. 13. – 80) Ebd., Bl. 136. – 81) Ebd., Bl. 138.

Sebastian Hesse

GEILE GREISIN UND NORDISCHER GALAN
Der Detektivfilm der Nordisk

»Und dann kam jene große Zeit der Detektivfilme, als ich die ersten Sherlock-Holmes-Serien – die Produktion ging ja damals immer nur serienweise – drehte. War die Jugend schon vorher für den Film eingenommen, jetzt sah sie in mir gar zu bereitwillig die leibhaftige Verkörperung unerschrockener Tollkühnheit. Überall, wo ich mich sehen ließ, wurde ich von den Kindern als Sherlock Holmes begrüßt. ›Viggo Larsen, wo hast du denn dein Monokel?‹ schrien die Bengels«[1], erinnert sich 1936 der dänische Filmpionier an die Kindertage des Kinos in Kopenhagen. Nicht auf die frühen Welterfolge der Nordisk Films Kompagni, etwa DEN HVIDE SLAVEHANDEL (1906) mit ihren Remakes oder LØVEJAGDEN (1907), und nicht auf die sogenannten »mondänen Dramen« des dänischen Stummfilm-Kinos richtet sich sein rückblickendes Augenmerk, sondern auf die Anfänge des europäischen Detektivfilms, den Viggo Larsen zwei Jahre nach der Nordisk-Gründung 1908 mitbegründet hatte.
Die exportorientierte dänische Filmindustrie hatte frühzeitig erkannt, daß Leinwandadaptionen seinerzeit so populärer Detektiv- und Kriminalstoffe europaweit absetzbar sein würden. Mit den bekannten Romanen und Kurzgeschichten Arthur Conan Doyles hatte sie zudem einen glücklicheren Griff getan als die französische Eclair mit ihrer zeitgleich startenden »Nick Carter«-Serie von Victorin Hippolyte Jasset.
Sherlock Holmes war von vornherein auch als optischer Mythos angelegt, nicht zuletzt durch die Illustrationen von Sidney Paget im londoner The Strand Magazine (seit 1891). Im Angelsächsischen erfreute sich zudem ein vielgespieltes Theaterstück nach Motiven von Conan Doyle höchster Beliebtheit. Den großen Detektiv hatte der Autor dieser Bühnenadaption, William Gilette, ab 1899 selbst verkörpert, ab 1916 auch im Film.[2]
Die ersten Nick Carter-Geschichten aus der Feder des amerikanischen Journalisten John Russel Coryell (1848-1924) sind – zumindest in Europa – deutlich jünger, in Deutschland ab 1906 verbreitet und – vom dresdner Verlag A. Eichler – ab 1907 auch in Frankreich. Die reißerischen Einbände sicherten den Publikationen aus dem Hause Eichler ebenfalls eine visuelle Wirkung. So erinnert sich Jean-Paul Sartre an seine Empfindungen als neunjähriger Knabe: »Mir genügte ein Blick auf die farbigen Titelbilder, um verrückt zu werden vor Freude. Buffalo Bill galoppierte durch die Prärie, bald als Ver-

folger der Indianer, bald als Verfolgter. Noch lieber hatte ich die Illustrationen zu Nick Carter. (...) Dies faszinierte mich, ich stellte mir eine puritanische und blutige Stadt vor, durch die sich der weite Raum hindurchfrißt und hinter der immer wieder die Savanne sichtbar wird, auf welcher sie sich erhebt.«[3]

Die »Traumfabrik« Eichler vertreibt allein in Frankreich bis Kriegsausbruch 34 Heftchen-Serien mit über 4000 Episoden. Deren Anhängerschaft galt es in die Kinos zu locken. Viggo Larsens Wahl der Sherlock Holmes-Geschichten war insofern die geschicktere, als diese vom zeitgenössischen Bildungsbürgertum nie derart angefeindet wurden wie Nick Carter. Allein dessen Publikationsform als »Groschenheftchen« rief unmittelbar empörte Bildungswächter auf den Plan. So schreibt der deutsche Kulturkritiker Alexander Kosiol 1907 über die Nick Carter-Heftchen: »Was hier auf den wenigen Blättern an Sensationsmache, skrupelloser Schwindelei und verblödender Sprache geleistet wird, läßt sich kaum noch überbieten.«[4] Auch die Agitation der Kinoreformer richtet sich wenige Jahre später explizit gegen die Nick Carter-Filme. Viggo Larsen könnte geahnt haben, daß der Holmes-Stoff vergleichsweise weniger Anfeindungen provozieren würde. 1908 produziert die Nordisk die erste Staffel ihrer Sherlock Holmes-Serie, die im gleichen Jahr auch in die deutschen Kinos kommt. Sie kann damit die erste europäische Leinwandadaption der Geschichten Conan Doyles für sich reklamieren.

Lediglich in den USA hatte es bereits 1902, also noch vor Edwin S. Porters THE GREAT TRAIN ROBBERY (1903), einen Holmes-Film gegeben: SHERLOCK HOLMES BAFFLED aus dem Hause Biograph.[5] Bei diesem halbminütigen Film hat es sich eher um ein filmisches *tableau vivant* gehandelt. Im Jahre 1905 folgte dann die Vitagraph-Produktion THE ADVENTURES OF SHERLOCK HOLMES[6].

Die Dänen waren gut beraten, den beliebten Stoff auch in Europa auf die Leinwand zu bringen.[7] Der internationale Bekanntheitsgrad der literarischen Vorlagen sowie die Wahl angelsächsischer Schauplätze machten die Holmes-Filme auch für den amerikanischen Markt interessant. Die US-Fachzeitschrift Moving Picture World bezeichnet die Serie gleich nach dem Start als »remarkable« und lobt deren »excellence of photography«.[8]

Bemerkenswert ist an der ersten Staffel aus dem Jahre 1908 – SHERLOCK HOLMES I LIVSFARE (SHERLOCK HOLMES), RAFFLES FLUGT FRA FAENGSLET (RAFFLES FLUCHT AUS DEM GEFÄNGNIS) und DET HEMMELIGE DOKUMENT (SHERLOCK HOLMES IM GASKELLER) – , daß E. W. Hornungs Figur des Gentleman-Einbrechers Raffles als Gegenspieler des Meisterdetektivs eingesetzt wird. Larsen scheint daran gelegen, seine Filme durch Anlehnungen an die gesamte Gattung des klassischen Detektivromans interessant zu machen. Seine Entscheidung ist naheliegend, da auch die literarischen Vorlagen nie mit Querverweisen auf andere Werke gegeizt haben. Dafür wirft der New

Sherlock Holmes i Bondefangerklør (Viggo Larsen, 1910): Otto Lagoni

York Dramatic Mirror Larsen vor, das Verständnis der Filmhandlung hänge allzu sehr von der Kenntnis des literarischen Figurenarsenals ab.[9]

Pat Corner, Meisterdetektiv

1909 setzt Viggo Larsen die Produktion von Detektivfilmen fort. Zu den unmittelbaren Nachziehern zählt PAT CORNER, MEISTERDETEKTIVEN. Der Plot des Films wurde in groben Zügen wieder bei Conan Doyle entlehnt, bei der Kurzgeschichte »The Red-Headed League« (1891). Der Detektiv Pat Corner legt einer Bande das Handwerk, die vom Keller eines Nachbargebäudes aus einen Stollen in den Tresor einer Bank zu graben versucht. Im Gegensatz zu anderen Nordisk-Produktionen dieser Jahre verblüfft Pat Corner durch seine schlichten, gemalten Theaterkulissen und den starren Blick, den Kamera und Zuschauer darauf werfen. Von einer Außenaufnahme abgesehen wurde der Film komplett vor auffallend stilisierten Studiokulissen abgedreht, mit wenig liebevoller Ausstattung. Im europäischen Vergleich ähnelt diese Praxis den italienischen Ausstattungsfilmen vor CABIRIA (Giovanni Pastrone, 1914).

Die ungewöhnlichste Perspektive eröffnet PAT CORNER, wenn er im Querschnitt Einblick gewährt in zwei nebeneinanderliegende Räume, den Tresorraum der Bank und den von der Bande gegrabenen Stollen. Einem Szenenfoto nach bedient sich Larsen auch in der Holmes-Folge DROSCHKE FÜNFHUNDERTNEUNZEHN (1909) eines geteilten Sets.[10] Dieser Röntgenblick, den PAT CORNER, MEISTERDETEKTIVEN seine Zuschauer in den Keller der Bank werfen läßt, befähigt den herbeigerufenen Detektiv, den Plan der Verbrecher zu durchschauen.

In der zweiten Hälfte gewinnt der Film, auch an Dramatik, wenn die Bande den Gehilfen des Detektivs entführt und Corner von der Polizei unterstützt die Geheimtür sprengen muß, die den Zugang zum unterirdischen Quartier der Verbrecher verbirgt. Die Sequenz, in der die Gangster den entführten Detektivgehilfen drangsalieren, ihn mit einer Peitsche, einem Gewehr und einem orientalischen Krummsäbel bedrohen, könnte Pate gestanden haben für die Folterszene in August Bloms WEISSE SKLAVIN-Remake, das zwei Jahre später entsteht. Larsens Gespür für effektvolle Dramatik kommt in der Parallelmontage zum Tragen, mit der der Film zwischen beiden geografischen Ebenen hin- und herspringt: zwischen der oberirdischen fieberhaften Suche des Detektivs nach dem komplizierten Mechanismus der Geheimtür und der unterirdischen, sich zuspitzenden Folterszene im Keller. Aus dieser Inszenierung der Gleichzeitigkeit unerhörten Geschehens zieht der Film seine Spannung. Die filmsprachliche Darstellung eines Wettlaufs mit der Zeit ist richtungsweisend für die weitere Entwicklung des europäischen Kriminalfilms.

Im gleichen Jahr 1909 realisiert Viggo Larsen für die Nordisk eine zweite Staffel der Holmes-Serie: DROSKE 519 (DROSCHKE FÜNFHUNDERTNEUNZEHN), DEN GRAA DAME (DIE GRAUE DAME) und SANGERINDENS DIAMANTER (DIE DIAMANTEN DER SÄNGERIN) sowie zwei Filme um den Groschenheft-Detektiv Nat Pinkerton, dessen Abenteuer zeitgleich auch von der französischen Eclipse verfilmt werden. Den Inhaltsangaben zufolge finden sich in den Holmes-Filmen dieser Generation Motive, die das Genre häufig wieder aufgreifen sollte. Etwa das Motiv vom Fluch einer Adelsfamilie in DEN GRAA DAME, den sich Verbrecher zunutze machen, wird wieder aufgenommen in der späteren deutschen Stuart Webbs-Folge DIE TOTEN ERWACHEN (1915).

Mit 100 Kopien verkauft sich vor allem DEN GRAA DAME erfolgreich, und die amerikanische Fachpresse ist wieder voll des Lobes: »There is not a lingering moment in the story, which moves rapidly, tensely and convincingly, as all detective stories should. (...) The furniture of the castle, the uniforms, the carriage and the horses, everything, in fact, are provided to give romance an aspect of verisimilitude.«[11]

Ron Mottram hebt hervor, der Bezug auf eine *verisimilitude of detail,* also eine Wahrhaftigkeit und Echtheit bis ins Detail, sei deshalb so wichtig, weil sich die Nordisk ab 1909 verstärkt mit diesem Gestaltungselement profilieren sollte. Für Pat Corner kann das noch nicht konstatiert werden.

Ende 1909 verläßt Viggo Larsen Dänemark und arbeitet zunächst für die Vitascope in Berlin, bevor er sich gemeinsam mit Wanda Treumann – ebenfalls in Berlin – selbständig macht. Für die Vitascope dreht Larsen noch 1910 vier Sherlock Holmes-Filme, in die er Maurice Leblancs Figur Arsène Lupin einbaut, den zweiten großen Gentleman-Gauner des klassischen Detektivromans.[12]

Die Holmes-Serie der Nordisk nach Viggo Larsens Weggang

Auch ohne Viggo Larsen hält die Nordisk am Detektiv- und Kriminalfilm-Genre fest. Es hatte sich als internationaler Verkaufsschlager erwiesen, vor allem auf dem deutschen und, Mottram zufolge, auf dem angelsächsischen Markt: »The international importance of the crime film in Nordisk planning is attested to by the fact that from one-third to one-half of the copies of each crime film were sold in the United States alone, which was not generally the most important of the Nordisk markets. That many of the crime films (...) were set in England may also indicate how important the British market was for this type of film.«[13]

Gleich im Jahre 1910 zieht die Nordisk eine weitere, vierteilige Holmes-Staffel nach: SHERLOCK HOLMES I BONDEFANGERKLOER (SHERLOCK HOLMES UND DIE BAUERNFÄNGER), SHERLOCK HOLMES ELLER DEN FORKLAEDTE GUVERNANTE, MILLIONTESTAMENT und SHERLOCK HOLMES SIDSTE BEDRIFTER

(SHERLOCK HOLMES LETZTER FALL). Regisseur der Serie war möglicherweise August Blom[14], der spätere Star-Regisseur der Nordisk (ATLANTIS, 1913). Den Sherlock Holmes hat wohl zum Teil der frühere Watson-Darsteller unter Viggo Larsen, Alwin Neuß, gegeben. Neuß sollte in den zehner Jahren eine der zentralen Figuren des deutschen Detektivfilms werden. So schlüpft er 1914/15 für die Vitascope und die Greenbaum-Film GmbH in Berlin in die Rolle des Meisterdetektivs.[15]

Aus der Nordisk-Serie um den Meisterdetektiv von 1910 ist SHERLOCK HOLMES I BONDEFANGERKLOER (SHERLOCK HOLMES UND DIE BAUERNFÄNGER) erhalten, mit Otto Lagoni in der Titelrolle. In mehrfacher Hinsicht kann der Film als Beispiel für solides Genre-Kino durchgehen. Er erzählt die Geschichte eines Amerika-Heimkehrers, der (wie die »Weißen Sklavinnen«) noch an der Hafenmole in die Fänge von Kriminellen gerät. Die nutzen seine Gutmütigkeit, seinen Gefühlsüberschwang angesichts der Heimkehr und seine Unsicherheit gegenüber der veränderten Heimatstadt aus und locken ihn in eine Bar, lassen sich von ihm aushalten, betäuben und berauben ihn. Der Bestohlene schaltet Sherlock Holmes und die Polizei ein. Schließlich kann der Detektiv die Bande nach zahlreichen Action-Einlagen und einer Verfolgungsjagd vor die Tore der Stadt dingfest machen.

Der Film hält sich ikonographisch streng an die gängigen Codes der Nordisk-Produktionen dieser Jahre. Die Lasterhaftigkeit und Verkommenheit der Bandenmitglieder wird in dreifacher Steigerung anhand ihrer ausschweifenden Feiergewohnheiten festgemacht: In der Bar gesellen sich offensichtlich leichtlebige Damen zu der Männerrunde, Champagner fließt und die Frauen wandern von Schoß zu Schoß. Eine ähnliche Szene spielt sich dann in der Wohnung der Bande ab, bevor Sherlock Holmes das ausgelassene Treiben stört. Und schließlich stöbert der Detektiv den Verbrecher-Reigen im Hinterzimmer eines mondänen Kaffeehauses auf, wo wenig sittenstreng getanzt wird – auch Damen mit Damen – und so trotz der vornehmen Eleganz von Kleidung und Ambiente eine Atmosphäre unterschwelliger Erotik herrscht. Die Parallelen zur Darstellung der Freudenhäuser in den »Weiße Sklavinnen«-Filmen der Nordisk ist fraglos gewollt; sie hatte sich bewährt als wirkungsvolles tableau für jenes verruchte Ambiente, das den zeitgenössischen Kinogänger mit seiner Mischung aus Faszination und Befremdung zu fesseln vermochte.

Am packendsten ist SHERLOCK HOLMES UND DIE BAUERNFÄNGER in seinen turbulenten Action-Sequenzen. Als der Detektiv die Bande in dem Tanzcafé wieder aufstöbert, kann diese im Handgemenge entkommen und entführt am hellichten Tage mit vorgehaltener Pistole ein Taxi. Holmes und die Polizei sind ihnen jedoch mit einem weiteren Taxi auf den Fersen, und die Autoverfolgungsjagd führt vor die Tore der Stadt. Der Film nimmt seine Zuschauer mit in deren ureigene Lebenswelt, führt ihnen die kopenhagener Innenstadt mit ihrem bunten Treiben ebenso vor Augen wie die ländliche

Sherlock Holmes i Bondefangerklør (Viggo Larsen, 1910)

Peripherie der Metropole. Er versetzt den Kinogänger in das Geschehen hinein, indem er es inmitten von dessen vertrauter Umgebung situiert. So vermittelt sich das dramatische Geschehen ungleich wirkungsvoller, als es die Szenen vor stilisierter Theaterkulisse in PAT CORNER, MEISTERDETEKTIVEN vermochten.

Der Detektivfilm aus dem Hause Nordisk entwickelt dennoch keine avantgardistische Filmsprache. Die Verfolgungsjagd ist aus einem starren Blickwinkel heraus abgefilmt worden und hätte mit Hilfe einer simplen Schuß-Gegenschuß-Montage – wie sie zeitgleich von D. W. Griffith in den USA eingesetzt wird – spannungsgeladener inszeniert werden können.

SHERLOCK HOLMES UND DIE BAUERNFÄNGER belegt auch, wie wenig es dem internationalen Marktgesetzen unterworfenen populären Film um die Subversivität der litarischen Vorlagen geht. Die von Conan Doyle differenziert gezeichnete Detektivfigur wird im dänischen Kino grob stilisiert. Der Detektiv trägt seinen Berufsstand lediglich durch seine Schiebermütze und die charakteristische Pfeife zur Schau. Ansonsten ist von Conan Doyles hagerem, feingliedrigem Intellektuellen mit bohèmehaften Lebensgewohnheiten nichts übriggeblieben. Viggo Larsen, Otto Lagoni und vermutlich auch Alwin Neuß verkörpern Holmes als handfesten, tatkräftigen Polizisten in Zivil,

der die wissenschaftlichen Arbeitsmethoden und geistreichen Deduktionen
seines literarischen Ahnherren nicht benötigt. Der Leinwand-Holmes ist keineswegs ein Sonderling am Rande der Gesellschaft, der aufgrund außergewöhnlicher Geistesgaben und intensiver wissenschaftlicher Studien jene
gesellschaftlichen Probleme lösen kann, derer die schwerfälligen, bürokrati-
schen Institutionen nicht Herr werden.

Siegfried Kracauers Analyse des Detektivromans geht davon aus, daß dessen
»Thema die entwirklichte Gesellschaft ist, die aus der existentiellen Ge-
meinschaft durch die bis zum äußersten fortgetriebene Verabsolutierung der
ratio entsteht«[16]. Es gehe also um Illustrationen, um Belege für das Funk-
tionieren eines absolut gesetzten Prinzips: »Als Personifikation der ratio
spürt der Detektiv weder den Verbrecher auf, weil dieser illegal gehandelt
hätte, noch identifiziert er sich mit den Trägern des Legalitätsprinzipes.
Vielmehr, er entwirrt das Rätsel lediglich um des Prozesses der Enträtselung
willen (...).«[17]

Dem Detektivfilm geht es um ganz anderes: Er schmarotzt zunächst an der
Popularität seiner Vorlagen und nutzt sie für eigene Anliegen. Die Nordisk
hat für ihre Nachahmer bindende Gesetze für ein filmisches Genre formuliert, dessen literarische Anleihen sich in groben Strukturen und einer schlichten Ikonographie erschöpfen. Die Fachpresse urteilt dementsprechend über
eine etablierte (Film-)Gattung und klopft diese lediglich auf die Erfüllung
üblicher Genre-Konventionen ab. So schreibt die amerikanische Moving Picture World zu SHERLOCK HOLMES I BONDEFANGERKLOER: »The photography
is clear and the acting is excellent. There are a number of thrills introduced
which help in maintaining the interesting features at a high standard.«[18]

Auch die Deutschen sind voll der Anerkennung. Der Kinematograph findet:
»Der Film DIE BAUERNFÄNGER zeigt das Raffinement welterfahrener Hoch-
stapler, läßt die tiefverborgensten Abgründe blicken (sic!) und ist in seiner
großzügigen, ausführlichen Reichhaltigkeit höchst spannend und von fes-
selnder Wirkung.«[19]

Die Werbung scheut nicht einmal den Vergleich mit Urban Gads AFGRUN-
DEN (ABGRÜNDE, 1910)[20].

Angesichts der Agitation der deutschen Kinoreformer ist das Bestreben der
deutschen Filmwirtschaft naheliegend, auch den populären Film im Rahmen
des Legitimationsdiskurses des Kinos aufzuwerten. Gerade der Detektivfilm
galt den Kinogegnern als Musterbeispiel der schädlichen Folgen sogenannter
Schundfilms. So argumentiert der tübinger Psychiater Robert Gaupp im Jahre 1911, nachdem er explizit DIE WEISSE SKLAVIN als »widerliche Spe-
kulation auf die Freude der Menschen am Krassen und Schauerlichen, am
Sentimentalen, am sexuell Aufregenden« gegeißelt hat: »Für noch gefährlicher halte ich die oft grauenhaft plastischen Darstellungen aus dem Ver-
brecherleben. (...) Der psychologische Abschreckungswert des unübersehbar
moralischen Schlusses fällt gar nicht ins Gewicht gegenüber der tiefen Wir-

kung, welche die Heldentaten des kühnen Verbrechers auf das jugendliche Gemüt ausüben.«[21]
In der Tat haben die Detektivfilme des frühen Kinos wohl primär die Arbeiterjugend in ihren Bann geschlagen. Emilie Altenlohs empirische Erhebung »Zur Soziologie des Kinos« belegt, daß Kriminal- und Detektivfilme in Deutschland bis 1912 vorwiegend die proletarische Jugend in die Vorstadtkinos locken: »Indianer- und Detektivgeschichten, die in so weitem Maße die Phantasie der Jugend beschäftigten, entsprechen einer primitiveren Stufe und erregen bei dem erwachsenen Arbeiter kaum mehr Interesse«.[22] Der »primitivste Typus« unter den 14- bis 18-jährigen liebe die Populärmythen aus dem angelsächsischen Raum, »der Geschmack ist ausschließlich auf Detektiv- und Räuberdramen gerichtet.«[23]
Victorin Jasset und Viggo Larsen, diese seelenverwandten Pioniere des frühen populären Kinos, eint das Gespür dafür, welche filmischen Möglichkeiten die Detektivstoffe beinhalten. Ebenso wie der klassische Kriminalroman seinen Lesern ermöglicht, alle sozialen Milieus und denkbaren Lebenswelten zu betreten, deren Widersprüchlichkeiten zu entlarven und ihnen die tiefsten Geheimnisse abzuringen, so öffnet auch der Detektivfilm den jungen Regisseuren die zeitgenössische Welt in ihrem Querschnitt. Ebbe Neergard sieht ihre Funktion innerhalb der Nordisk-Produktionen so: »The crime films undoubtedly had their importance in the training of directors and actors for something like modern social depiction of contemporary milieus«.[24] Dieser Zusammenhang zwischen bestimmten Lebenswelten und der Darstellung von Verbrechen hat auch Walter Benjamin beschäftigt: »Das bürgerliche Interieur der sechziger bis neunziger Jahre mit seinen riesigen, von Schnitzereien überquollenen Büfetts, den sonnenlosen Ecken, wo die Palme steht, dem Erker, den die Balustrade verschanzt und den langen Korridoren mit der singenden Gasflamme wird adäquat allein der Leiche zur Behausung.«[25] Einer Reihe von Autoren sei es gelungen, so Benjamin, diesen »Charakter der bürgerlichen Wohnung, die nach dem namenlosen Mörder zittert, wie eine geile Greisin nach dem Galan«[26], zu durchdringen, Conan Doyle etwa oder Gaston Leroux.
Hier dürfte auch für die jungen Filmpioniere der Reiz der Detektivstoffe gelegen haben. Zudem verlangte das Genre geradezu danach, neue filmtechnische Möglichkeiten, Sensationen und Effekte auszuprobieren. Und das bei vergleichsweise geringem Risiko: die geschlossene, bereits etablierte und bei allen Anfeindungen beliebte Parallelwelt der populären Kultur mußte für die Leinwand lediglich adaptiert werden.
Die Nordisk-Detektivfilme haben einem langlebigen Filmgenre den Weg geebnet, das sich gerade im deutschen Kino bis in die zwanziger Jahre halten sollte. Während der Kriegsjahre tritt geradezu eine Armee von Filmdetektiven an, die Lebenswelt der Kinogänger bis in den letzten Winkel zu durchleuchten. Stuart Webbs, Joe Deebs, Joe Jenkins und Harry Higgs bilden das

mythologische Figurenarsenal des frühen populären Kinos in Deutschland. Kaum eine der späteren Lichtgestalten des Weimarer Kinos hat seine ersten filmischen Gehversuche nicht im Detektiv-Genre gemacht.

Balanceakt populärer Kultur – Schurken im geschlossenen System

Der gehobene Detektivroman wie das Groschenheft hatten seit der Jahrhundertwende neuartige Subgenres entwickelt: Diese zeigen als zentrale Figuren dem Detektiv verwandte Übermenschen mit negativem Vorzeichen. Auch diese Modeerscheinung adaptiert Viggo Larsen für das Kino. 1909 dreht er ein dreiteiliges Serial um den genialen Verbrecher Dr. Nicola, den der spätere Nordisk-Star-Regisseur August Blom in einer seiner frühen Rollen verkörpert. Der Stoff geht auf den Kolportageroman »A Bid of Fortune, or Dr. Nikola's Vendetta« (1895) des Australiers Guy Newell Boothby zurück. Die drei Verfilmungen (DER VERBORGENE SCHATZ, DER CHINESISCHE STOCK, DOKTOR NICOLA) spielen bereits weidlich mit Exotismen (der undurchschaubare Orientale, der Schauplatz Tibet) und phantastischen Elementen (der magische Krug, der Macht über Leben und Tod verleiht).

Das herausragendste Beispiel dieses Subgenres im dänischen Detektivfilm inszeniert schließlich Eduard Schnedler-Sørensen mit einer seiner ersten Arbeiten für die Nordisk, der ersten Folge der »Gar El Hama«-Serie, BEDRAGET I DØDEN (DOKTOR GAR EL HAMA, 1911). Bis 1916 entstehen insgesamt fünf GAR EL HAMA-Filme, die ersten beiden von Schnedler-Sørensen inszeniert.

BEDRAGET I DØDEN schildert den Kampf des Detektivs Newton (Einar Zangenberg) gegen den orientalischen Meisterverbrecher Dr. Gar el Hama (Aage Hertel). Dieser schurkische Übermensch wird von dem Erbschleicher James Pendleton (Holmes-Darsteller Otto Lagoni) engagiert, der es auf das Vermögen eines verstorbenen Freundes abgesehen hat. Zunächst hat Pendleton vergeblich versucht, sich das Erbe auf legalem Weg durch eine Heirat mit Edith, der Tochter seines Freundes, zu sichern. Hier setzt die Kriminalhandlung ein: Pendleton und Gar el Hama entführen Edith, wollen sie nach Konstantinopel schaffen, um das Erbe zu erpressen. Das jedoch wird ganz genregemäß von Newton und Ediths Verlobtem vereitelt.

Schnedler-Sørensens Film bereichert den dänischen Detektivfilm zwar, indem er eine ebenso charismatische wie bedrohliche Negativfigur in den Mittelpunkt stellt und damit die Ambivalenz des Bösen mit seiner durchaus faszinierenden Aura thematisiert. Formal geht er jedoch nicht über den Standard der zeitgenössischen Nordisk-Produktionen hinaus. Ähnlich wie die Holmes-Filme spielt BEDRAGET I DØDEN mit Genre-Elementen wie Geheimgängen und tollkühnen Verfolgungsjagden. Deren Höhepunkt ist der Showdown auf und in einem fahrenden Zug, der mit der vielleicht packendsten Einstellung des Filmes eingeleitet wird. Die Kamera steht neben einem

Schienenstrang und im Vordergrund agiert ein Polizist, der winkend die Fahrt eines herannahenden Zuges verlangsamt. Am oberen Bildrand ist ein Brückenbauwerk zu sehen. Daran hängt der Detektiv und springt auf den fahrenden Zug auf. Anschließend nimmt die Kamera den Zuschauer mit in das haarsträubende Geschehen. Wie seit Porters THE GREAT TRAIN ROBBERY (1903) vor allem im amerikanischen Kino wiederholt praktiziert, steht der Aufnahmeapparat auf dem Zugdach, um den Kampf aus nächster Nähe zu beobachten. Ron Mottram zieht einen Vergleich dieser Aufnahmen mit ihren US-Pendants: »Though they lack the pace of cutting that Griffith would have given them, they are nonetheless well staged and exciting«.[27]

Auch BEDRAGET I DØDEN bezieht sich auf die Mädchenhändler-Filme der Nordisk. Pendletons Heiratsantrag an Edith ist kaum der eines galanten Kavaliers, wenn er sein erotisches Begehren unverhohlen-handgreiflich zum Ausdruck bringt. Auch die schließlich vereitelte Entführung ins mythische Konstantinopel läßt sich als Anklang an die »Weiße Sklavinnen«-Serie lesen.

Den populär-mythologischen Cocktail bewährter Nordisk-Produktionen bereichert Schnedler-Sørensen allein durch die Titelfigur. Aage Hertel gibt den Gar el Hama als geheimnisvollen Orientalen (einen Ahnherren späterer Leinwand-Finsterlinge à la Dr. Fu Manchu), der Herrscher über Leben und Tod zu sein scheint. Mit einer drogengetränkten Rose betäubt er Edith auf ihrer Hochzeitsfeier und, in gesteigerter Wiederholung dieses Motivs, auch ihren Scheintod bewirkt er mittels einer geheimnisvollen Substanz. Voll entfaltet wird die dämonische Aura des exotischen Verbrechergenies durch die Ausleuchtung der Sequenzen, in denen Gar el Hama seine Opfer von einem Geheimgang aus attackiert. Diese nehmen durchaus eine Ästhetik des Bedrohlichen vorweg, wie sie später angeblich erst der deutsche Expressionismus entwickelt.

Die verstörende Wirkung der zeitgleich in Frankreich gedrehten Verbrecherfilme hat er mit BEDRAGET I DØDEN jedoch nicht erzielt. Das soll ein Vergleich mit Victorin Jassets ZIGOMAR CONTRE NICK CARTER (1912) verdeutlichen.

Der Nick Carter-Regisseur Jasset beginnt 1911 im Auftrag der Eclair, die Feuilleton-Romanserie »Zigomar«[28] von Léon Sazie für die Leinwand zu adaptieren. Auf ZIGOMAR (September 1911) folgen ZIGOMAR CONTRE NICK CARTER (März 1912) und ZIGOMAR PEAU D'ANGUILLE (März 1913), allesamt mit Alexandre Arquillière in der Titelrolle. Nach Jassets Tod im Jahre 1913 stellt die Eclair die Serie ein, auch wegen eines Rechtsstreits mit Léon Sazie.

In ZIGOMAR CONTRE NICK CARTER konfrontiert Jasset zwei einem breiten Publikum bekannte populärmythologische Charaktere in einem ungewöhnlich langen Spielfilm.[29] Seine Detektivfigur (Charles Krauss als Nick Carter) wirkt ebenso bläßlich und blutarm wie Newton in BEDRAGET I DØDEN, die Faszination von Jassets Film liegt ähnlich wie bei Schnedler-Sørensen in der Ikonographie des Bösen.

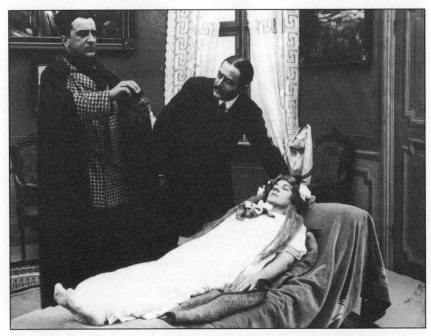

Dr. Gar el Hama I/Bedrarget i Døden (Eduard Schnedler-Sørensen): Aage Hertel (links)

Doch der Franzose entwickelt eine ganz andere, originäre Ästhetik. Zigomar kann, ebenso wie seine Z-Bande, jede nur erdenkliche Gestalt annehmen, er verdoppelt sich sogar, um zeitgleich auf mehreren Schauplätzen zu agieren. Die Bande residiert in mittelalterlichen Verliesen, in mondänen Spielclubs und verruchten Opiumhöhlen. Jasset plaziert sie effektvoll vor pechschwarzem Hintergrund, konturiert damit messerscharf die Gesichtszüge des unfaßbaren Verbrechergenies. Dessen Helfershelfer verschwinden in ihren schwarzen Kostümen scheinbar im Nichts. Die schwarzen Capes und Kutten der Z-Bande sollten im frühen Kino immer wieder Verwendung finden, von Louis Feuillades LES VAMPIRES (1915/16) bis Fritz Langs DIE SPINNEN (1919/20). Jassets Verbrecherbande schreckt auch vor brutalster Gewaltanwendung nicht zurück, wenn sie Nick Carter mit einem Klavier zu erschlagen versucht und in ihrer schauer-romantischen Höhle auf die Folterbank spannt oder die Verräterin Olga (Olga Demidoff) an ein Pferd bindet und zu Tode schleifen will.

Das episodenhaft aneinandergereihte Geschehen fasziniert durch eine abwechslungsreiche Mischung aus phantastischen und realistischen Elementen. Jasset verwendet Filmtricks à la Méliès, wenn Zigomars Spielclub sich selbständig in einen Konzertsaal verwandelt, Zigomars Double eine Hotelgesellschaft mit verblüffenden Zaubertricks unterhält und die Opiumträume des Bandenchefs als Doppelbelichtungen hinter dem Berauschten erscheinen. Diese optischen Sensationen zur Illustrierung einer trügerischen Realität stehen gleichberechtigt neben genreüblichen Einlagen wie Identitätswechseln durch Verkleidung und Verfolgungsjagden zu Wasser und auf südfranzösischen Landstraßen.

Diese Reminiszenzen an das »Kino der Attraktionen« und an Vaudeville-Traditionen hat Jasset verzahnt mit einer Vielfalt realistisch gezeichneter Außenaufnahmen. Der Zuschauer bekommt Panoramaschwenks über die Schweizer Hochalpen ebenso zu sehen wie eine Schäferidylle an der Côte d'Azur. Er erhält Einblick in das verruchte Milieu der Hafenkneipen von Toulon, den Salon eines großbürgerlichen Grand Hotels und ein hochherrschaftliches Schloß. Diese beispiellose Fülle optischer und tricktechnischer Sensationen ist weitgehend homogen in die Erzählhandlung eingearbeitet und geht weit über die Reize der ersten Gar el Hama-Folge hinaus. Die Protagonisten verdanken ihre Anpassungsfähigkeit an jedes nur erdenkliche Milieu ihrer mimetischen Verwandlungsgabe, für die Jasset geradezu ein filmisches Lehrbuch verfaßt hat. Tom Gunning sieht in diesen Verwandlungstricks das maßgebliche Spannungselement des Genres: »They are the soul of Zigomar's evil power as well as the major weapon the detective possesses in his battle against him. These attractions of magical transformation have become part of the iconographic and narrative logic of the detective genre, as appearance and identity become a contested battleground between the forces of law and anarchy.«[30]

Das Stichwort »Anarchie« verweist schon auf den gesellschaftlichen Kontext der Zigomar-Reihe. Das Frankreich der Dritten Republik ist von politischen Wirren und Unruhen erschüttert, politische Affären (Dreyfus) wie anarchistischer Terror (Bonnot-Bande, 1913 hingerichtet) halten die Öffentlichkeit in Atem, Flügelkämpfe und Extremismus bestimmen die parlamentarischen Auseinandersetzungen. Victorin Jassets effektvolles Spiel mit dem kollektiven Unbehagen und der Verstörtheit der (bürgerlichen) Öffentlichkeit sollte im zeitgenössischen Frankreich auf fruchtbaren Boden fallen. Mit diesem neuartigen Typus von Unterhaltungskino hat Jasset eine Tradition begründet, die vom frühen Kino, in personae Louis Feuillade (FANTOMAS, LES VAMPIRES) und Fritz Lang (DIE SPINNEN, DR. MABUSE), weiterentwickelt und ausdifferenziert wird. Zudem konnte Jasset mit der Zigomar-Reihe seinem Hause, der Eclair, zu einem entscheidenden Triumph im »Krieg« der französischen Produktionsgesellschaften verhelfen, den die Gaumont ihr freilich mit FANTOMAS (1913) wieder abringen sollte.

Der Nordisk Films Kompagni fehlten diese entscheidenden Faktoren. Sie war Alleinbegründerin einer frühen dänischen Filmschule und in einem politisch vergleichsweise stabilen Land ansässig. Auf dem internationalen Filmmarkt der Vorkriegsjahre hat sie sich dennoch behaupten können; auch weil sie mit ihren Detektivfilmen (von Sherlock Holmes bis Gar el Hama) ein sicheres Gespür für die Träume und Sehnsüchte des Kinopublikums am Vorabend des Weltkrieges bewiesen hat.

1) Der Zeitungsartikel »Mindestens zwei Tote pro Film« aus der Berliner Illustrirten (Nachtausgabe) vom 10.9.1936 findet sich im Schriftgutarchiv des Danske Filmmuseum in Kopenhagen. – 2) In der US-Produktion SHERLOCK HOLMES (Essanay, 1916) gibt Gilette den Meisterdetektiv – im Alter von 63 Jahren! Noch 1922 entsteht in den USA der legendäre SHERLOCK HOLMES (M-G-M, mit John Barrymore) nach Gilettes Vorlage. – 3) Jean-Paul Sartre: Die Wörter. Reinbek: Rowohlt 1965, S. 165 f. – 4) Zit. nach: Hans-Friedrich Foltin (Hg.): Nick Carter – Amerikas größter Detektiv. Hildesheim 1973, Vorwort. – 5) Die filmhistorische Chronologie ist Georg Seeßlen: Mord im Kino – Geschichte und Mythologie des Detektiv-Films. Reinbek: Rowohlt 1981 entnommen. – 6) Der Film mit einer Länge von acht Minuten wurde von dem Engländer James Stuart Blackton inszeniert, der auch die erste Filmversion von E. W. Hornungs Raffles aus dem gleichen Jahr zu verantworten hat. – 7) In Deutschland erscheint zudem 1907-16 eine Groschenheft-Variante der Holmes-Geschichten (»Aus den Geheimakten des Weltdetektivs«), die außer dem Namen des Titelhelden freilich keine Bezüge zum Original aufweist. – 8) Zit. nach: Ron Mottram: The Danish Cinema before Dreyer. Metuchen NJ, London: The Scarecrow Press 1988, S. 39. – 9) Vgl. ebd. – 10) Abgebildet in: Philip Weller: The Life and Times of Sherlock Holmes. New York: Avenel 1992, S. 40. – 11) Mottram, S. 47. – 12) Der erste Lupin-Roman von Maurice Leblanc: Arsène Lupin, Gentleman-Cambrioleur, erscheint 1907. – 13) Mottram, S. 49/50. – 14) Der Entwurf für ein Buch mit dem Titel Sherlock Holmes' Nordiske Eventyr von Bjarne Nielsen im Schriftgutarchiv des Danske Filmmuseum in Kopenhagen wirft diese Frage auf. – 15) DER HUND VON BASKERVILLE (1914), DAS EINSAME HAUS, DER HUND VON BASKERVILLE. 2. TEIL (1914), EIN SELTSAMER FALL (1914), DETEKTIV BRAUN (1914) und DAS UNHEIMLICHE ZIMMER. DER HUND VON BASKERVILLE. 3.TEIL (1915). Ab 1915 realisiert Neuß eine eigene Holmes-Serie für die Decla und tritt ab 1916 als Detektiv Tom Shark in einem gleichnamigen Filmserial auf. – 16) Siegfried Kracauer: Der Detektivroman. Ein philosophischer Traktat. Frankfurt/M: Suhrkamp 1979, S. 30. – 17) Ebd., S. 86. – 18) Mottram, S. 132. – 19) Zit. nach einer Anzeige der Düsseldorfer Film-Manufaktur in: Erste Internationale Film-Zeitung, Nr. 8, 1911. – 20) Ebd. – 21) Robert Gaupp: Die Gefahren des Kino. In: Jörg Schweinitz (Hg.): Prolog vor dem Film – Nachdenken über ein neues Medium 1909-1914. Leipzig: Reclam 1992, S. 67 f. – 22) Emilie Altenloh: Zur Soziologie des Kino. Die Kino-Unternehmung und die sozialen Schichten ihrer Besucher. Jena: Diederichs 1914, S. 76. – 23) Ebd., S. 85. – 24) Mottram, S. 49. – 25) Walter Benjamin: Einbahnstraße. In: ders.: Gesammelte Schriften. Band 10. Frankfurt/M.: Suhrkamp 1980, S. 89. – 26) Ebd. – 27) Mottram, S. 165. – 28) »Zigomar, le maitre invisible« erscheint zwischen Dezember 1909 und Mai 1910 in der Zeitung Le Matin, bis 1912 folgen zwei weitere Romane. – 29) Die Zigomar-Serie markiert für die Eclair den Übergang zum mehrteiligen, abendfüllenden Spielfilm. Auch BEDRAGET I DØDEN ist mit 800 Metern etwa viermal so lang wie noch die Holmes-Folgen. – 30) Tom Gunning: Attractions, Detection, Disguise – Zigomar, Jasset, and the History of Film Genres. In: Griffithiana, Nr. 47, 1993, S. 127.

Michael Esser

FESSELNDE UNTERHALTUNG
Mit weißen Sklavinnen zu neuen Ufern

Die Auseinandersetzung mit dem Genrekino stand bei deutschen Filmhisto-
rikern lange Zeit nicht sonderlich hoch im Kurs. Und nach wie vor systema-
tisieren Stilepochen die Filmhistoriografie, bestimmen Autoren und ihre
Werke den Diskurs. Dadurch ist manches in Vergessenheit geraten: etwa die
amüsante, eben aber auch unbekannte Tatsache, daß in den zehner und den
frühen zwanziger Jahren»der Aufklärungsfilm über Mädchenhandel ein be-
liebtes Genre der Kinoindustrie wurde und daß eine Unzahl von ›weißen
Sklavinnen‹ das schaulustige Publikum mit ihrem (ach so schlimmen!)
Schicksal unterhalten mußten.«[1]

Kurz berichtet

»Weiße Sklavinnen«-Filme waren eine Spezialität der dänischen Kinoindustrie; bis 1914 wurden circa 50 Filme dieser Art für die internationalen
Märkte produziert.[2] Der Erfolg von DEN HVIDE SLAVEHANDELS SIDSTE OFFER
(DIE WEISSE SKLAVIN II) animierte offensichtlich die berliner Vitascope, von
dem dänischen Regisseur Viggo Larsen einen Teil III inszenieren zu lassen.
Aber auch nach dem Krieg blieb das Thema aktuell; Arthur Tauber drehte
1921 den Zweiteiler DIE WEISSE SKLAVIN, und Augusto Genina führte 1927
die Regie bei einem Großfilm gleichen Titels mit Liane Haid, Wladimir
Gaidarow und Charles Vanel in den Hauptrollen. Eine langlebige Serie also,
wobei nicht übersehen sein soll, daß es auch in Joe Mays DIE HERRIN DER
WELT, in Richard Oswalds PROSTITUTION (1919) und vor allem in Otto Rip-
perts DER WEG, DER ZUR VERDAMMNIS FÜHRT (zwei Teile) um Mädchenhandel geht.
Neben den Detektiv-Serien bildeten die »Weiße Sklavinnen«-Filme in Dänemark und Deutschland einen wesentlichen Bestandteil des trivialen Kinos, ohne dessen Erfolg die Expansion der Filmwirtschaft in den Jahren
zwischen 1905 und 1914 sehr viel langsamer und beschwerlicher verlaufen
wäre. »Weiße Sklavinnen«-Filme waren Kino auf der Höhe des Zeitgeistes.
Die Grundlagen der in ihnen erzählten Geschichten entstammten dem modernen Massenmedium Zeitung; durch Aktualität und Realitätsbezug
gewannen die abenteuerlichen Kolportage-Stories den Anschein der Glaub-

würdigkeit. Geschickt mobilisierten Produktionsfirmen und Verleihunternehmen die öffentliche Meinung, wie an der Zensurzulassung eines – in diesem Fall amerikanischen – »Weiße Sklavin«-Films deutlich wird: »In diesen Tagen hat die Oscar Einstein GmbH ihren sechsaktigen Aufklärungsfilm SCHMUTZIGES GELD[3] zugelassen bekommen. Das Drama, ein Fabrikat der Firma Universal Film Mfg Co in New York, ist im Jahre 1914 von der deutschen Zensur verboten worden, trotzdem es in allen Ländern gezeigt werden durfte. Es ist damals auf Veranlassung von John Rockefeller jun. und des ehemaligen ersten Staatsanwalts der Stadt New York, Whitman, hergestellt worden, um vor den weißen Sklavenhändlern zu warnen, jungen, unerfahrenen Mädchen Aufklärung über die Verschlagenheit des Mädchenverkaufes zu geben. Die Firma hatte sich nach dem deutschen Zensurverbot an verschiedene Persönlichkeiten gewandt, um sie über ihr Urteil zu befragen. Fast ausnahmslos war man schon damals nach Besichtigung des Aufklärungsdramas der Ansicht, daß die Bedenken des Polizeipräsidiums unberechtigt sind. So versicherte Reichstagsabgeordneter Dr. Pfeiffer, daß er auch bei nochmaliger Überprüfung des Inhalts und der Darstellung nichts Bedenkliches hat feststellen können. ›Ich bin‹, so schreibt Dr. Pfeiffer, ›in dem ersten Eindruck nur bestärkt worden, daß er uns bei der Bekämpfung des Mädchenhandels eine ausgezeichnete Hilfe in der Propaganda bedeutet.‹ Aber auch selbst die Bestätigungen einer Leiterin und eines Geistlichen im Verein Wohlfahrt der weiblichen Jugend, daß der Film sehr geeignet ist, ›die Bestrebungen gegen den Mädchenhandel zu unterstützen, aufklärend, mahnend und warnend zu wirken‹, nutzten nichts. Das Verbot blieb aufrecht erhalten, trotzdem andere deutsche Filme, die sich mit dem gleichen Thema in ähnlicher, allerdings ein wenig zahmerer Weise, beschäftigten, ohne Zensurausschnitte den WEG, DER ZUR VERDAMMNIS FÜHRT, zeigen durften. (...) Da dieser Film besonders Fälle beleuchtet, in denen jene ›Agenten‹ die vom Ausland fremd in New York ankommenden Mädchen verschleppten, so erscheint er in den nächsten Monaten wohl zur rechten Zeit. Möge er vielen, die hier bei uns auf die erste Auswandermöglichkeit warten, eine eindringliche Warnung vor den Gefahren sein, die drüben im Lande des Dollars ihrer harren!!«[4]

Worte zum Tag

Aufklärungsfilme betreiben Propaganda, sie appellieren an das moralische Bewußtsein ihrer Zuschauer, ihre Geschichten weisen über die Filmrealität hinaus auf (vermeintliche oder existente) soziale Probleme. Mit Vorliebe versicherten sich ihre Hersteller der Unterstützung von Persönlichkeiten und Institutionen, denen Kompetenz in moralischen Angelegenheit zugesprochen werden konnte; neben dem »Verein Wohlfahrt der weiblichen Ju-

Den hvide Slavinde (Viggo Larsen, 1906)

gend« war vor allem das »Nationalkomitee zur internationalen Bekämpfung des Mädchenhandels« bereit, für den WEG, DER ZUR VERDAMMNIS FÜHRT und für MÄDCHENHANDEL das Protektorat zu übernehmen. Wenn sich die Produzenten um solche Schirmherrschaften bemühten, dann nicht nur, um den Zensoren ein Schnippchen zu schlagen, sondern auch, weil durch sie die Authentizität der erzählten Geschichten als verbürgte erscheinen mußte. Reizvoll für das Publikum war und ist das implizite Versprechen, Augenzeuge *wahrer Geschichten* zu werden; das ihnen eigene journalistische Element unterscheidet die »Weiße Sklavinnen«-Filme von anderen Kinofilmen. Wir haben es mit einem frühen Reportage-Kino zu tun, das sich auf Fakten und Recherchen stützt und sich in seiner Themenwahl von öffentlichen Diskussionen inspirieren läßt.

1904 wurden mehrere internationale Abkommen geschlossen, die den strafrechtlichen Schutz von minderjährigen *weißen* Mädchen und gewaltsam entführten Frauen regelten; 1906 dreht Viggo Larsen DEN HVIDE SLAVINDE (DIE WEISSE SKLAVIN). »Einen Umschwung für die Kinoprogramme, einen Aufschwung für die gesamte Industrie bedeutete (...) das Erscheinen des ersten modernen Sensationsdramas DIE WEISSE SKLAVIN. Charakteristisch für diese neue Gattung ist das soziale Moment. Ja, die Vorliebe dafür ist so stark, daß

das Wort ›sozial‹ zum gebräuchlichsten Beiwort in der Kinoreklame
geworden ist. Damit scheint die Filmfabrikation auf ein Stoffgebiet gestoßen
zu sein, das heute einen breiten Platz in der Interessensphäre aller Volks-
schichten behauptet. Eine dänische Firma hat dieses Drama auf den Markt
gebracht und damit den Grundstein für die jetzige Bedeutung der dänischen
Filmindustrie gelegt.«[5]
Am 4.5.1910 einigten sich die wichtigsten Industrienationen auf ein Internationales Abkommen zur Bekämpfung des Mädchenhandels; am 23.1.1911
hatte bereits der zweite Teil von DEN HVIDE SLAVEHANDELS SIDSTE OFFER
(DIE WEISSE SKLAVIN II) seine Premiere im kopenhagener Panoptikonteatret.
(Erst 1933 übrigens wurde der Schutz vor Entführungen auf alle Frauen und
schließlich 1949 auf alle Menschen ausgedehnt.)

True Stories

Nach dem Ersten Weltkrieg wurden einige Fälle von Mädchenhandel vor
den Gerichten des Völkerbundes verhandelt und in Zeitungen publiziert, so
auch die Affäre K.
Die Deutsche K. arbeitet als Kindermädchen in Paris, lernt in einem Bistro
zwei junge Frauen kennen und läßt sich von ihnen zu einer Vergnügungsrei-
se nach Amerika einladen. Kurz vor der Abfahrt erfährt sie jedoch, daß der
Dampfer nach Portugiesisch-Ostafrika in See stechen soll; sie geht trotzdem
an Bord. »Unterwegs sagte die Loulou [eine der beiden Freundinnen] ihr, sie
sei ein hübsches Mädchen und könne viel Geld verdienen... Von nun an
ließen die beiden Frauen ihr Opfer nicht mehr aus den Augen. Sie durfte mit
niemand sprechen, keine gesellschaftliche Veranstaltung auf dem Schiff
besuchen, sogar ihre Einzelkabine zwang man sie aufzugeben und bei der
Loulou zu schlafen... Ständig wurde sie von beiden Frauen scharf beobachtet. Nun merkte sie, daß sie nach Afrika verschleppt werden sollte. Endlich
gelang es ihr, mit einem Fahrgast in Verbindung zu kommen, der sofort den
Kapitän verständigte...«[6]
Ein »typischer Weg zur Anlockung von Opfern für den Mädchenhandel [wa-
ren] Anzeigen in Zeitschriften für Nacktkultur«, mit denen der Inserent
einen Aufenthalt im Ausland anbot. Grundsätzlich wurde von den zuständi-
gen Gerichten hinter dem Frauenhandel ein weltweit operierender Ring vermutet, dessen »Zentrale in Südamerika sitzt und in allen Kontinenten über
Zutreiber und Agenten verfügt«.[7]
Mit einer von den betroffenen Frauen aus freien Stücken unternommenen
Reise beginnen nahezu alle Geschichten – seien sie von der Presse berichtet
oder in den Filmen erzählt. In der Folge wird die Bewegungsfreiheit, die
mögliche Erkundung fremder Sphären in Frage und schließlich unter Strafe
gestellt. Die Konsequenzen gehorchen der Logik des Alptraums: Weit über

das ursprüngliche Ziel hinaus geht die Reise, aus Freiwilligkeit wird Zwang, aus gesellschaftlichem Umgang wird Prostitution, aus Freikörperkultur wird der fremde Zugriff auf den Körper. Die Geschichten dokumentieren die ersten tastenden Schritte, mit denen sich Frauen auf ungewisses Terrain wagen, sie geben der Angst vor unabsehbaren Erfahrungen Ausdruck. Nicht zufällig sind die Rollen der Bösen jenen Frauen zugewiesen, die selbstbewußt und ohne Furcht unterwegs sind, die scharf beobachten und dominant auftreten. Wie in dem Fall der K. ist es auch in DEN HVIDE SLAVEHANDELS SIDSTE OFFER eine Frau, die (hier in einem Eisenbahnabteil) ein Gespräch mit dem Opfer anknüpft und es den skrupellosen männlichen Erotomanen ausliefert.

Noch einmal mit Gefühl

Die Sehnsucht einer jungen Frau, freizügig das Leben zu erfahren, gerät in Konflikt mit einer Welt, die von Männern beherrscht wird; zugleich jedoch auch: Ein Mann will Frauen seinem sexuellen Begehren unterwerfen und gerät in Konflikt mit dem Gesetz. Die Frau riskiert ihre Identität, der Mann seine Reputation. Die Wünsche, die männlichen wie die weiblichen, kollidieren mit den sozialen Regeln – Ordnung schafft die Polizei oder ein Detektiv erst am Ende der Geschichte.

»Weiße Sklavinnen«-Filme erzählen aus der Perspektive der gefährdeten Heldin. Dieser Blickwinkel erlaubt den Filmen, die ihnen eigene Melodramatik zu überhöhen und anhand einzelner Figuren absichtsvoll zu parodieren. Mit pathetisch auf das Herz gepreßten Händen, Worte von Liebe und Verehrung stammelnd, steht in DIE WEISSE SKLAVIN II ein als Erpresser gekennzeichneter Mann schüchtern vor der Frau, die auf Grund der Umstände seiner Wollust ohnehin hilflos ausgeliefert ist. Nicht das Opfer bittet, sondern der Täter; unerfülltes Verlangen quält den Mann, gibt ihn der Lächerlichkeit preis.

Was in keinem dieser Filme fehlen darf: eine Orgie im Hause des Mädchenhändlers, bei der leichtbekleidete Frauen auf den Tischen tanzen; ein junger Mann, der verfängliche Szenen beobachtet; ein wohlsortiertes Arsenal von Lederpeitschen und Bondage-Seilen; außerdem ein Kleiderschrank, in dem der Bösewicht umfangreiche Damengarderobe aufbewahrt, den er aber gelegentlich auch als Transportkiste für unbotmäßige Sklavinnen benutzt. Diese exquisite Komposition aus Exhibitionismus, Voyeurismus, Fetischismus, Verbrechen und Melodrama weist voraus auf ein Kino-Genre, daß erst im amerikanischen Kino der vierziger Jahre zur Entfaltung gelangt: Der Thriller spielt mit dem Wunsch des Publikums, Verbotenes zu sehen und zu erfahren. Doch nicht ungestraft nehmen die Zuschauer an den Abenteuern teil. Ihre Neugierde bezahlen sie mit der Angst, die sie an der Seite der Hel-

Den hvide Slavehandels sidste Offer (August Blom, 1911)

din ausstehen. Mit der jungen Frau sehen sie sich immer unangenehmeren, immer unannehmbareren und äußerst komplexen Situationen ausgeliefert. Erlösung und Entspannung schafft erst das Ende des Films, die Wiederherstellung der sozialen Ordnung. That's the thrill: daß die befriedigende Auflösung der beängstigenden Situationen im Verlaufe des Films immer unwahrscheinlicher zu werden droht. Thriller verfolgen eine Strategie des Aufschubs: Mit DIE WEISSE SKLAVIN II setzte sich in Dänemark der abendfüllende Spielfilm durch.

Frau am Steuer!

»Weiße Sklavinnen«-Filme waren in Dänemark und Deutschland erfolgreich, aber sie blieben Episoden in der Filmgeschichte. Die Filme hatten immer dann Konjunktur, wenn entsprechende Anlässe vorlagen. 1904 wurde das erste internationale Abkommen gegen den Frauenhandel geschlossen und in Dänemark der erste entsprechende Film gedreht, 1910/11 folgt eine zweite Welle mit »Weiße Sklavinnen«-Filmen. 1919 reagierten deutsche Produzenten auf die von der Presse breit kommentierte Auswanderungsbewe-

Den hvide Slavehandels sidste Offer (August Blom, 1911)

gung, und 1925/26 boten die vom Völkerbund veröffentlichten Protokolle Stoff für neue Filme.

In den Filmen finden sich Elemente von Genre-Kino, doch zu einem eigenständigen Genre wurden sie nicht. DIE WEISSE SKLAVIN II beginnt mit einer Bahnfahrt, an die sich eine Schiffspassage anschließt; während dieser Reise steht die Protagonistin bereits unter Beobachtung. Nach dem Verlassen des Schiffes wird sie in eine falsche Wohnung gelockt, schließlich gewaltsam festgehalten, gefesselt, geknebelt und in einen engen Schrank gesperrt. Folgerichtig führt der Weg in die Freiheit über die Dächer der Stadt: ein letztes Risiko, bei dem jedoch der Blick endlich wieder ins Weite schweifen darf.

Dieses Muster variieren die »Weiße Sklavinnen«-Filme; die Reise mag vielleicht bis in exotische Länder führen, die Kerker der Bösewichter mögen einfallsreicher ausgestattet sein, für die Flucht wird womöglich ein Aeroplan gechartert... am Handlungsablauf jedoch ändert sich nichts wesentliches. Der Widerspruch zwischen dem Erfahrungshunger einer Frau und den ihr durch die soziale und sexuelle Ordnung gesetzten Schranken treibt die Geschichten voran.

Daher haben sich die Filme in den zwanziger Jahren, nach dem Niedergang der dänischen Filmwirtschaft, im deutschen Kino nie dauerhaft etablieren

können. Ihre Erzählweise beruht auf der Konfrontation von Bewegung, also
der Inszenierung von Zeit, und Ordnung, also der Inszenierung von Raum.
In den zwanziger Jahren bestimmte jedoch die Tradition des Kammerspiels
das deutsche Kino, auch und gerade im Trivialfilm. Das Kinopublikum war
auf Salons, Spülsteine und Hintertreppen fixiert, auf Seelenqual und Ner-
venzusammenbrüche. Reisende lösen gefälligst eine Platzkarte. An den beliebten Nahaufnahmen von Zifferblättern und Sanduhren kann man able-
sen, welche Rolle der Zeit zukommt: Sie hat gemächlich zu verrinnen in den
meisten deutschen Filmen jener Jahre.
Frauen lassen die Familie hinter sich, machen sich mit kleinem Gepäck auf
den Weg in die Ferne, und wenn es darauf ankommt, können sie auch am
Steuer eines Automobils rasant durch die Landschaft kurven –; im dänischen Kino der zehner Jahre scheint das selbstverständlich, und daher wirkt
die Einschränkung ihrer Bewegungungsfreiheit in den »Weiße Sklavinnen«-
Filmen wie ein Verstoß gegen Recht und Moral.
Wann lenkt eine Frau im deutschen Kino schon mal ein Auto, ohne gleich
einen Schupo vom Podest zu holen?

1) Curt Morek: Sittengeschichte des Kinos. Dresden 1926, S. 192. – 2) Die Zahlenangabe
beruht auf von Marguerite Engberg durchgeführten und beim 6. Internationalen
Filmhistorischen Kongreß mitgeteilten Untersuchungen. – 3) Jürgen Kasten verdanke ich
den Hinweis, daß es sich hier wohl um den Film INSIDE THE WHITE SLAVE TRAFFIC handelt.
– 4) Der Kinematograph, Nr. 631, 5.2.1919. – 5) Emilie Altenloh: Zur Soziologie des Kinos.
Die Kino-Unternehmung und die sozialen Schichten ihrer Besucher. Jena: Diederichs 1914,
S. 9. – 6) Aus den Völkerbund-Protokollen, zit. nach Dr. Henri L. ten Bergh:
Phänomenologie der Psychopathia sexualis, Bd.4. Göttingen o.J., S. 69. – 7) Vgl. ten Bergh,
S. 66 f.

Jürgen Kasten

WEG VON DER EINGEFRORENEN LEIBLICHKEIT?
Vom Kampf zwischen Sozialnorm und sinnlichen Instinkten

»Einen Umschwung für die Kinoprogramme, einen Aufschwung für die gesamte Industrie bedeutete dann das Erscheinen des ersten modernen Sensationsdramas DIE WEISSE SKLAVIN« behauptete die Soziologin Emilie Altenloh 1914. Worin bestand dieser Auf- und Umschwung? In der motivisch-
erzählerischen Sensation, im bewußt gewählten schlüpfrigen Sujet oder in
der daraus zu vermutenden und im Titel mitschwingenden voyeuristischen
Blickmöglichkeit? Nein, die Soziologin bemerkt vielmehr: »Charakteristisch
für diese neue Gattung ist das soziale Moment.« »Ja«, betont sie fast empha-
tisch, »die Vorliebe dafür ist so stark, daß das Wort ›sozial‹ zum gebräuchlichsten Beiwort in der Kinoreklame geworden ist.«[1] Worin sie das spezifi-
sche soziale Moment in den »Weiße Sklavinnen«-Filmen ausmacht, das teilt
Emilie Altenloh leider nicht mit. 50 Seiten später und in einem anderen Zusammenhang entschlüpft ihr dann jedoch ein Hinweis: »Meist wird in diesen
Dramen der Kampf einer Frau geschildert zwischen ihren natürlichen,
weiblich-sinnlichen Instinkten und den diesen entgegenstehenden sozialen
Zuständen. Auf der einen Seite steht für sie das Dirnentum, auf der anderen
die Möglichkeit einer Ehe an der Seite eines Mannes«[2]. In der Tat ist genau
diese Alternative dramatischer Kondensationspunkt der »Weiße Sklavinnen«-Filme. Und in der Tat resultiert diese Alternative aus der angedeuteten
Ausgangsbedingung: eine Frau im Kampf zwischen sozialer Anpassung und
eigenständigem Instinkt. Wofür sich Emilie Altenloh erstaunlicherweise jedoch nicht interessiert, ist eine Betrachtung der von ihr richtig erkannten
»entgegenstehenden sozialen Zustände«, welche die eigentliche Triebkraft
des Kampfes und der folgenden Fabel ausmachen.

Ein Veränderungsimpuls

Am Beginn fast eines jeden dieser Filme steht nämlich ein Veränderungsim-
puls, zu dem sich die Heldinnen genötigt sehen. Es sind offensichtlich Frau-
en, die einen Beruf ausüben, die also nicht mehr allein auf die geläufige Rol-
lenzuweisung als Hausfrau und Mutter reflektieren. Es ist nicht ganz klar,
aber doch anzunehmen, daß sie – trotz Bindung an einen Verlobten – eine
Verbesserung der beruflichen Positionen, mithin eine eigene Karriere anstre-

ben. Auf jeden Fall aber sind sie bereit, die Voraussetzung dafür, Flexibilität und örtliche Veränderungsbereitschaft, aufzubringen. DEN HVIDE SLAVINDE (1906) beginnt damit, daß eine junge Frau im Vorgarten eines engen kleinbürgerlichen Hauses eine Zeitungsanzeige liest und erfreut den darin offerierten Job annehmen will. Sie verläßt deshalb den vertrauten Ort und ihren Verlobten, der nicht nur mit seinen Versuchen, sie zu umarmen, abblitzt, sondern auch damit, sie von dem Vorhaben abzubringen. DEN HVIDE SLAVINDE benötigt Sekunden, um diesen weitreichenden Entscheidungsvorgang zu zeigen. Auch die Tänzerin Nina in Urban Gads DEN HVIDE SLAVEHANDEL III (1912) will nicht untätig zu Hause herumsitzen. Sie nutzt die Abwesenheit ihres Verlobten, der zur See fährt, um ein attraktives Angebot in einem Varieté in St. Petersburg anzunehmen. In DEN HVIDE SLAVEHANDEL I (1910) geht die Heldin Anna gleichfalls gegen den Willen ihres Verlobten Georg einem in der Zeitung annoncierten Jobangebot in England nach. Der motivische Ausgangspunkt in DEN HVIDE SLAVEHANDEL II, wo die Heldin nach dem Tod ihrer Mutter gezwungen ist, ihre Lebenssituation zu verändern, ist eigentlich untypisch. Kennzeichend für die »Weiße Sklavinnen«-Dramen ist vielmehr, daß die Heldinnen kraft eigenen Entschlusses und in bewußtem oder unbewußtem Gegensatz zum bürgerlichen Lebensentwurf, den die Personen, die ihnen nahestehen, präferieren, eine neue berufliche Herausforderung suchen und ihr nachgehen.

Warum, in aller Welt, tun sie dies? Das behagliche Elternhaus, die vertraute Umgebung verlassend und die unmittelbar bevorstehende Heirat mit einem netten, nicht eben charismatischen, aber auch nicht unattraktiven Mann zumindest hinausschiebend? Die »Weißen Sklavinnen«-Filme erklären dies nicht. Sie konstatieren, in eigentlich schon verstörender Selbstverständlichkeit und Lakonik, diesen Umstand. Sie nehmen sich nicht die Zeit, wie Henrik Ibsen in »Nora. Ein Puppenheim« (1879 entstanden), den Bewußtwerdungsprozeß der Heldin, die psychologische Aufdeckung falscher Lebensideale und Wertvorstellungen aufzuzeigen, an deren Ende dann die Entscheidung steht: aufzubrechen in eine ungewisse Zukunft. Und auch die pure Lust an der Entdeckung, am Genuß, an sexueller Erfahrung, an Selbstverwirklichung und Hedonismus, wie sie Franziska in Frank Wedekinds gleichnamigen Stück (1911) allen Männern eingeräumt sah, weshalb sie gleiches auch für sich einfordert, drängt die jungen Frauen nicht zu ihrem Entschluß. Die »Weiße Sklavinnen«-Filme sind imprägniert von dem latenten Unbehagen, das seit der Jahrhundertwende gärt und das sich in allen möglichen privaten Oppositionsbewegungen, vom Jugend- bis zum Todessehnsuchts-Kult, von den Natur- bis zu den Décadence-Strömungen niedergeschlagen hatte. All diese individualistischen und auch die aufziehenden ästhetischen Oppositionsbewegungen sind in ihrer sozialen Konsequenz noch diffus, ungerichtet, aber mit unabweisbarem Veränderungsinstinkt. Genauso wie der Grund für den Aufbruch der Heldinnen in den »Weiße

Den hvide Slavinde (Viggo Larsen, 1906)

Sklavinnen«-Filmen. Natürlich stehen diese Filme in unmittelbarer zeithisto-
rischer Nähe zum Kampf der Suffragetten um das allgemeine Wahlrecht der
Frauen und zu den Prostitutions-Debatten der Zeit. Besonders in letzteren
ging es ja auch um den Anspruch auf räumliche Freizügigkeit für Frauen,
denn noch konnten Frauen, wenn sie allein im öffentlichen Raum auftraten,
als der Prostitution verdächtig aufgegriffen werden. Genau das tun˙ –
allerdings nicht in gesetzlicher, sondern in verbrecherischer Mission – die
Entführerbanden in den »Weiße Sklavinnen«-Filmen.

Auch in DEN HVIDE SLAVEHANDEL I (EDITH, DIE WEISSE SKLAVIN) ist die Heldin sofort »Feuer und Flamme«, als ihr Vater eine Anzeige vorliest, in der
»junge, gebildete Mädchen gegen hohes Gehalt für Stellungen im Ausland gesucht werden«.[3] Curt Moreck, der diesen Film in seiner »Sittengeschichte des
Kinos« von 1926 nacherzählt, enthüllt jedoch gerade in seinem Bestreben,
vor solchen Filmen zu warnen, Aspekte möglicher, wenn nicht wahrschein-
licher Beweggründe der Annas, Ninas und Ediths. Moreck kann sich
vorstellen, daß den meisten jungen Mädchen von heute »gelüstet, einmal die
Rolle dieser durch den Film interessant gemachten Heldin Edith zu spielen,
und dabei ist es weniger der Reiz, ihre standhafte Tugend zu beweisen, als
mit süßem Schaudern die Sensationen der Sinne zu kosten, was den Antrieb

bildet.« Natürlich schießt der Sittenwächter hier über das Ziel hinaus, wenn er nahelegt, die aufbrechenden Heldinnen wären durchaus bereit, auch schlüpfrige Karrieren zu verfolgen, was aus den Ausgangssituationen der Filme gar nicht zu schließen ist. Was Moreck jedoch richtig diagnostiziert, ist eine Diskrepanz zwischen dem ausgebreiteten Rollenbild (bezeichnenderweise sind die Heldin meist verlobt und stehen kurz vor der Heirat) und ihren sinnlichen Wünschen. Diese Diskrepanz scheint ihre Veränderungslust zu speisen.

Intensivierung der Körperlichkeit und ihre Zurücknahme

In den Filmen der »Weißen Sklavinnen« gibt es eine merkwürdige doppelte Intensivierung ihrer Körperlichkeit: Obwohl die Darstellerinnen sowohl in Geste, Gebärde und Kostüm eher steif wirken und ihre körperlich-sinnlichen Wünsche, deren Latenz sowohl Altenloh als auch Moreck beschrieben haben, in ihrem Auftreten zu unterdrücken scheinen, werden sie unmittelbar nach ihrem Aufbruch als Lustobjekte gezeigt und behandelt. DEN HVIDE SLAVEHANDEL I/II machen diesen Blick deutlich, gibt es doch in beiden Filmen ein Bildsplitting, in dessen Mittelteil das anvisisierte Objekt gezeigt wird, während die Zuhälter im linken und rechten Bildteil sich über die Entführung verständigen. Die Verschleppung in ein Bordell wird in den dänischen Filmen nicht so drastisch ausgespielt wie in den um 1913 reüssierenden amerikanischen »White Slave«-Filmen. Trotzdem wird die Abwehr der verschleppten Frauen, zum verfügbaren Lustobjekt gepreßt zu werden, genutzt, um ihre Körperlichkeit zu akzentuieren.

Die Erfahrungen der Heldin in DEN HVIDE SLAVINDE (1906) scheinen, trotz der Bedrohungen, denen sie ausgesetzt war, zu einer gewissen Befreiung ihres Körpers geführt zu haben. Die aufgrund der Einwände von Vater und Verlobten noch etwas unsicher aufbrechende Frau kehrt in der Schlußszene verändert zurück: Es kommt zu einem langen Kuß mit dem Verlobten, dem sie vorher nur ein Händeschütteln gestattete. Im Gegensatz zu ihr ist Edith in DEN HVIDE SLAVEHANDEL II seelisch und körperlich zu Schaden gekommen. Sie wird gefesselt, geknebelt, geschlagen und ihre Entführer foltern sie durch Essensentzug. Mehrfach fällt sie in Ohnmacht. Trotzdem endet auch dieser Film mit dem obligaten langen Kuß, den sie ihrem Retter gestattet, nachdem er ihren Arm nahm, sie umarmte und ihre Hand küßte. Diese Finalkonstruktion kritisierte Curt Moreck, der aufgrund des guten, befreienden Ausgangs bemängelte, daß der »Anreiz, solche Dinge auch einmal zu erleben« (er meint damit das romantisierte Laster des Bordells, den Luxus der Lebemänner und Zuhälter, die Eleganz und die Ausschweifungen großbürgerlichen Amusements) für die »jugendliche Neugier«[4] nicht unbeträchtlich sei.

Den hvide Slavehandel (Alfred Lind, 1910)

Was in den »Weiße Sklavinnen«-Filmen irritiert, ist jedoch weniger die vordergründige Akzentuierung des Körperlichen, sondern es ist die latente Neugier und Renitenz der Heldinnen, die in Konflikt sowohl zu ihren gesellschaftlichen Rollen als angehende Ehefrau als auch zu ihren dramatischen Rollen als Lustobjekt und als verfolgte Unschuld steht. Dieser Renitenz gegenübergestellt wird jedoch sogleich ein Korrektionsmoment. Sind die aufbrechenden Frauen denn nicht wegen ihres schwer begreiflichen Aufbruchs in die Hände der Zuhälterbanden gelaufen? Der wartende, aufrechte Verlobte rettet sie daraus. Er kann dabei auf zwei neue Erfahrungen der Frauen zurückgreifen: einerseits auf ihre ›neue Körperlichkeit‹, andererseits auf ihre traumatischen Erlebnisse, die weitere Aufbruchsversuche unwahrscheinlich erscheinen lassen. Beides gibt ihm die Möglichkeit, das Eheversprechen jetzt direkt – und das heißt auch körperlich besitzergreifend – einzufordern.

Renitenz und Bestrafung

In AFGRUNDEN (1910) wird die Renitenz einer Frau zum eigentlichen Thema, und der Film behandelt sie genau in der von Altenloh und Moreck befürchteten Ausprägung. Asta Nielsen ist in der Tat bereit, den Schauder der Sinne auszukosten, sie ist keinesfalls gewillt, von ihren vor allem auch körperlich aufzufassenden »natürlichen, weiblich-sinnlichen Instinkten« im Interesse einer normkonformen Verbindung zu lassen. Urban Gad stellt dies in zwei Szenen regelrecht aus: Es ist dies wenn Asta Nielsen mit ihrem Zirkusgaucho, mit dem sie vielleicht zehn Sätze und einen leidenschaftlichen Kuß ausgetauscht hat, in der Nacht aus dem Pfarrhaus ihrer potentiellen Schwiegereltern durchbrennt. Aus der Tiefe des Bildes preschen die beiden mit dem Pferd an die Kamera heran, halten dort völlig unmotiviert, um einen weiteren langen Kuß auszutauschen. Und es ist natürlich ihr Tanz, in dem sie den Gaucho fesselt, aufreizt und küßt.

Diese Szenen waren provokant, sie gaben der konservativen Kritik Gelegenheit, auf der Ebene der Darstellungskritik die soziale Frage, die in dem körperlichen Verlangen und Aufbegehren der Nielsen selten so deutlich gestellt war, zu verwischen oder zu diskreditieren. Aus dritter Hand kolportiert die der Kinoreformbewegung nahestehende Zeitschrift Bild & Film noch 1912, als AFGRUNDEN mit neuen Kopien und vom Verleiher ausdrücklich garantiertem Gauchotanz extensiv ausgewertet wurde, daß in Dänemark maßgebliche Kreise gegen die beim Publikum äußerst erfolgreichen Filme protestierten, »wo in rücksichtsloser, zuweilen schamloser Weise an die Sinnlichkeit des Publikums appelliert wird.« Von diesen Kreisen werde gefordert, »dem Unwesen im Kino im Wege einer einheitlichen und scharfen Zensur, die es in Dänemark noch gar nicht gibt, entgegenzutreten.« Unmißverständlich wird ein Ende der »schlaffen Zensur« und der dadurch ermöglichten »freisinnigen Tendenzen«[5] gefordert.

Was den Verfasser des Artikels an dänischen Filmen im allgemeinen und an den Nielsen-Filmen im besondern befremdete, war eine fast schon aggressive Körperlichkeit in der Darstellung von Gefühlen. Zwar empfand man den intensiven, lang andauernden Kuß (das Markenzeichen dänischer Filmdramen der Zeit) oder die körperbetonten Avancen der Nielsen, welche sie dem Mann, den sie begehrt, macht, nicht eben als schickliches Verhalten einer Frau. Der Protest zielte jedoch tiefer: nämlich auf die in dieser Entblößung innerster Regungen aufgehobene immanente Kritik an normierten Glücksvorstellungen und Gefühlsartikulationen. Denn in der überzeugenden Darstellung der Nielsen wurde ein Lustgewinn erahnbar, der die meisten gelebten bürgerlichen Beziehungsmuster schal erscheinen ließ. Nicht um die Tugend der jungen Frauen schlechthin fürchteten die Kritiker der sinnlichen dänischen Filme, sondern darum, daß die Vorführung intensiv ausgelebter Geschlechterbeziehungen die gesellschaftlich goutierten Muster mit ihren kontrollierten Affekten blamieren und damit aus ihrem sozialem Gefüge brechen könnte.

Magda Vang, eine Klavierlehrerin Anfang zwanzig, artikuliert in AFGRUNDEN ihr Unbehagen an der statischen Geborgenheit und den dumpfen

Den hvide Slavehandel I (August Blom, 1910)

Glücksversprechen des bürgerlichen Familiarismus so unübersehbar, daß es
selbst in zeitgenössischen Programmankündigungen ausgesprochen wurde:
»Das war es also, worauf sie sich so gefreut hatte, diese Ferien in einem schönen und gemütlichen Heim bei guten Menschen, aber jetzt, da sie bald
zurück muß zu ihrer Arbeit, kommt es ihr vor, als sei es eine tote und lang-
weilige Zeit gewesen ohne irgendein Erlebnis.«[6] Dem gegenüber heißt es
nach Magdas Zirkusbesuch: »Mit heißen Wangen und klopfendem Herzen
hat Magda Mr. Rudolphs wildem Cowboyritt zugesehen, und nach der Vorstellung hat sie den schicksalhaften Einfall, den Stall und die Behausung der
Artisten hinter dem Zelt zu besichtigen«. Magda steht wie die Heldinnen in
DIE WEISSE SKLAVIN in einer Art Verlobungszeit. Es dies wohl die letzte
Möglichkeit, sich noch einmal zu prüfen, bevor man sich ewig bindet. AF-
GRUNDEN formuliert den aus dem Prüfungsprozeß resultierenden Ausbruch
ungleich offensiver als die »Weiße Sklavinnen«-Filme und verfolgt entspre-
chend konsequent und entwicklungsinteressiert dessen Verlauf.
So bedeutet Magda ihrem Verlobten, konsequent und ehrlich, daß gesell-
schaftliche Privilegien für sie keine auch nur annähernd vergleichbare vitale
Potenz verheißen. Diese Entscheidung kann das genannte Kinoprogramm
nur noch als eine irrationale, mystische Kraft begreifen, die im gleichen

Atemzug, wie sie genannt, auch schon dämonisiert wird: »die gleiche hyp-
notische Macht, die sie damals dazu zwang, vom Pfarrhof zu fliehen, bewirkt
nun, daß sie willenlos zu Rudolphs Füßen niedersinkt«.
Deutlich wird Magda Vangs Ausbruch verbunden mit einer direkten Intensivierung ihrer Körperlichkeit. In der Anfangssequenz ist sie noch in ihrem
Kostüm eingeschnürt. Im engen, geschlitzten Lederkostüm, unter dem sich
ihr Körper abzeichnet, befreit sie sich: Sie funktioniert ihren Gürtel (ein
Symbol körperlicher Einzwängung) zum Lasso um und fesselt damit den
Gaucho, als dieser auf ihre körperlichen Wünsche abweisend reagiert. Beim
Fesselungsakt umkreist sie ihn, reibt Po und Schultern an seinem Körper,
zwingt ihn in die Knie, um ihn leidenschaftlich zu küssen. Dem Kinozu-
schauer wird dieses Ausleben starker Gefühle bewußt in der zweiten Fik-
tionsebene gezeigt (eine Varieténummer in einem Film). Die Erotik des
Tanzes muß ihm wie ein Traum von einem Traum erscheinen. Trotzdem
wurde von der deutschen Zensur versucht, diese Szene entfernen zu lassen.
Natürlich lockte das erst recht die Zuschauer, so daß zur zweiten Auswer-
tungsphase der Verleih damit warb, daß die neu gezogenen Kopien garan-
tiert den Gauchotanz enthalten.[7]
Das Gesetz und die Moral des Melodrams diktieren, daß eine Frau, die so
unbeirrbar und scheinbar gegen jeglichen Verstand und Anstand einem Gefühl nachjagt, dafür mit großem Leid büßt. Natürlich war diese Genrekon-
formität Voraussetzung, daß die Tanzszene die Zensur passieren konnte.
Das Leid, das die ausbrechende Magda erfahren wird, ist bereits in ihrer ge-
tanzten Begierde angedeutet. Sie wird eine Kette von Demütigungen erlei-
den, die ihr der potente Gaucho zufügt. Dies ist um so schmerzlicher, als
Knud, ihr ehemaliger Verlobter, wie als personifiziertes bürgerliches Gewissen, stetig ihre Bahn kreuzt. Das Auftreten des stillen Helden hat – ähnlich
wie in den »Weiße Sklavinnen«-Filmen – zwei gegenläufige Funktionen.
Zum einen wird die gutmütige Überlegenheit der bürgerlichen Lebensform
als lange vorhaltende Umkehrmöglichkeit offenbart. Deutlich gemacht wird
dabei noch einmal, daß die freie Moral und die soziale Klassenlosigkeit, wie
sie das Melodram und der Sittenfilm immer wieder in den Figuren von Artisten, Künstlern oder Prostituierten personifizieren, Leid und Elend mit sich
bringen.
Erstaunlich ist auch das Finale von AFGRUNDEN. Drehbuchautor und Regisseur Urban Gad läßt zwar keinen Zweifel daran, daß eine solche obsessive
Liebe, wie sie Magda lebt, mortale Züge hat. Doch er zeigt auch die Be-
schränktheit des bürgerlichen Gefühlswerte- und Normensystems. Magda
küßt den Gaucho, den sie in einer Art Notwehr erstach, innig, bis sie von
den Polizisten mit Gewalt fortgerissen wird. Knud kann diesen Anblick
nicht ertragen. Nicht weil damit seine Gefühle für Magda verletzt würden,
sondern weil ihn die Leidenschaft dieser Frau entsetzt, weil sie ihn ausgrenzt
und die eigene Gefühls- und Erlebnisbeschränkung vor Augen führt, taumelt

er aus dem Zimmer und versteckt sich am Rand der zusammenlaufenden Menge der Gaffer.

Aufbruch und Impotenz

Das Aufbruchsmotiv hat nach der traumatischen Weltkriegserfahrung 1919 beträchtlich an Attraktivität verloren. Trotzdem nutzt es Joe May in fast plagiathafter Ausschmückung als Auftakt für seinen monumentalen Achtteiler DIE HERRIN DER WELT (1919). Auch der erste Teil, DIE FREUNDIN DES GELBEN MANNES, beginnt damit, daß Maud Gregaards (nur ihr Name deutet noch nach Dänemark) einen Job sucht. Wie die späteren »Weißen Sklavinnen« studiert sie Stellenanzeigen, verläßt ihre Heimat und geht als Erzieherin nach China. Maud ist nicht verlobt, es überrascht vielmehr etwas, daß sie offensichtlich gar keine familiären oder andere Bindungen hat. Dies ist ein wichtiger Unterschied zu den »Weißen Sklavinnen«: Maud Gregaards ist frei von sozialen Bindungen und – so scheint es – Beschränkungen.

Joe May und seine Drehbuchautoren Richard Hutter und Ruth Goetz bemühen ein erfolgreiches Genremuster der frühen zehner Jahre, um in ein modernes Rachedrama einzuführen, das wie sein Vorbild »Der Graf von Monte Christo« eigentlich ein opulenter Genremix ist. Der Aufbruch in eine fremde Welt ist nach wie vor ein einfaches und ein spektakuläres Motiv, das einen starken Auftakt verspricht – vor allem dann, wenn May die Andeutungen und Blankstellen der »Weiße Sklavinnen«-Filme ausfüllt. Er nutzt das ›dunkle Motiv‹ im Aufbruchsbegehren der jungen Frauen ganz konsequent, um daraus den lang anhaltenden Atem für mehr als zehn Stunden Erzählzeit zu gewinnen. Drastisch malt er die körperliche Bedrohung aus, die Maud in China erfährt. Erheblich spektakulärer als die dänischen Filme von 1910 inszeniert er ihre Verschleppung in ein Bordell. Doch fast noch konsequenter wird die körperliche Unversehrtheit der Heldin betrieben, die aus allen bedrohlichen Situationen durch die Hilfe eines ihr zugetanen Mannes entweicht.

Der Kampf der Frau zwischen weiblich-sinnlichen Instinkten und den diesen entgegenstehenden sozialen Zuständen, wie ihn Emilie Altenloh 1914 vermutete, stellt sich 1919 natürlich etwas anders dar. Maud Gregaards Obsession besteht nicht in der Verwirklichung ihrer Liebes- oder gar Körpersehnsucht, sondern genau in deren Gegenteil: Ihre Sinne sind vollständig auf die Verwirklichung einer Rache gerichtet, die gerade das Vorenthalten einer bürgerlichen Ehe kompensiert. Entsprechend sind die sozialen Widerstände auch keine von den Normen bürgerlicher Beziehungskonvention diktierten, sondern wiederum im Gegenteil: Der eigentlich antibürgerliche Spion und skrupellose Verführer Graf Murphy repräsentiert mit seiner weltmännischen Amoral den – auch in der realen Zeiterfahrung der Schieber und

Kriegsgewinnler aktuellen – sozialen Widerstand, den Maud überwinden will. Dieser Zusammenhang ist mit der Erzählung der Vorgeschichte im zweiten Teil benannt. Das diffuse Aufbruchsbegehren der »Weißen Sklavinnen«, das auch Maud Gregaards umzutreiben scheint, wird nachträglich in einen ebenso affektreichen wie eiskalten und rationalen Grund gewandelt. Für Maud bedeutet dieses kühle Bewußtsein jedoch einen abermaligen Verlust ihrer Körperlichkeit. Zu einer Liebesbeziehung zu einem Mann ist sie, wie sie den Männern, die sie begehren, offen bekennt, nicht fähig, solange ihre Rache nicht gestillt ist. Maud Gregaards bekommt, wovon die »Weißen Sklavinnen« bei ihrem Aufbruch vielleicht geträumt haben und womit auch das Publikum einzunehmen ist: Sie ist begehrt, fast immer von mehreren Männern. Sie fällt die Entscheidungen, Männer führen sie aus. Sie wird die reichste Frau der Welt. Doch selbst als sie das absolute Ziel ihrer Selbstverwirklichungsreise durch die Kontinente der Welt erreicht hat und ihre Rache durchführen kann, gewinnt sie die jahrzehntelang aufgeschobene körperlich-sexuelle Potenz nicht zurück. Sie hat ihren Sohn, der mittlerweile schon fast volljährig ist, zurückgewonnen, was sich bereits in den Teilen zuvor andeutet: denn eine wirkliche körperliche Beziehung konnte sie immer nur zu Katzen-, Löwen- und Tigerbabys entfalten. Dies ist der Preis für den erfolgreichen Verlauf ihres Aufbruchsbehrens. Nur der Mittelweg gesitteter bürgerlicher Beziehungsformen mit ihrem gemäßigten Temperament, eben jener Lebensentwurf, den die aufbrechenden Frauen am Beginn eines jeden Films eigentlich verlassen wollen, vermeidet die existenzielle Gefährdung, den Absturz in die Prostitution, den Wahnsinn oder die Impotenz.

1) Emilie Altenloh: Zur Soziologie des Kinos. Jena: Diederichs 1914, S. 9. – 2) Ebd., S. 58. – 3) Curt Moreck: Sittengeschichte des Kinos. Dresden 1926, S. 124. – 4) Moreck, S. 126. – 5) Protest gegen Asta Nielsen. In: Bild & Film, Nr. 12/1912. Hier zit. nach: Renate Seydel/Alan Hagedorff: Asta Nielsen. Berlin/DDR: Henschel 1981, S. 69. – 6) Das Programm ist abgedruckt in: Stiftung Deutsche Kinemathek (Hg.): Asta Nielsen 1881-1972, Berlin 1973,
S. 16-21. – 7) Anzeige der Düsseldorfer Film-Manufaktur Ludwig Gottschalk in: Lichtbild-Bühne, Nr. 10/1912, S. 15.

Deniz Göktürk

ATLANTIS ODER: VOM SINKEN DER KULTUR
Die Nobilitierung des frühen Kinos im Autorenfilm

»Im Lessingtheater auf dem Gänsemarkt wurde gestern vormittag geladenen Gästen das vielgenannte Filmschauspiel ATLANTIS nach dem gleichnamigen Roman von Gerhart Hauptmann zum erstenmal vorgeführt und fand natürlich das lebhafteste Interesse.« Der lobende Kommentar der Neuen Hamburger Zeitung – vergleichbar den Pressestimmen aus anderen deutschen Städten – erwähnte die hohen "Gesamtherstellungskosten des Negativs« von rund einer halben Million Mark, das »Heer« von etwa achtzig Hauptdarstellern nebst hundert Nebenrollen und fünfhundert Statisten in den Schiffszenen und die gecharterte »Flotte«: »außer dem großen Ozeandampfer 3 Überseefrachtdampfer, 2 Schleppdampfer, ein mit großen Kosten auferbautes Wrack und viele Motorboote«. Der Schiffsuntergang wurde allgemein als dramatischer Höhepunkt des Schauspiels bewertet: »Als technisch-kinematographisches Meisterwerk ist diese Szenenfolge ebenso sehenswert wie als große moderne Sensation.«[1]

Die Verfilmung von Gerhart Hauptmanns Roman »Atlantis« durch die Nordisk Films Kompagni im Jahr 1913 war ein Kinoereignis von einschneidender kultureller Bedeutung. Der Ruf ungewöhnlich hoher Produktionskosten und aufwendiger technischer Ausstattung eilte dem Film voraus. Für den Vertrieb in Deutschland wurde eigens die Atlantis-Film GmbH Düsseldorf gegründet, welche die Monopolrechte für Deutschland erwarb und sie von der Düsseldorfer Film-Manufaktur Ludwig Gottschalk vertreten ließ. Für Süddeutschland wurde als Vertretung die Frankfurter Film Co. Frankfurt a. M. angegeben.

Die Werbekampagne lief schon Monate vor der Uraufführung mit Berichten über die Dreharbeiten an.[2] Die imposanten Zahlen und andere Angaben zur Produktion gelangten so von der Nordisk über die Werbung des deutschen Monopolverleihs bis in die regionale Presse. Zahlreiche Kritiken wiederholten fast wörtlich die Angaben der Verleihanzeigen. Die berliner Uraufführung fand am 18. Dezember 1913 zur Eröffnung der Kammer-Lichtspiele in der Tauentzienstraße statt, noch vor der Uraufführung im kopenhagener Paladsteatret am 26. Dezember 1913. Der Film lief in Deutschland noch während der Kriegsjahre in Großstädten und in der Provinz in ausverkauften Kinos, wie der Fach- und Lokalpresse zu entnehmen ist.[3]

Tatsächlich sind die opulente Ausstattung und die fotografische Qualität des Films noch heute beeindruckend. ATLANTIS war ein Meilenstein im Prozeß der Nobilitierung des Kinos zur salonfähigen Unterhaltung – ein Prozeß, der einherging mit der Literarisierung der Filme und der Entwicklung eines narrativen Kinos. Zugleich löste ATLANTIS bei der zeitgenössischen Kritik eine Kontroverse aus, in der sich alle grundsätzlichen Argumente entfalteten, die in Zukunft bei der Bewertung von Literaturverfilmungen immer wieder ins Feld geführt wurden. Die Verfilmung von Hauptmanns ATLANTIS diente als Paradebeispiel für die Trivialisierung und Kommerzialisierung von Kunst im Kino. Die Debatte um die Verfilmung reproduzierte hierarchische Einstellungsmuster gegenüber Kultur, die bereits in Hauptmanns Roman angelegt waren. Zur Analyse der kulturellen Konstellationen, in denen die Autorenfilmbewegung entstehen konnte, ist es daher aufschlußreich, den Roman und seine Entstehungsgeschichte heranzuziehen.

Grundthema des Romans ist die Faszination des Trivialen, der Niederungen des ›Tingeltangel‹ – repräsentiert durch eine Tänzerin von kindlicher Verruchtheit – für den bürgerlichen Intellektuellen. Nicht erst in Amerika, dem Land der »Dollarraserei« und »Sensationsgier«, sondern bereits in Berlin entflammt diese Leidenschaft. Nach dem Scheitern seiner Ehe und Karriere treibt sie den Bakteriologen Friedrich von Kammacher zur Reise nach Amerika; die Faszination verkehrt sich dort in Abscheu, wird überwunden und mündet in die Abkehr von der Großstadt, in die Genesung, ja Reinigung in den amerikanischen Wäldern und schließlich in die geläuterte Rückkehr nach Europa. In Amerika, daran bestand für Hauptmann und viele seiner Zeitgenossen kein Zweifel, traten die Errungenschaften der modernen Zivilisation mit all ihren Schrecken am deutlichsten zu Tage. New York mit seinem hektischen Menschengewimmel, Verkehrschaos und unerbittlichen Konkurrenzkampf, seiner sensationslüsternen Presse, marktschreierischen Reklame und seinem Amüsierbetrieb galt als Extremfall der modernen Großstadt und bot das geeignete Szenarium für das Schicksal eines von Turbulenzen bedrohten Individuums. Bereits vor dem Ersten Weltkrieg erschien Amerika vielen Europäern als Ursprungsland von technologischem Fortschritt und einer neuen Medien- und Massenkultur, die im Begriff waren, die ganze Welt zu erobern. Der Antiamerikanismus diente schon damals als Ventil der Kritik an den Begleiterscheinungen von Industrialisierung und Modernisierung.[4] Eine Inspirationsquelle für »Atlantis« war beispielsweise Walther Rathenaus ambivalente Kritik an der »Mechanisierung der Welt« in seinem Buch »Zur Kritik der Zeit«, das 1912 mit einer Widmung an den Freund Gerhart Hauptmann erschien.

Gerhart Hauptmann hatte selbst 1894 auf dem Dampfer »Elbe« des Norddeutschen Lloyd den winterlich stürmischen Atlantik überquert. Er folgte seiner ersten Ehefrau Mary, die mit den drei Kindern die Reise nach Amerika angetreten hatte, weil sie Hauptmanns Beziehung zu Margarete Marschalk, seiner späteren zweiten Frau, nicht mehr ertragen konnte. In den spärlichen Amerikaimpressionen des Reisetagebuchs skizzierte Hauptmann, ebenso wie später im »Atlantis«-Roman, Amerika als Schreckbild der modernen Zivilisation. Hauptmanns eigene Erfahrungen mit dem amerikanischen Theaterbetrieb mögen dabei mitgespielt haben. Die Aufführung seines Stückes »Hanneles Himmelfahrt« durch die Impresarios Carl Josef und Theodor Rosenfeld in New York mit einer fünfzehnjährigen Hauptdarstellerin wäre beinahe von der Society for the Prevention of Cruelty to Children verhindert worden – eine Episode, die in »Atlantis« aufgenommen wurde. Der armlose Artist Carl Hermann Unthan war eine Reisebekanntschaft Hauptmanns von der Atlantiküberfahrt im Jahr 1894 und ging als Arthur Stoß in den Roman ein. Bei der Verfilmung spielte Unthan sich selbst.

Gerhart Hauptmann verarbeitete in »Atlantis« noch weitere autobiografische Elemente.[5] Die Eindrücke der Amerikareise wurden überlagert durch die Begegnung mit der sechzehnjährigen Ida Orloff. Die tänzerisch-ätherische Kindfrau mit der blonden Mähne hatte den Dichter 1905 in Berlin am Lessing-Theater als Hannele bezaubert.[6] Angefangen mit dem Stück »Und Pippa tanzt!« verewigte Hauptmann sie in einer Reihe von Werken. Sie war das Modell der Tänzerin Ingigerd Hahlström in »Atlantis«, der »sechzehnjährigen Tochter eines Mannes aus der Artistenwelt.« Bei der Verfilmung des Romans spielte Ida Orloff, mittlerweile Schauspielerin am Wiener Burgtheater, acht Jahre nach ihrer ersten Begegnung mit Hauptmann auf Wunsch des Autors die Ingigerd Hahlström – eine Besetzung, die bereits in der zeitgenössischen Kritik umstritten war. Auffällig im Roman »Atlantis« ist die Identifikation der Tänzerin mit der verabscheuungswürdigen Welt trivialer Massenunterhaltung. Ida Orloff war Schauspielerin an führenden deutschen Theatern und spielte Rollen der modernen Hochliteratur; Ingigerd Hahlström ist nur mehr Artistin aus der Sphäre des »Tingeltangel«, ein »Seiltänzerkind« und »Gliederpüppchen aus dem Panoptikum«[7]. In den gefährlichen Reizen einer nicht respektablen Tänzerin sind Bedrohung von Geschmack und Sittlichkeit durch die »Trivialität« der gesamten modernen, großstädtischen Kultur verkörpert, gegen die sich der bürgerliche Intellektuelle entschieden wappnen mußte.

Gerade dieses Werk Gerhart Hauptmanns, seine Absage an die Großstadt und die Trivialität, leitete seine »gelegentliche Betätigung auf dem Gebiet der Unterhaltungsindustrie«[8] und die Reihe von Verfilmungen seiner Werke ein. Von großer Zugkraft für das deutsche Publikum war sicherlich der Autorenname. ATLANTIS wurde allgemein als ›Gerhart-Hauptmann-Film‹ angekündigt, obgleich der Autor das Drehbuch nicht selbst schrieb. Hauptmann, dem kurz nach seinem feierlich begangenen fünfzigsten Geburtstag unter besonderem Hinweis auf »Die Weber« am 10.12.1912 der Nobelpreis verliehen wurde, befand sich auf dem Höhepunkt seines Ruhms. Der Vergleich mit Goethe hatte Konjunktur. Außerdem gewann die Erzählung vom

Untergang eines Ozeandampfers stark an Aktualität, als während des Vorabdrucks im Berliner Tageblatt und gleichzeitig in französischer Übersetzung in Le Temps die Titanic in der Nacht vom 14. auf den 15.4.1912 sank. Gerhart Hauptmann wurden geradezu prophetische Fähigkeiten zugesprochen.
Die Filmindustrie bemühte sich zu dieser Zeit um die Mitarbeit etablierter Erfolgsautoren. Im ›Autorenfilm‹ sah man ein Mittel zur Hebung der Kinounterhaltung.[9] Die Filmproduzenten selbst suchten sich dem gehobenen Publikumsgeschmack anzupassen. Die Nordisk begann schon ab 1912, noch vor der deutschen Konkurrenz, Verfilmungsrechte für namhafte Werke der modernen Literatur zu erwerben. Karl Ludwig Schröder, der deutsche Dramaturg der Gesellschaft, der meist in Berlin arbeitete, schloß Verträge mit Max Halbe, Clara Viebig, Bertha von Suttner und Arthur Schnitzler. Schröder schrieb auch das Drehbuch für ATLANTIS. Regie führte August Blom. Der Verleger Fischer war dem neuen Medium gegenüber recht aufgeschlossen.[10] Er hoffte auf eine absatzsteigernde Wirkung für das Buchgeschäft, wie sie bereits durch den Vorabdruck in Zeitungen und Zeitschriften beim gebildeten Publikum erzielt worden war.[11]
Gerhart Hauptmann selbst kommentierte die Verfilmung seines Romans nur spärlich, wenn auch nicht negativ: »Der ATLANTIS-Film. Welches Wunder. Hätte ich ihn damals ahnen können, als ich die Reise auf der ›Elbe‹ tat?«[12] Jedenfalls scheint die Verfilmung für ihn kein schlechtes Geschäft gewesen zu sein. In einem Brief Samuel Fischers an den dänischen Verleger und Geschäftspartner Peter Nansen vom 17.4.1913, in dem Fischer ankündigt, sich an dessen dänischem »Kino-Unternehmen« – gemeint ist die kurzlebige Dania-Biofilm Kompagni – mit 14.000 Mark beteiligen zu wollen, heißt es: »Es würde mir nicht schwerfallen, die wichtigsten Autoren für unsere Kino-Gesellschaft zu interessieren, und ich halte es für sehr gut, daß wir 5-6% Tantieme anbieten, und nur eine geringe Garantiezahlung. Hauptmann hat von der nordischen Film-Company allerdings 20.000 M, Garantie für ATLANTIS bekommen, bei einer Tantieme von 4%.«[13]
Berücksichtigt man den Stellenwert eines ›Gerhart-Hauptmann-Films‹ in diesem kulturellen Kontext, so liest sich der Roman gleichsam als vorweggenommene Apologie des Dichters für seinen Pakt mit der Massenkultur. Diese neue Verdienstmöglichkeit sich nicht entgehen zu lassen erforderte ein um so deutlicheres Bekenntnis zu den »höheren Sphären« echter deutscher Bildung und Kultur und die Distanzierung von billiger Unterhaltung. Rechtfertigungsdruck scheint als treibende Kraft hinter dem Roman zu stehen. Obgleich in »Atlantis« nicht explizit vom Kino die Rede ist, kann der Roman als fiktional verkleideter Beitrag Hauptmanns zur »Kino-Debatte« gelesen werden.[14] In den heftigen Reaktionen auf das neue Medium manifestierte sich die Beständigkeit kultureller Hierarchien gegenüber der im Entstehen begriffenen großstädtischen Zerstreuungskultur für die Massen.

In der ATLANTIS-Verfilmung konzentriert sich das Unbehagen weniger auf die Großstadt als auf die Bedrohung des Helden durch das Weibliche. Die im Roman nur beiläufig erwähnte Vorgeschichte von Friedrich von Kammachers irrsinniger Ehefrau Angele wird am Anfang des Films detailliert ausgeführt. Die Ehefrau zerschneidet Stoff, dann schleicht sie mit irrem Blick, die Schere in der Hand, um das Haus, nähert sich dem im Arbeitszimmer ruhenden Friedrich und will ihn erstechen. Er erwacht gerade noch rechtzeitig. Ein Arzt kommt und bringt die Frau in eine Anstalt. Friedrich verabschiedet sich von seiner Mutter und seinen Kindern und reist nach Berlin. Dort findet die erste Begegnung mit der Tänzerin Ingigerd Hahlström statt. In einem eleganten Varieté bewundert Friedrich von Kammacher den Spinnentanz und flirtet anschließend mit der Tänzerin, die auch von anderen Herren begeistert umworben wird. Beim Frühstück liest er eine Zeitungsnotiz, worauf er eilig aufbricht und mit einem kleineren Schiff den Dampfer erreicht, wo die Tänzerin mit Püppchen und Äffchen im Arm an Deck sitzt und sich umsorgen läßt.

Das Scheitern der bürgerlichen Familie liefert gewissermaßen die Legitimation für die Affäre mit der Tänzerin. Die Kindfrau Ingigerd Hahlström, die mit ihrem Tanz »Mara oder Das Opfer der Spinne« die Männerwelt von Berlin bis New York becirct, hätte das erotische Potential einer Lulu haben können. Die Schauspielerin Ida Orloff debütierte übrigens gemeinsam mit Tilly Newes, spätere Wedekind, im Winter 1904/05 in einer von Karl Kraus organisierten geschlossenen Vorstellung von Wedekinds »Die Büchse der Pandora«.[15] Als Ida Orloff auf Hauptmanns Wunsch für die Romanverfilmung engagiert wurde, war sie vierundzwanzig. Unthan bezeichnete sie in seinem Lebensbericht »Das Pediskript« im Rückblick auf die Dreharbeiten als »entzückendes Weib von zweiundzwanzig Jahren in ihrer rassigen Schöne mit ihrer atemberaubenden Wahrheitsliebe und Offenheit«.[16]

Warum war im Film so wenig von der Lust und Bedrohung weiblicher Erotik zu spüren? Im Vergleich zu Verführungsszenarien in anderen zeitgenössischen Filmen wie beispielsweise den sozialen Dramen mit Asta Nielsen, deren Körpersprache weitaus expliziter war, wirken die großen Leidenschaften in ATLANTIS wenig überzeugend. Auch der – ebenfalls von Gerhart Hauptmann ausgesuchte – männliche Hauptdarsteller Olaf Fønss als Friedrich von Kammacher machte durch seine theatralische Affektdarstellung einen hölzernen Eindruck. Die Theaterschauspielerin Ida Orloff stand erstmals vor der Kamera. Doch allein daran kann der Mangel an Erotik und Grazie nicht gelegen haben. Auch Ida Orloff hätte unter einer anderen Regie und in anderer Kostümierung möglicherweise verführerischer wirken können. Das Verführungsszenarium, das im Stoff angelegt war, wurde in der Verfilmung nicht ausgespielt. Vielmehr scheint bei der Produktion von ATLANTIS alles Anrüchige bewußt zurückgenommen, da der Film sich einem herrschenden Standard von hoher Kultur anzunähern und ein bildungsbür-

Atlantis (August Blom, 1913)

gerliches Publikum ins Kino zu locken suchte. Das Unbehagen an der Sphäre trivialer Unterhaltung, das den Roman bestimmte, kam im Film durch die
unentschlossene Inszenierung der Tänzerin zum Ausdruck.
Gegen das betörende Gift der kindlichen Femme fatale konnte als Gegengift
nur die Neue Frau helfen. Im Atelier eines befreundeten Künstlers in New
York lernt Friedrich von Kammacher die englische Bildhauerin Miß Eva
Burns, gespielt von Ebba Thomsen, kennen.[17] Eva Burns wird als selbständi-
ge, ökonomisch unabhängige Frau eingeführt, die im Restaurant für Kammacher bezahlt – ein Detail, das der Film der Charakterisierung der Romanfigur
hinzufügte. Durch ihre Eigenständigkeit und moderne Kleidung hat Ebba
Thomsen in dieser Rolle eine gewisse Ähnlichkeit mit der von der
Schauspielerin Senta Eichstaedt gespielten Detektivin Nobody in DIE JAGD
NACH DER HUNDERTPFUNDNOTE ODER DIE REISE UM DIE WELT (1913). Als
von Kammacher später nach Erhalt der Nachricht vom Tod seiner Frau in
einer Blockhütte in den Wäldern an fiebrigen Halluzinationen erkrankt,
pflegt Eva Burns ihn gesund und begleitet ihn am Ende des Romans zurück
nach Europa zu seinen Eltern und drei Kindern. Die Neue Frau wird in die
Familie heimgeführt, die Frauengeschichte der Männergeschichte unterge-
ordnet.

Atlantis (August Blom, 1913)

Kanonische deutsche Autorenfilme wie DER ANDERE (1913) inszenierten das
»Problem fragwürdiger personaler Identität«[18] und betrieben die Unter-
werfung der bestehenden Form des Kinodramas, insbesondere des sozialen
Dramas als Frauengeschichte für eine Frauenpublikum, unter den Kultur-
anspruch des Bildungsbürgers und das Selbstbehauptungsinteresse des
Autors.[19] In der Filmgeschichte hat es sich zudem eingebürgert, Doppelgän-
gergeschichten wie in DER STUDENT VON PRAG (1913) und anderen Autoren-
filmen als Imaginationen des Lacanschen Spiegelstadiums und als modell-
hafte Selbstreflexionsszenarien des kinematographischen Apparats zu
deuten. Gegenüber diesen Studiofilmen, die für ihre Visualisierung roman-
tisch-phantastischer Traumrealität berühmt wurden, zeichnet sich ATLANTIS
durch ein Streben nach Realismus und Modernität in Stoff und Szenerie aus
– nicht zuletzt durch zahlreiche Außenaufnahmen.
Die Nordisk Films Kompagni schickte für Außenaufnahmen die Schauspieler mit einem Team nach Berlin, wodurch der Eindruck organischer Bewegung im Stadtverkehr erzielt wurde. Olaf Fønss als Friedrich von Kammacher fuhr mit dem Taxi an der Siegessäule, dem Stadtschloß und anderen
Bauten vorüber. Darüber hinaus enthielt der Film auch Dokumentaraufnahmen von New York, die Marguerite Engberg bei der Rekonstruktion des

Filmes am Dansk Filmmuseum kürzlich wiederentdeckt hat. Die Produktionsgesellschaft hatte einen Kameramann nach New York entsandt, dessen Aufnahmen von Hafeneinfahrt, Freiheitsstatue, Wolkenkratzersilhouette und Straßenverkehr bei der Endmontage des Films eingefügt wurden. Im Gegensatz zu Berlin wurde hier jedoch ohne Schauspieler gedreht. In den bisher bekannten Fassungen von ATLANTIS waren diese Aufnahmen nicht erhalten; die rekonstruierte Fassung vermittelt einen sehr viel runderen Eindruck von dem Film, wie ihn das zeitgenössische Publikum sehen konnte, wobei es allerdings Abweichungen von Land zu Land durch Anpassung an den jeweiligen Publikumsgeschmack und Kürzungen durch die Zensur gab. Das Schreckbild einer hektischen Großstadt vermitteln die Aufnahmen von New York allerdings nicht unbedingt. Vielmehr erinnern sie an Dokumentaraufnahmen fremder Städte und ferner Länder, die wegen ihres Bildungswerts selbst von Kinoreformern und anderen Gegnern der Kinounterhaltung geschätzt wurden.

Auch die möglichst realistische Vorführung vom Leben an Bord eines Ozeandampfers und einer Schiffskatastrophe entsprach dem Publikumsbedürfnis nach Reiseersatz und Sensation. Dem Luxus an Deck wurde in kontrastierenden Schnitten Einblicke ins Zwischendeck entgegengestellt. Doch die Aufnahmen vom Zwischendeck verraten eher die Anlehnung an piktoriale Traditionen von Zigeuner- und Bohèmemilieu als den Versuch einer realistischen Darstellung. Nicht die armen Auswandererfamilien, die man erwarten würde, bestimmen das Bild, sondern – wie bereits im Roman – die exotischerotischen Projektionen der Männer »von oben«: von Kammacher bietet einer dunklen Schönheit eine Zigarette an. So dachte sich der Bürger das Lumpenproletariat in der Spelunke, malerisch um eine dunkle Gitarrenspielerin gruppiert.

Auffällig breiten Raum nimmt in der ATLANTIS-Verfilmung der Auftritt des armlosen Artisten Carl Hermann Unthan ein. In einem New Yorker Varieté besucht von Kammacher seine Vorstellung, angekündigt als »The Armless Wonder«. Unthan bläst auf der Trompete, spielt Karten, zündet sich eine Zigarette an und raucht, entkorkt eine Weinflasche und schenkt sich ein, schneuzt sich und schreibt auf der Schreibmaschine – alles mit den Füßen. Vom Varieté-Publikum wird er mit großem Beifall aufgenommen. An dieser Stelle gerät der große erzählerische Entwurf des Films in Vergessenheit, die Kamera verweilt statisch bei der Vorführung des Artisten. Die Szene verweist auf die Wurzeln des Kinos in der Schaustellerei und erinnert an Zeiten, als im Kino noch nicht in erster Linie das Erzählen einer dramatischen Handlung im Vordergrund stand, sondern kurze Dramen, »Aktualitäten« und frontal abgefilmte Varieté-Nummern wie Artistenauftritte, Tiervorstellungen oder Tänze einander in loser Folge ablösten. ATLANTIS stand an der Schwelle der Entwicklung vom »Kino der Attraktionen« zu einem Kino narrativer Integration.[20] Unthan war die ältere Tradition der Kinematographie

AUTORENFILM 81

durchaus vertraut. Bereits 1905 war er in MISTER UNTHAN, DAS ARMLOSE WUNDER (Droese) zu sehen.[21] Anders als die Burgschauspielerin Ida Orloff fühlte sich der Artist offenbar vor der Kamera zu Hause. Nach ATLANTIS drehte er noch einen weiteren Film: DER MANN OHNE ARME (Imperator Film Co., 1913). Obwohl Hauptmann mit diesem Film nichts zu tun hatte, wurde in Anzeigen wiederum mit seinem Namen geworben, der Armlose als »Gerhart Hauptmanns Held« bezeichnet.[22]
Für die Nordisk wurde ATLANTIS insgesamt zum Verlustgeschäft, da die teure Produktion in anderen Ländern nicht so viel Anklang fand wie beim deutschen Publikum. Besonders deutlich ist an diesem Film das Ineinandergreifen von literarischem Anspruch und filmischer Produktion zu beobachten. Die Gründe für das letztendliche Mißlingen des Films sind unter anderem in der Kontrolle zu suchen, die dem Romanautor über die Verfilmung seines Werkes zugestanden wurde. Die Fehlbesetzungen, insbesondere der weiblichen Hauptrolle, gingen auf sein Konto. Schon auf zeitgenössische Kritiker wirkte der Film als unausgewogene Aneinanderreihung einzelner Szenen. Die Geschichte des Helden hielt den Roman zusammen; dies funktionierte im Film nicht mehr. Julius Hart äußerte sich zwar anerkennend über das »ernste Bestreben« nach »Hebung und Vertiefung der Kinoschaustellungen«, sah jedoch in ATLANTIS – bekräftigt durch einen Verweis auf Lessing – »ein Muster- und Schulbeispiel dafür (...), wie wenig noch die großen Gegensätze und Unterschiede zwischen kinematographischer und dichterischer Darstellung in Anschlag gebracht werden«. Nur in der Varieté-Nummer des armlosen Artisten, im Spinnentanz der Tänzerin und im Schiffsuntergang erschien ihm der Film dem Roman überlegen. Offenbar maß Hart diesen frühen Film noch mit Maßstäben, die am »Kino der Attraktionen« geschult waren – »man gebe der Kunst, was der Kunst, dem Kinematographen, was des Kinematographen ist«.[23] In Bild & Film, dem Sprachrohr der Kinoreformbewegung, erntete der Film zwar Lob »vom technischen Standpunkte betrachtet«; die scharfen »Aufnahmen«, die ansprechenden »Landschaftsbilder«, die »Beleuchtung« sowie »die gut berechnete photographische Wirkung«, die geschickte Regie und die »realistische Wiedergabe« des Schiffsuntergangs wurden besonders hervorgehoben. Jedoch die »Seele« fehlte: »Plump, verworren und durchaus dilettantenhaft ist der dramatische Aufbau des Ganzen. Auch das Einzelspiel der Hauptpersonen ist beschämend mittelmäßig, selbst das von Ida Orloff vom Hofburgtheater Wien. Die Lichtbühne und das Kinodrama der Zukunft verlangen wirklich mehr, als die Filmfabriken und die Herren und Damen von der Sprechbühne ahnen. Man kann auf der Sprechbühne ein Stern und auf der Lichtbühne eine Null sein. Frau Orloff beweist es. Das Fazit ist also: für die eigentliche Filmkunst, für das Kinodrama bedeutet ATLANTIS ein *völliges Fiasko*. Das Ganze ist auf grobe Sensation zugeschnitten, auf den großen Schauer, der durch die Schiffskatastrophe über das Publikum gejagt werden soll. Wir versagen es

uns, auf zahlreiche andere Mängel, ferner auf direkte Plattheiten, kitschige
Sentimentalitäten und ästhetisch widerliche Szenen, z.B. die widerliche Va-
rietészene des armlosen Krüppels C. N. Unthan hinzuweisen.«[24]
Hermann Häfker, ebenfalls aus dem Kreis der Kinoreformer und in der
Branche bekannt als der »heftige Häfker«, gestand dieser »Filmdichtung«
zwar zu, daß sie »Genießbares« enthalte, sah in der ATLANTIS-Verfilmung jedoch den Beweis, daß »seelische Vorgänge« filmisch eben nicht darstellbar
seien: »Der Name Gerhart Hauptmann, der als Hauptreklame diesem Kino-
bilde vorangetragen wird, wird sicher viele in sein ›Kinodrama‹ locken, die
bisher ihr Geschmack davor bewahrte, auf der Projektionsleinwand so etwas
wie eine Theaterdichtung oder einen ›Ersatz‹ dafür zu suchen.(...) Es sind
zweifellos gute, geschmackvolle und denkende Schauspieler, die hier die
Hauptrollen spielen. Aber man versuche, das Textbuch zu vergessen und die
›Titel‹ nicht zu lesen – und mit dem besten Willen ist nicht zu verstehen, was
die Schauspieler mimen wollen, sobald sie irgend etwas über ein Einzel-
Person und -lage bezeichnendes Seelisches ausdrücken wollen.«[25]
Um die Grenzen und unterschiedlichen Möglichkeiten der verschiedenen
Medien kreiste die Diskussion noch längere Zeit. ATLANTIS wurde noch
1919 von Victor E. Pordes als Beispiel »einer ganz verfehlten Romanverfilmung«[26] angeführt, um zu begründen, daß das Medium Film andere Anfor-
derungen stelle als die Literatur und daß eine spezifisch filmische Erzählweise erst noch entwickelt werden müsse, damit sich das Kino als eigen-
ständige Kunstform etablieren könne.
Die Debatte um die Verfilmung stand im Zeichen der Abwehr von Teilen der
literarischen Intelligenz gegen das Eindringen der profitgierigen Filmindustrie in die Sphäre der hohen Literatur. Während Autoren und Verleger
im Film eine neue Einnahmequelle und ein wirksames Mittel zur Steigerung
der Popularität bestimmter Werke witterten, äußerten sich Kritiker quer
durch das politische Spektrum verachtungsvoll über die merkantilen Interessen der Kinoindustrie. Franz Pfemfert, dem linken Lager zugehörig, stimm-
te in seiner Ablehnung weitgehend mit den konservativen Kinoreformern
überein und prophezeite der Kinematographie ein schlimmes Ende: »Sie
wird in den Dünsten verenden, die aus dem Prokrustesbett steigen, darin sie
die Literatur mit sadistischer Fertigkeit verstümmelt. Die Nordische
Filmgesellschaft hat die Kleinigkeit von einer halben Million in den Film AT-
LANTIS gesteckt. Und 80.000 Kronen entfielen von dieser Summe auf den
Dampfer, der auf hoher See in den Grund gebohrt werden mußte. Hier
schreien Unsummen zum Himmel, die die Inszenierung eines Werkes der
stummen Kunst verschlungen hat. Hier hat man alle Scham in den Grund
gebohrt und den nacktesten Realismus in das frivolste Gewand der Sensation gesteckt. Man hat sich nicht gescheut, mit dem Aufwand eines Kapitals
die unbeschreiblich grauenvollen Schrecken eines Schiffsuntergangs herauf-
zubeschwören, man hat sich die plastische Gestaltung des Endes der Aller-

ärmsten ein Vermögen kosten lassen. Die jüngste aller Großindustrien arbeitet mit mittelalterlicher Roheit, da sie ihre Zukunft schwinden sieht.«[27]
Franz Pfemfert lästerte auch bei anderer Gelegenheit über die fatalen Auswirkungen der »Kinopest« auf die zeitgenössische Literatur und mokierte sich über Kollegen, die den merkantilen Reizen des Filmgeschäfts auf den Leim gegangen waren: »Ist übrigens den Herren Hauptmann und Schnitzler die liebliche Tatsache bekannt, daß ihre Kino-Tantiemen von den Filmfabriken als ... Reklameunkosten gebucht werden? He?«[28]
Anläßlich einer Vorführung des Films für geladene Gäste in München, sozusagen einer Protestveranstaltung gegen Kürzungen des Films durch die dortige Zensurbehörde, urteilte Joseph August Lux: »Gerade der ATLANTIS-film liefert den untrüglichen Beweis, daß die sogenannte *literarische* Aufbesserung des Films auf Täuschung beruht, und nur dem begreiflichen Reklamebedürfnis der Filminteressenten dient, die jedoch in der Tat mit berühmten Namen bisweilen eine überlaute, unschöne Propaganda treiben. (...) Ein großes Schiff wurde gekauft, Hunderte von Menschen in Bewegung gesetzt, ein kolossaler Apparat inszeniert, ein ungeheures Kapital aufgewendet, zu dem einzigen Zwecke ein Surrogat zu schaffen, das geeignet ist, ein *Nationalgut* zu entwerten. (...) Kapital und Geist vereinigen sich, um aus den Werken der Dichtkunst eine Ware zu machen, die umso gefährlicher ist, weil sie ein literarisches Deckblatt aufweist, auf das man leicht hereinfällt, und das die Menge glauben macht: das ist das Wahre, worauf es in der Kunst ankommt!«[29]
ATLANTIS wurde noch 1920 als Beispiel für die Kommerzialisierung von Dichtung in der Medienkonkurrenz zitiert – ein Lamento über das Ende der Literatur, das bis heute vertraut klingt: »Vor einigen Jahren. In einer deutschen Großstadt. Am Lichtspieltheater der vornehmsten Straße Riesenanschläge. Bilder. Ungefährer Wortlaut: ›Der gewaltigste Sensationsschlager! Der Film der Saison: ATLANTIS! Nach dem epochemachenden Roman des berühmten Dichters Gerhard Hauptmann ... usw.‹ (Nebenbei: die Filmindustrie kennt nur einen Gerhard mit dem weichen ›d‹; es ist aber immer der Gerhart mit ›t‹ gemeint.) Neben dem Lichtspieltheater befindet sich eine Buchhandlung. Im Schaufenster gewahrte ich zu meiner freudigsten Überraschung, an die Scheibe gepreßt, Gerhart Hauptmanns Roman »Atlantis« aus dem Fischerschen Verlag. Ah, eine intellektuelle Kundgebung gegen den Nachbar und seine wüste Marktschreierei ... dachte ich. Aber nein! Unter dem Buche ein Zettel, worauf in Blaustift zu lesen: ›Das *Textbuch* zu dem gleichnamigen Filmwerk des Dichters. Preis usw.‹ Aehnlich mag es ja bei dem ›Siegeszug‹ des wahrscheinlich noch ›gewaltigeren‹ Sensationsfilms »Rose Bernd« desselben Gerhart Hauptmann zugegangen sein.(...) Und dem Dichter ist wohl nur vorzuwerfen, daß er gegen diesen Unfug nicht aufgetreten ist ... (...) Der deutsche Roman liegt im Sterben. Die Totengräber wittern den Profit.«[30]

Sogar als schändliches Beispiel von »Amerikanismus« mußte ATLANTIS her-
halten, obwohl der Stab dieser dänischen Verfilmung eines deutschen Romans keinerlei amerikanische Affinitäten aufweist: »Auch die Vernichtung
eines ehrwürdigen Kunstwerks durch die Filmindustrie, um mit einem berühmten Dichternamen zu ›ziehen‹, ist amerikanisch, wie überhaupt dem
ganzen Kino vorläufig noch etwas Amerikanisches anhaftet.«[31]
Die verschiedenen Sphären und Medien waren um 1913 auch in Europa
schon weitgehend vernetzt, die Grenzen zwischen hoher Kunst und trivialer
Unterhaltung porös, die Diskussion um die Vermassung und Merkantilisie-
rung von kulturellen Werten an der Tagesordnung. Dennoch sahen viele in
Amerika die Quelle allen Übels. Unabhängig von der empirischen Grundlage, beispielsweise der tatsächlichen Präsenz amerikanischer Filme in deutschen Kinos, wurde die Legende von der Übermacht und dem verderblichen
Einfluß der amerikanischen Unterhaltungsindustrie kreiert und perpetuiert.
In dem Roman »Atlantis« fand diese projektive Auffassung gleichsam ihre
Parabel. Die Reise nach Amerika folgte zwar den Spuren einer Tingeltangel-
Tänzerin aus Europa; das Sternchen wurde sozusagen aus Europa nach Amerika importiert. Doch der deutsche Intellektuelle überwand die Krise und
entledigte sich des trivialen Idols, welches im sensationsgierigen Varieté-
Geschäft Amerikas seine wahre Bestimmung fand. Nun konnte er gereinigt
nach Deutschland zurückkehren – ins Land der »wahren Kultur«, wo sich
die Illusion der Trennung der Sphären trotz gegenteiliger Indizien noch
lange aufrecht erhalten ließ. Die Verfilmung des Romans war eine Reaktion
der Filmindustrie auf eben diese kulturellen Hierarchisierung und eine Nobilitierung der Kinounterhaltung mit dem Ziel, das bildungsbürgerliche Publikum zu gewinnen. Durch den Drang zum Höheren ging allerdings auch
manches unter. Emanzipatorische Frauenfiguren blieben auf der Strecke;
Miß Nobodys Reise um die Welt endete im Hafen der Ehe. An der Schwelle
der Entwicklung vom »Kino der Attraktionen« zum Erzählkino schien AT-
LANTIS beides verbinden zu wollen – und brach auseinander. Das vielstim-
mige kritische Echo reproduzierte dieselben hierarchischen Modelle von
Kultur wie bereits der Roman. Das Wahre war die Ware Buch und nicht die
Ware Film. Diese kulturelle Rangordnung war offensichtlich sehr viel be-
ständiger als die tatsächlichen Kontinuitäten und Wechselwirkungen zwischen den verschiedenen Medien.

1) Neue Hamburger Zeitung, zit. nach dem Pressespiegel Die großen Tageszeitungen und ATLANTIS. In: Der Kinematograph, Nr. 364, 17.12.1913. – 2) Vgl. ganzseitige Anzeigen mit Szenenfotos in: Erste Internationale Film-Zeitung, 6.9.1913 und 20.9.1913. Auch in anderen Ländern wurde der Film groß angekündigt; für die USA vgl. beispielsweise in: The Moving Picture News vom 30.8.1913, 6.9.1913, 27.9.1913. – 3) Den Krieg hindurch erschienen immer wieder Anzeigen und Besprechungen zu ATLANTIS, die belegen, daß der Film auf anhaltendes Interesse beim Publikum stieß. Vgl. u.a. Der Kinematograph, Nr. 423, 3.2.1915, Vossische Zeitung, 19.6.1917, Briesetalbote, 20.9.1917. – 4) Für eine ausführlichere Analyse der Amerika-Projektionen dieser Zeit vgl. Deniz Göktürk: Das frühe Kino im Spiegel deutscher Amerika-Texte. Diss. (steht vor dem Abschluß). – 5) »Das Autobiographische liegt zu nah an der Oberfläche, als daß wir es hervorzuheben bräuchten; es handelt sich bei ›Atlantis‹ um den Aufguß der eigenen Amerikareise von 1894, angereichert mit einigen Zutaten aus der Orloffschen Teufelsküche.« So das Urteil des Biografen – übrigens ein Sohn von Ida Orloff: Wolfgang Leppmann: Gerhart Hauptmann: Leben, Werk und Zeit. Frankfurt/M.: Fischer 1989, S. 279. – 6) Nachzulesen in: Gerhart Hauptmann und Ida Orloff: Dokumentation einer dichterischen Leidenschaft. Berlin: Propyläen 1969. – 7) Vgl. Gerhart Hauptmann: Atlantis. Berlin: S.Fischer 1912, S. 309ff. – 8) Vgl. Leppmann, S. 280. – 9) Vgl. Heinz-B. Heller: Literarische Intelligenz und Film: Zu Veränderungen der ästhetischen Theorie und Praxis unter dem Eindruck des Films 1910-1930 in Deutschland. Tübingen: Niemeyer 1985, S. 80-98. – 10) Vgl. auch Peter de Mendelssohn: S. Fischer und sein Verlag. Frankfurt/M: Fischer 1970, S. 635-639. – 11) »Atlantis« erschien neben den erwähnten Vorabdrucken 1912 in der amerikanischen Übersetzung von Adele und Thomas Seltzer in acht Folgen im Twentieth Century Magazine und im selben Jahr als Buch bei B.W.Huebsch in New York; außerdem in russischer Übersetzung 1912 zunächst in sechs Folgen in der Zeitschrift Vestnik Inostrannoj Literatury, dann als Buch bei I.D.Sytin in Moskau, sowie 1913 in dänischer Übersetzung in neun Folgen in Tilskueren und als Buch bei Gyldendal in Kopenhagen. – 12) Tagebucheintrag vom 14.1.1914, im handschriftlichen Nachlaß an der Staatsbibliothek Preussischer Kulturbesitz Berlin. – 13) Samuel Fischer, Hedwig Fischer: Briefwechsel mit Autoren. Hg. v. Dierk Rodewald, Corinna Fiedler. Frankfurt/M.: Fischer 1989, S. 303. Marguerite Engberg geht aufgrund ihrer Kenntnis der Nordisk-Geschäftsunterlagen sogar von einer vereinbarten Tantieme von 10% aus. Der Vertrag zwischen der Nordisk und Hauptmann war bislang allerdings nicht auffindbar. Ein Vergleich mit den Einnahmen des Autors durch das Buch fällt schwer, da bei Büchern verschiedene Posten für Vorabdrucks- und Übersetzungsrechte sowie die Prozente am Buchabsatz zum Grundhonorar hinzukamen. Hauptmann gehörte jedenfalls zu den bestverdienenden Autoren des Fischer Verlags. Die Tobis Filmkunst GmbH erwarb 1938 die Option für eine weitere Verfilmung von »Atlantis«, die jedoch nicht realisiert wurde. – 14) Die Herausforderung, Bedrohung und Konkurrenz um die Gunst des Publikums, welche das neue, massenwirksame Medium für die literarische Intelligenz bedeutete, verdeutlichen umfangreiche Dokumentationen der Auseinandersetzungen um das Kino: Kino-Debatte. Texte zum Verhältnis von Literatur und Film 1909-1929. Hg. von Anton Kaes. Tübingen: Niemeyer 1978. Eine neuere Sammlung konzentriert sich auf die frühe Phase der Debatte vor dem Ersten Weltkrieg und enthält auch einige Kritiken zu ATLANTIS: Prolog vor dem Film: Nachdenken über ein neues Medium 1909-1914. Hg. und kommentiert v. Jörg Schweinitz. Leipzig: Reclam 1992. – 15) Vgl. Tilly Wedekind: Lulu – die Rolle meines Lebens. München, Bern, Wien: Scherz 1969, S. 71 f. Vgl. auch Heinrich Satter: Weder Engel noch Teufel: Ida Orloff. München,

Bern, Wien: Scherz 1967. – 16) Carl Hermann Unthan: Das Pediskript. Aufzeichnungen aus dem Leben eines Armlosen. Stuttgart: Robert Lutz 1925 (=Memoiren Bibliothek), S. 263 f. – 17) Die Aufnahmen in der Bildhauerwerkstatt wurden im Atelier des Bildhauers Rudolf Tegner in Kopenhagen gedreht. – 18) Vgl. Heller, S. 84. – 19) Vgl. Heide Schlüpmann: Unheimlichkeit des Blicks: Das Drama des frühen deutschen Kinos. Frankfurt/M., Basel: Stroemfeld/Roter Stern 1990, S. 247-251. – 20) Die Entwicklung von einem »Kino der Attraktionen« zu einem »Kino der Narration« beschreibt Tom Gunning: The Cinema of Attraction: Early Film, Its Spectator and the Avant-Garde. In: Wide Angel. Vol. 8, No.3/4 (1986), S. 63-71; auch in Thomas Elsaesser: Early Cinema: Space – Frame – Narrative. London: BFI 1990, S. 56-62. – 21) Eintrag Nr. 9896 in Herbert Birett: Das Filmangebot in Deutschland 1895-1911. München: Winterberg 1991. (Verweis auf DER KOMET, 5.1054). – 22) Vgl. mehrseitige Anzeige in: Der Kinematograph, Nr. 359, 12.11.1913. – 23) Julius Hart: Der ATLANTIS-Film. Zuerst in: Der Tag, Nr.301, 24.12.1913; zit. nach Schweinitz, S. 395-401. – 24) L.H.: ATLANTIS. In: Bild & Film, Heft 6, 1913/14, S. 137-139. – 25) Hermann Häfker: ATLANTIS. In: Kunstwart und Kulturwart, Heft 11, März 1914, S. 400-401. – 26) Victor E. Pordes: Das Lichtspiel: Wesen, Dramaturgie, Regie. Wien: R. Lechner (Wilhelm Müller) 1919, S. 67. – 27) Franz Pfemfert (zugeschrieben): Pirat Kino. In: Die Aktion. Jg. 4, 17.1.1914, Sp. 47. – 28) Franz Pfemfert: Vorbemerkung zu Erich Oesterheld: Wie die deutschen Dramatiker Barbaren wurden. In: Die Aktion. 3.Jg., Nr.9, 26.2.1913, Sp. 261-265; zit. nach Schweinitz, S. 259. – 29) Joseph August Lux: Der ATLANTISfilm. In: Münchner Neueste Nachrichten, 13.1.1914, S. 1. – 30) F.M. Alderich: Totengräber. In: Vorwärts, Nr. 269, 28.5.1920 (Morgen-Ausgabe). – 31) Erich Schlaikjer: Amerikanismus. In: Kunstwart und Kulturwart. Jg. XXVII, Heft 8, Januar 1914, S. 102-104, hier S. 102. Der Bezug auf ATLANTIS ist unmißverständlich, obwohl der Titel nicht genannt wird.

Leonardo Quaresima

WIEN – KOPENHAGEN – WIEN
Schnitzlers »Liebelei« und die Nordisk

Der *Autorenfilm* spielt in der Entwicklung des deutschen Films der Jahre 1910-1920 eine wesentliche Rolle. Er führt – ausgehend von Prozessen der Wechselwirkung mit Literatur, Theater und bildenden Künsten – eine einschneidende Wende in der Produktion und Verbreitung herbei (Erschließung neuer Zusschauerschichten, Entstehung einer spezialisierten Filmarchitektur, verbesserte Verfahren bei der Vorführung). Gleiches gilt für die den Text betreffenden Ebene (erzählerische und dramaturgische Vorlagen, linguistische und ausdrucksbetonte Mittel) und schließlich für die kritische und theoretische Auseinandersetzung mit dem Film. Nicht nur berühmte Werke werden für die Leinwand bearbeitet; der bedeutendere Aspekt ist die direkte Zusammenarbeit einiger bedeutender Vertreter der zeitgenösssischen deutschen Kulturszene mit dem neuen Medium und die Erarbeitung einer Reihe von Produktionen, bei denen sich die starke »kulturelle« Ausrichtung mit einer erstaunlichen Entwicklung der filmischen Möglichkeiten und Besonderheiten verbindet.

Diese Entwicklung endet, obwohl sie zu Beginn vor allem von ausländischen Produktionshäusern wie der Nordisk, Svenska, Danmark, Pathé forciert wird – unter Einbeziehung von Texten und Autoren des deutschsprachigen Raumes – mit der Übernahme als Instrument der Qualifikation, Legitimation und schließlich der ökonomischen Einbettung (der deutsche Markt stellte ein höchst bedeutendes Kommerzialisierungsterrain für die Produktionen dieser Häuser dar) der »nationalen Merkmale« dieses Bereiches und seiner kulturellen Tradition, mit der Geburt eines *nationalen deutschen Films*. Das Paradoxon wird schließlich in eine *Hyperbel* transformiert: in Deutschland, dem Land der »*Kultur*«, entsteht der »moderne« Film (wie man in jeder Hinsicht den *Autorenfilm* wegen der »Skala-Änderung« definieren kann, das die verschiedenen Ebenen des Systems bestimmt) nicht auf einem abweichenden und unabhängigen Wege, sondern gerade als Folge einer Verbindung mit der großen kulturellen Tradition[1].

Wenn diese Initiative gleichzeitig oder kurz darauf von den deutschen Produktionshäusern (von der Vitascope, der es gelang, alle zeitgenössischen Produktion zu überbieten, und zwar mit dem »ersten literarischen Film« der Saison, DER ANDERE; von Deutsche Bioscop, von Union, von Messter Film) aufgegriffen wurde, so war die Nordisk die Gesellschaft, die durch kommer-

zielle Erfolgen die ersten Früchte dieser Politik erntete. LIEBELEI/ ELSKOVS-LEG, 1914, Regie führten Holger-Madsen und August Blom, nach einer Vorlage von Arthur Schnitzler, war eines der Prestige-Werke des Hauses.
Die Untersuchung dieses Films ist nicht nur auf der Ebene der Geschichtsschreibung interessant. Sie kann in einer bestimmten Hinsicht Prozesse erhellen, die auch auf allgemeiner Ebene von Bedeutung sind: zum Beispiel für das Verhältnis Film/Literatur und Film/Theater. Oder sie kann (mit einer Bewegung, die die vorhergehende umstößt, indem sie den »Film« in die »Literatur« oder in das »Theater« transferiert) die Bedeutung aufzeigen, die das filmische *Pendant* innerhalb anderer Folgen haben kann, bis man dahin gelangt, *auf diesem Wege* einige besondere und eigentümliche Aspekte der *literarischen Texte* festzustellen oder allgemeine Eigenschaften des Werkes eines Autors im ursprünglichen Licht zu erforschen.
Eine erste Filmversion der »LIEBELEI« (1893-94 geschrieben und das erste Mal im Oktober 1895 am Burgtheater in Wien aufgeführt) ist aus dem Jahr 1911 bekannt: Es muß sich um eine Arbeit gehandelt haben, die von der Wiener Kunstfilm mit Schauspielern des Burgtheaters unter der Regie von Hugo Thimig produziert wurde. Bis zu welchem Stadium Schnitzler an diesem Projekt mitgearbeitet hat – und ob dieses tatsächlich beendet wurde – kann heute nicht mehr festgestellt werden.[2]
Die ersten Kontakte Schnitzlers zur Nordisk gehen auf das Jahr 1912 zurück, und zwar blieb es nicht bei einer bloß vertraglichen Vereinbarung, sondern der Schriftsteller war direkt in das Unternehmen einbezogen; er befaßte sich mit der Erstellung des Drehbuchs und begleitete die Arbeit mit einer ganzen Reihe von Eingriffen, Vorschlägen, Stellungnahmen (wie die Unterlagen des Nachlasses, das Tagebuch und der Briefwechsel genau verzeichnen).
Das Drehbuch wurde am 3.1.1913 an die Nordisk abgesandt; eine zweite Fassung wurde am 1. des Folgemonats abgeschickt.[3] Unter den Papieren des Nachlasses befinden sich tatsächlich drei Texte: Ein *Entwurf zu einem Liebelei Film* (40 mit der Schreibmaschine geschriebene Seiten, die in 34 Bilder unterteilt sind), den wir »I« nennen werden; ein weiterer, den wir mit »II« bezeichnen werden, und der den Titel LIEBELEI *(Film)* trägt (46 mit der Maschine geschriebene Seiten mit zahlreichen Korrekturen und Anmerkungen des Autors, unterteilt in 5 »Abteilungen« für insgesamt 35 Bilder); und schließlich ein Fragment (»I'«), bestehend aus den den Schlußseiten), die die Bilder 33 (unvollständig), 34 und 35 enthalten, auch dieses mit handschriftlichen Bemerkungen[4].
Was sind nun die von Schnitzler für die Leinwand eingeführten Neuheiten in der letzten Fassung (»II«) des Drehbuchs im Vergleich zum Drama?[5] Eine erste Reihe von Änderungen betrifft die Transformation von bereits im Theatertext vorhandenen Dialog-Passagen *in Handlungen*. Direkt inszeniert ist die Episode zu dritt in der Theaterloge (darüber hinaus bereichert um melodramatische Einzelheiten: Fritz, der Adele flüchtig küßt[6]...). Ausdrück-

lich inszeniert ist der erste Spaziergang von Fritz und Christine im Park »an der Linie« der Vorstadt (der im Drama nur am Rande erwähnt wird), hier nach einer zufälligen Begegnung zwischen den Protagonisten Fritz und Christine, nachdem dieser Adele und Emil zu Hause besucht hatte (Bild 4 und 5). Hier wird das proletarisch-kleinbürgerliche Ambiente von Christine gezeigt und das Bild einer sentimentalen *Idylle* als kleinbürgerliche Selbstdarstellung entworfen.

Das Drehbuch enthält darüber hinaus zwei Szenen, die im Vergleich zum Drama vollkommen neu sind, in denen sofort und mit größter Deutlichkeit gezeigt wird, daß Emil von der Liebesgeschichte zwischen Fritz und seiner Ehefrau weiß: eine mit Fritz, der Emil und Adele besucht (Nr. 4 und 5), eine weitere (Nr. 12; in »I« weniger ausgeprägt) mit dem Essen von Fritz, Adele und Emil nach der Theatervorstellung, die in der Bühnenversion nur flüchtig angedeutet ist.

Im Filmtext wird außerdem eine vollständige Umformulierung der Bild des letzten Treffens zwischen Fritz und Adele vorgenommen. Die Anwesenheit von Emil existiert nicht nur in der angsterfüllten Vorstellung der beiden, sondern wird real. Sie macht aus Emil einen tatsächlichen Handlungsträger, wobei sich die Handlung jetzt unter zwei Gesichtspunkten entwickelt: den der beiden Liebenden (wie indirekt im Drama und in »I« vorgesehen) und den Emils. Dies führt nicht nur zur Objektivierung des Motivs der Entdeckung der Beziehung zwischen den Liebenden, sondern auch zur Übernahme von Andeutungen einer *Detective Story* mit akzentuierten Spannungs- und melodramatischen Effekten (im Spiel der zufälligen Zusammentreffen): Fritz geht zu einem Kontrollgang hinunter auf die Straße, und Emil versteckt sich in einem Auto; Adele begegnet beim Herauskommen Theodor (der sie nicht kennt), als er zu Fritz will; gerade bei dessen Ankunft ist Emil vorübergehend davon abgekommen, den Rivalen zu besuchen ... (Bild 17 und 17e).

An eine komplexere Ausgestaltung der Szene hatte Schnitzler tatsächlich bereits in einer fallengelassenen Fassung des Textes für das Drama gedacht (die bereits zitierte vom 10.7.1894), in der Fritz die Episode nicht Theodor erzählt (wie in der endgültigen Fassung), sondern als echte Handlung entwickelt wird: mit Adele, die glaubt, ihren Ehemann in einem vor dem Hause parkenden Wagen gesehen zu haben, Fritz der hinuntergeht, um zu kontrollieren, und dem Wagen, der wegfährt (dies alles mit den Augen der Frau gesehen); mit der Hauptfigur, die nach ihrem Weggang den Eindruck hat, noch eben diesen Wagen zu sehen. Dies zeigt, wie der Schriftsteller, während er an der Filmversion arbeitet, versucht, die expressive und kommunikative Besonderheit des Films zu berücksichtigen. Er schöpft aus dem großen Vorrat an vorbereitenden Skizzen und dramaturgischen Mustern, die bei der Arbeit am Theatertext entstanden. Eine doppelte Perspektive (von Fritz und Emil) wird auch in der Szene (17g-i) des unerwarteten Besuches von letzterem im Hause des ersteren eingeführt (in diesem Fall nimmt hingegen erneut der Text »I« die Perspektive des Dramas auf).

Die angewandte Strategie enthüllt in aller Deutlichkeit: Schnitzler beabsichtigt, Prinzipien erzählerischer Klarheit und Objektivität zu finden, auch auf Kosten der Spannung. Sie konnte aus der Unbestimmtheit einer Realität entstehen, die ihrerseits mit dem neurotischen Zustand der Hauptfigur verbunden war. Er bewegt sich von den Merkmalen des Films, die er als *narrativ und theaterwidrig* betrachtet, fort und formuliert auf Leitgedanken der Komposition neu, indem er dramaturgische Ansätze opfert, die von üblichen Modellen weiter entfernt sind. Großen Raum bietet darüber hinaus das Drehbuch bei der Inszenierung des Duells.

Eine zweite Art von Arbeiten bei der Umarbeitung des Bühnentextes für den Film betrifft die Einführung von vollkommen neuen Elementen. Hierher gehören einige der bereits erwähnten Entwicklungen, darüber hinaus in der Beschreibung des Duells hinzugefügte Einzelheiten und die neuen für den Schluß vorbereiteten Lösungen. »Neu« erscheint auch die Vorgeschichte , die uns die erste Begegnung zwischen Christine und Fritz in einer »Tanzschule in der Wiener Vorstadt« zeigt, wohin Fritz Theodor begleitet hat. Diese Wahl erscheint wieder mit Erfordernissen der klareren Linearität des Geschehens begründet zu sein. Auch in diesem Fall nimmt der Autor bereits in der Phase der Entstehung des Dramas »bewährte« Motive wieder auf und zwar insbesondere in seiner Bearbeitung als *Volksstück*[7]. An dieser Stelle führte die Szene im Ballsaal minutiös und »farbig« in das soziale Milieu ein, in das Verhalten der *Vorstadt* (auch als Terrain der »Flucht«, als Ort von stärkenden Abenteuern für die gute Gesellschaft), in der der »Typ« *süßes Mädel* entdeckt wird.

Im Vergleich zum umfänglichen, personenreichen Fresko der ersten Szene dieser Fassung isoliert die für den Film vorgesehene Szene nur einige Elemente des Ganzen, nimmt dennoch hiervon die wesentlichen Grundmotive wieder auf: das Eintauchen von Fritz und Theodor in eine »exotische« Umwelt, reich an Stimulationen und Neuartigkeiten, den spielerischen und »therapeutischen« Charakter des sentimentalen Abenteuers, die Verflechtung von Christine und Mizzi und ihrer sozialen »Figur«. Es werden hingegen Situationen, Anekdoten, melodramatisch-populäre Töne fortgelassen, wenn sie auch in einer weiteren, anderen Fassung des Dramas wieder auftauchen[8]; der Autor urteilt aber selbst hierüber am 28.6.1894: »Nein, das geht nicht!«[9]. Fallengelassen wurden auch weitere Spezifizierungen sozialer Art, die im Verlaufe dieser Fassung auftauchten[10].

Wichtig ist hier der Vorgang der Verknüpfung, die vom Autor nach anderen Leitbildern der populären Dramaturgie vorgenommen wurde. Er sah sie als mögliche Bezugspunkte für das System Film, dessen Strukturen zum großen Teil noch erfunden werden mußten. Hierher gehört auch die Strategie, die melodramatischen Aspekte des Geschehens im Drehbuch zu akzentuieren,

die, wie man weiß, – als solche nicht selten dem Autor vorgeworfen – Teil
des Dramas selbst sind (man denke an den Unterschied des Kenntnisstandes
zwischen der Hauptfigur und dem Zuschauer, auf dem der gesamte letzte
Akt aufbaut, der typisch und sogar begründend für die melodramatische
Ökonomie ist; oder an den letzten Satz von Weiring:»Sie kommt nicht
wieder – Sie kommt nicht wieder!«, der nur in der Logik des lehrhaften
Monologs dieses Milieus zu rechtfertigen ist[11].) Der Abschied zwischen Fritz
und seinen Freunden nach dem Abendessen im Hause der Hauptperson
erfährt so eine typische *Verzögerung* durch die Ausdehnung der Grußgesten
zwischen den Dreien auf der Straße und dem Jungen hinter dem Fenster
(Bild 17l). Analog weitet sich der Abschied zwischen Fritz und Christine bei
Gelegenheit ihrer letzte Begegnung zu einer naiven Wiederholung aus: Das
Mädchen ruft den Mann nochmals zurück; man umarmt sich erneut (Bild
19).
Die melodramatische Strategie tritt besonders offensichtlich bei der Kon-
struktion der Duellszene hervor. Schnitzler setzt hier auf ein Übermaß an
Zufällen: Der Wagen des Herausgeforderten fährt»denselben Weg wie vor
wenigen Tagen mit Christine und Mizzi« (Bild 23); das Duell findet auf der-
selben Wiese statt, auf der wir die erste Liebesszene zwischen den beiden
sahen (Bild 24). Oder es wird auf den bewährtesten der »Angsteffekte« zu-
rückgegriffen: Beim zweiten Schuß (wieder eine Ausdehnung) scheint es, als
ob Emil das Schlimmste passiert sei, er schwankt, aber es ist nur ein Streif-
schuß; beim dritten Schuß bleibt Fritz zuerst aufrecht stehen wie sein Rivale
– dann fällt er zu Boden (Bild 28). Die Überzeugung des Schriftstellers ist
offensichtlich – in Übereinstimmung mit der Ausrichtung der zeitgenössischen Produktion und den Präzisierungen des melodramatischen Leitge-
dankens als wesentlichem Bezugspunkt für den neuen erzählerischen Standard des Kinodramas -, daß das Melodram eine Grundkomponente der erzählerischen filmischen Besonderheit darstellen sollte.
In dieser Szene bringt die Fassung für die Leinwand auch eine Reihe von
Verlusten im Vergleich zur literarisch-theatralischen mit sich: Der symbolische Wert Emils, einer Art Personifizierung des Todes, der sich plötzlich in
Gegenwart der Hauptfigur zeigt[12], wird schwächer. Seine direkte Einbeziehung in die Erzählung vor seinem Erscheinen in der Wohnung des Studenten wirkt zweifellos in diesem Sinne. Darüber hinaus werden einige Züge
der Persönlichkeit von Fritz vereinfacht: Die Filmfassung läßt eine tatsächliche, romantische Bindung an die Welt des Mädchens und ein tiefes und
aufrichtiges Gefühl ihr gegenüber erkennen (es ist die Szene des Besuches
bei Christine am Abend vor dem Duell). Es verliert sich also die Ernüch-
terung und der Zynismus, mit dem im Drama der Augenblick sofort umkippt
und »befleckt« wird (»Wie *lügen* solche Stunden! ... Jetzt bin ich nahe dran
zu glauben, daß hier mein Glück wäre, daß dieses süße Mädel ...«[13]), hier-
durch wird Fritz genauer charakterisiert.

Elskovleg (Holger-Madsen, August Blom, 1913)

Vollständig verworren erscheint schließlich die räumliche Anlage und Fokussierung des theatermäßigen Systems. Wie schon andernorts festgestellt wurde[14], spielen zwei der drei Akte im Hause von Christine, einer in dem von Fritz. Dies führt zu einer starken Perspektivierung der Geschichte – und zu einer markanten Lenkung der Wahrnehmung der Zuschauer – aus der Sicht der weiblichen Hauptperson (nicht zuletzt die Grundlage der melodramatischen Form des Geschehens, zu dem wir überwiegend durch die naive, ahnungslose und »verratene« Sichtweise eben dieser Figur Zugang haben).

Die Filmfassung führt die größte Beweglichkeit in Milieu (und Zugängen des Zuschauers) ein und behält den melodramatischen Aufbau in anderen Punkten bei. Sie bemüht sich dennoch darum, die Vermehrung der mit Fritz verbundenen Orte (das Haus von Emil und Adele, das Restaurant, das Theater) mit der »Neuheit« des Milieus der Tanzschule und der größeren Bedeutung, die dem Park »an der Linie« beigemessen wurde, wieder auszugleichen. Andererseits handelt es sich um die signifikanteste Transformation. Im übrigen behält das Drehbuch (auch, indem es auf eine »paradialogisierte« Form zurückgreift) Ansätze und Nuancierungen des Originaldramas bei.

Aber es gibt auch »positive« Bereicherungen, die dem Theatertext durch die Filmform hinzugefügt wurden. Vor allem die Art und Weise der Bewertung der Landschaft, wie sie von Schnitzler bewußt und wirksam praktiziert wird: die »Öffnungen« auf die Wiese und den Wald in der Episode der Landpartie der vier – die dann, wie wir gesehen haben, in tragischer Weise in der Duellszene wiederkehren; die des »Parks an der Linie«, flüchtig, in sich selbst gekehrt und desillusioniert. Die Disproportion zwischen emotionalen Anlagen, subjektiver Anlage der sozialen Welt und der Entsprechung des externen Milieus wird hier aufrechterhalten und erweitert, *dargestellt* durch die Beziehung zwischen den Personen und der Natur. Gleichzeitig ist die Natur nicht nur ein naiver und kompensierender Traum (wie im existentiellen Horizont von Weiring): sie wird effektives *Theater* des Melodramas.

Die *Form* des Drehbuches wird andererseits von Schnitzler offen interpretiert. Er nimmt häufig Alternativen zu einzelnen Bildern und Passagen auf, die nebeneinander stehen gelassen werden. Die Variante stellte, wie man weiß, eine der Zwangsvorstellungen seiner literarischen Aktivität dar: wer weiß, ob er nicht für einen Moment auf diese Weise eine von Möglichkeit gesehen hat, diese Vorgehensweise zu *institutionalisieren* ...).

Ein Beispiel ist das Ende, eine Passage, über die der Autor lange nachgedacht hat[15]. »Christine ... stürzt ab«: wenn das Drama so endet, so sah der erste an Nordisk (»I«) abgesandte Text diesen Schluß vor (den der Autor noch vorzog) neben einem anderen, in dem die Hauptfigurin »die Stiegen herunter, durch das Haustor, die Straßen weiter, Prater, Auen, den Fluß entlang, sich endlich ins Wasser stürzend« (Bild 34).

In der Variante »I« erscheinen *drei neue* Lösungen für den Schluß des Films: »34. Christine die Treppe hinab, die Straßen durcheilend, man sieht ihr nach, sie kommt vor das Haus, wo schon der Leichenwagen steht; hinauf über die Stiege. 35. Das Zimmer, in dem Fritz aufgebahrt ist; Trauergäste, Christine stürzt herein, drängt sich durch und sinkt an der Bahre nieder. Als Variante, die vielleicht vorzuziehen wäre: Der Leichenwagen setzt sich eben in Bewegung, als Christine vor dem Hause erscheint. Christinens Verzweiflung. Sie stürzt sich den Pferden entgegen. Theodor und Mizzi halten sie zurück. Bewegung unter den Umstehenden. Der Leichenzug setzt seinen Weg fort. Christine starrt nach, sinkt endlich zusammen. Andere Variante: Wenn Christine in das Trauerhaus kommt, ist der tote Fritz schon weggebracht, sie kommt in das leere Zimmer, läuft dann wieder hinab, durch die Straßen, bis auf den Friedhof. Dort kommt sie eben an, wenn das Begräbnis vorüber ist. Begegnet auf den Wegen den rückkehrenden Trauergästen, endlich bis zu dem Grab, das noch nicht zugeschaufelt ist, wo sie leblos zusammensinkt.«

Im Drehbuch »II« werden wieder drei mögliche Schlußbilder vorgeschlagen – die, in der sich die weibliche Hauptfigur in den Fluß wirft, und zwei wei-

tere, die bereits im vorhergehenden Text vorgeschlagen wurden – diejenige,
in der Christine, die in das Haus von Fritz geeilt ist, leblos an seiner Bahre
niedersinkt; oder die, in der sie nach der Beisetzung den Friedhof erreicht
und hier tot zusammenbricht. Diese letzte Lösung zieht der Autor vor (»Mir
als die beste erscheinend« schreibt er daneben.[16]
Dieser Ausgang erscheint sicherlich eindrucksvoller als der ursprünglich für
das Drama vorgesehene: Nicht nur das Ende der Hauptfigur oder die Umstände ihres Endes stehen zur Disposition, sondern die weitere Figuration
bis zur äußersten Ende der Existenz der Person, ihrer Unzulänglichkeit und
ihres Auschlusses aus einer sozialen und gefühlsmäßigen Welt, von der sie
illusorischerweise glaubte, zu ihr Zugang zu haben.
Der Film wird den Schluß mit dem Tod Christines neben dem Leichnam des
Geliebten in dessen Haus übernehmen[17]. Eine Lösung, die von den Zeitgenossen kritisiert[18], aber auch gelobt wurde: »Der rührhafte Schluß, der im
Theater schon stark wirkte, kam denn auch im Lichtspiel ... noch mehr heraus.«[19]. Ein bedeutender Aspekt, wenn man das Urteil des Schriftstellers
über die Szene berücksichtigt: »Die Schlußszene hat der Regisseur, allerdings
mehr nach eigenem Ermessen als nach meinen Vorschlägen arrangiert, aber
vielleicht mit richtigerem Blick für Kinobedürfnisse und im Sinne einer
äußerlichen Abrundung, gegen die nicht viel einzuwenden sein wird.«[20]
Derselbe Kommentator zeigte, daß er allgemein unter *filmischen* Bedingungen die Wiedergabe der räumlichen Ruhelosigkeit der weiblichen Hauptfigur
– die sich auch im Epilog wieder ergibt – schätzt: »Man muß hier zur Ehre
der Filmbearbeitung sogar sagen, daß das tragische Moment durch die be-
wegtere Bilderfolge, durch die von einem Hause zum anderen Hause über-
greifende *sichtbare* Handlung noch stärker in die Erscheinung tritt«.
Schnitzler aber »widerruft« diese Bewertung und schlägt sogar vor: »Es wird
sich noch leicht ermöglichen lassen, den zipelzapeligen Straßenlauf der
Christine zum größten Teil aus dem Film herauszuschneiden.«[21]
Andererseits versucht sich Schnitzler in dem neuen Medium, indem er auch
Kompetenz hinsichtlich technisch-linguistischer Aspekte des Films zeigt: Er
greift auf jeden Fall direkt auch auf dieser Ebene ein. Vor allem – dies ist bekannt[22] – indem er gegen die Verwendung von Zwischentiteln Position bezieht und über deren Fremdartigkeit im Hinblick auf die besonderen Möglichkeiten des Kinos theoretisiert. Diese Ablehnung belegt eine Notiz , die
die zweite Fassung des Drehbuches begleitet, und sie wird dann unnachgie-
big in der gesamten Korrespondenz mit den Verantwortlichen der Nordisk
bekräftigt (die hingegen, wie es scheint, die üblichen Wege beschreiten woll-
ten), bis hin zu der Drohung, den Vertrag[23] platzen zu lassen; auch nach Fertigstellung des Films folgt der Hinweis, daß die Zwischentitel »ohne meine
Zustimmung natürlich auch für die Provinz nicht in den Film kommen
dürften«[24]:

»Außer dem Titel und dem Personenverzeichnis, sowie den Überschriften I.
II. III. IV. V. Abteilung darf in diesem Film kein geschriebenes, resp. ge-
drucktes Wort erscheinen, da meiner festen Überzeugung nach nur die auf
solche Weise gewahrte ›relative‹ Reinheit der Form neuere Versuche auf
dem Gebiete des Kinostückes auf ein in literarischer Nähe gelegenes Niveau
emporzuheben vermag. Der hier vorliegende Film ist bei der als selbstverständlich vorauszusetzenden guten Regie ohne jede Mithilfe des Wortes, sei
es nun Erzählung, Dialog oder Brief, auch für das Fassungsvermögen des
einfachsten Publikums vollkommen verständlich.
Wenn Sie schon wieder mit den fürchterlichen Briefen und Texten anfangen
wollen, wodurch soll sich dann der sogenannte literarische Film von den
bisher üblich gewesenen unterscheiden? Der eigentliche Inhalt des Films
wird naturgemäß immer irgendwie Kolportage sein, nur die Strenge der
Form, die von jetzt an gewahrt werden soll, wird den künstlerischen Film
von den anderen unterscheiden. Nur *der* Film wird meiner Ansicht
künstlerisch bestehen können, der nur aus folgerichtigen und durch sich
selbst verständlichen Bildern besteht.«[25]
Es handelt sich um einen Aspekt, der auch einen Widerspruch beleuchtet.
Wie sehr auch Schnitzler versucht, ein rein visuelles Niveau beizubehalten
und sich bereit erklärt (Brief vom 5.2.1913), eventuell etwas unklare Passagen umzuschreiben, nehmen verschiedene Punkte des Drehbuchs offenkundig – unfreiwillig? – Dialoge vorweg; sie entwickeln sich auf jeden Fall
gemäß einer paradialogischen Form, so daß es nicht immer leicht ist, sich
eine genaue mimisch-gebärdenhafte Übertragungsmöglichkeit vorstellen zu
können[26]. Es kann sein, daß der Schriftsteller glaubte, daß der Regisseur
auch für derartig strukturierte Bilder eine angemessene visuelle Lösung
hätte finden können. Dieses Vertrauen war vielleicht etwas übertrieben; tatsächlich zeigt sich der Text als Filmdrehbuch und noch mehr unter den vom
Autor festgelegten Vorbedingungen ohne erläuternde Titel offenkundig als
ungelöst.
Die Nordisk besteht jedenfalls auf der Übernahme von traditionellen Krite-
rien, und schließlich gibt der Autor nach. Unter seinen Papieren wurde ein
langes Verzeichnis von Zwischentiteln (129) gefunden, die ihm offensichtlich von der Nordisk zugeschickt wurden und die mit zahlreichen
handschriftlichen Korrekturen und vollkommener Ablehnung versehen waren (»Überflüssig«, »fort! fort!«), denen man jedoch auf jeden Fall eine gewisse Billigung Schnitzlers bei der Verwendung von Zwischentiteln entnehmen kann. Was übrigens auch aus dem nach Beendigung des Films ab-
gegebenen Urteil zu ersehen ist (Brief an Schröder vom 23.12.1913 nach
einer Voraufführung des Films): »Die paar eingefügten Prosastellen in der
ersten Abteilung stören weiter nicht«, gibt er am Ende zu, obwohl er deren
Überflüssigkeit allgemein bekräftigt und die »gewisse kinematographische
Weitschweifigkeit« kritisiert, die sich hierin manifestiert.

Die von Schnitzler entworfenen Texte enthalten auch Angaben über die zu
verwendenden Einstellungen. In der Passage über das Abendessen der vier
im Hause von Fritz (Bild 17f: »Theodor und Christine – Fritz und Mizzi
trinken Bruderschaft«) präzisiert er: »*Einzelbild* ohne beträchtliche
Vergrößerung herauszuheben«. Und das gleiche in dem Moment, in dem
Fritz nach dem Besuch von Emil Christine über das Haar streicht, während
sie mit einer Geste der Müdigkeit und der Hingabe ihren Kopf an das Klavier lehnt (Bild 17k).

Die Spielweise kommentiert der Autor ebenfalls, um naive, expressive Beto-
nungen und zu stereotype melodramatische Gebärden zu verhindern. »Keine
dröhnende Gebärde« fordert er, indem er Emil sofort über das Verhältnis
zwischen Fritz und seiner Frau aufklärt (Bild 5). »Nicht zu stark(e) Erre-
gung«, präzisiert er, wenn er Christine vergeblich auf Fritz im Park warten
läßt (Bild 29). Unter diesem gleichen Gesichtspunkt können auch die Stellungnahmen des Autors gegen die Begleitmusik eingeordnet werden:
»Wahrhaft gräulich finde ich ja auch die Musikbegleitung, die das Orchester
entweder in unsinniger oder lächerlicher Weise zu den einzelnen Bildern
verabreicht. Aber dagegen scheint man ja vorläufig noch absolut wehrlos zu
sein. Meiner Einsicht nach wäre es eigentlich notwendig, die Musikbegleitung für jede Kinosache, wenn schon nicht direkt zu komponieren,
so doch in einer die einzelnen Kinotheater bindenden Weise festzustellen.«[27]

Eine Untersuchung wie die vorliegende hat nicht nur mit diesem oder jenem
Film zu tun oder mit einer bestimmten Phase der Filmgeschichte. Dies
betrifft direkt die Ebene der literarisch-theatermäßigen Tätigkeit – und hat
nicht nur historiografische Bedeutung. Dies gilt um so mehr im Falle
Schnitzlers, der praktisch bis zu seinem Tod für den Film schrieb.[28] Es gibt in
den verschiedenen Drehbüchern Elemente, die helfen, einige Aspekte der
einzelnen Texte zu begreifen (wie jede andere literarische Variante). Andererseits kann die Filmarbeit es ermöglichen, auch allgemeine Aspekte seines
Werkes zu beleuchten und besser zu interpretieren. Es ist oft von der
traumähnlichen Struktur der Schriften Schnitzlers die Rede. Aber verwendet
die literarische Form nicht auch neben den Materialien und Vorgängen des
Traums Materialien und Vorgänge des Films? Haben die visuelle Intensität,
die Lebhaftigkeit – eine Art von Flash – der Schriften außer mit dem Traum
nicht auch mit der Offensichtlichkeit und visuellen Beständigkeit der
filmischen Bilder zu tun?[29]

In jedem Fall: Es ist zumindest einmalig, daß die Schnitzler-Spezialisten, die
das Problem der *Varianten* in Angriff genommen haben, zwar die literarischen berücksichtigt haben, aber *nie* die filmischen, die, wie wir wissen,
auch einen direkten Bezug zu dem Projekt des *Volksstückes* haben.

Um Beispiele zu geben: Die Entwicklung der letzten Begegnung zwischen
Fritz und Adele könnte ebenso suggerieren, daß die symbolische Ausweitung

der Person des Emil auch ursprünglich weniger akzentuiert hätte sein
können, als man annahm. Die Rückkehr Schnitzlers zur Szene der Tanzschule zeigt, welche Bedeutung der Autor der Schilderung des sozialen
Milieus der weiblichen Personen zumessen wollte, welche Rolle das Vorhan-
densein der *Vorstadt* in der Charakterisierung des *süßen Mädels* haben sollte. Die Unzufriedenheit mit dem Ende und die hartnäckige Suche nach
neuen Lösungen zeigen die Absicht, wieder an das Motiv anzuschließen, daß
Christines Hoffnung, zur sozialen und gefühlsmäßigen Sphäre von Fritz
Zugang zu finden, illusorisch ist. Diese Passage wird nämlich einer solchen
»Dominante« zugeordnet und so von einem traditionellen, »neutralen« melodramatischen Ausgang entfernt.

Die Darstellung kann natürlich auch dazu dienen, schwache und ungelöste
Aspekte der literarischen Arbeit aufzuzeigen: »Die manchmal schleppende
Handlung, und besonders der hie und da etwas kolportagehaft anmutende
Aufbau der dramatischen Werke Schnitzlers, werden uns wie unter dem
rücksichtslosen Seziermesser eines Anatomen bloßgelegt. Mit einem Schlage
wird uns Klarheit. Das war es also, was uns stets aufs neue in dem reinen
unverfälschten Genusse der Schnitzlerschen Stücke störte. Was da und dort
bei gelegentlichen Aufführungen älterer Werke aus dem Schaffen des Dichters nachdrücklich zur Geltung kam. Je nach der Art des behandelten Stoffes
finden wir stark kolportagehaft, unwahr und gezwungen anmutende
Elemente mit dem dichterisch und dramatisch Schönen vermischt«[30,] schrieb
ein zeitgenössischer Zuschauer.

ELSKOVSLEG existiert nur noch in in unvollständiger Form. Das Fragment,
das im Danske Filmmuseum in Kopenhagen aufbewahrt wird, umfaßt den
Besuch von Fritz im Hause von Christine, die Vorbereitungen von Fritz in
seinem Haus, den Vormittag des Duells, das Duell, Christine, die beunruhigt
im Haus auf Nachricht des jungen Mannes wartet, und eine weitere kurze
Passage, die sich auf den Epilog zu beziehen scheint.

Der Vergleich mit dem Drehbuch zeigt, daß zumindest hier Schnitzlers Entwurf im wesentlichen gefolgt wurde, allerdings mit offensichtlichen Abweichungen, die aber vielleicht einfach durch funktionelle Erfordernisse diktiert
wurden. Es gibt nicht viele Neuheiten, die man erahnen kann: Fritz, der vor
Verlassen seiner Wohnung (die Morgendämmerung seiner Begegnung mit
Emil) zögert und dann die Flamme einer Kerze löscht (mit melodramatischer
symbolischer Wirkung); das Duell – offensichtlich – in einem einzigen
Schußwechsel entschieden; Weiring bereits im Hause, als Christine
hinzukommt, nachdem sie vergeblich, wie man annehmen darf, die Wohnung von Fritz erforscht hat.

Das Werk von Holger-Madsen/Blom zeigt interessante und originäre Regie-
lösungen. Die Duellszene (obwohl sie von Schnitzler nicht geschätzt wurde[31]) wird durch eine wirksame ikonographische Lösung realisiert, die den
Raum durch eine dreieckige Form dynamisiert: gebildet durch Emil, im Bild

Det gamle Spil om Enhver (Vilhelm Glückstadt, 1915)

herangerückt, auf der rechten Seite, von Fritz in der Mitte des Bildes auf der
linken und einem der Sekundanten, ebenfalls auf der linken Seite im Hintergrund der Aufnahme. Die Lösung, die stark beeindruckt und visuell fasziniert, zeigt nicht nur die Reife, die das dänische Kino in der expressiven Artikulation der Aufnahmetechnik erreicht hat, zumal in der Art und Weise
der Montage innerhalb der Aufnahme, die in diesem Fall fast virtuose Effekte erreicht; sondern auch die Aufmerksamkeit, die man zeitgenössischen,
sublimen, figurativen Systemen widmet (die Stilisierung der Elemente der
Szene und die perspektivische, fast »expressionistische« Deformation).
Bestätigt wird darüber hinaus die Sensibilität und die *filmische* Erfahrung
bei der Behandlung der Landschaft – in jenen Jahren, wie man weiß, eine
der signifikantesten Errungenschaften des »nordischen« Films: der Weg der
Autos durch die Wälder zum Ort des Duells, die Lichtung, auf der die Begegnung stattfindet, das Spiel des Lichtes, das durch die Bäume fällt. Es besticht
nicht nur die figurative Faszination, sondern auch die erzählerische und expressive Rolle, die die Umwelt annimmt in ihrer Eigenschaft als Regulator
der Intensivierung, als Kontrast (die Idylle und Harmonie der Natur; die
nichtigen und unausweichlichen Gesetze sozialer Beziehungen) zu den Motiven des Geschehens. Aus diesem Blickwinkel bietet der Film eine äußerst

konsequente Einbeziehung von Landschaft, was wir als einen der Wesens-
züge der Filmarbeit Schnitzlers gesehen haben.
Ein Problem entsteht durch die Verschmelzung von geographischen und kulturellen Räumen unterschiedlicher Art. Dies betrifft nicht nur den LIEBELEI-
Film, sondern ist allgemeinerer Art und hat mit der Verflechtung nationaler
und internationaler Merkmale des Autorenfilms[32] zu tun: DAS FREMDE
MÄDCHEN/DEN OKÄNDA (Mauritz Stiller, 1913), Drehbuch unter Beteiligung
von Hofmannsthal, wurde in Stockholm gedreht und, mit Ausnahme der
Hauptdarstellerin, Grethe Wiesenthal, mit skandinavischen Schauspielern
besetzt; DIE TOTENINSEL/DE DØDES Ø, (Vilhelm Glückstadt, 1913), nach
Boecklin, wurde mit dänischen Außenaufnahmen und dänischen Schauspielern gedreht; JEDERMANN/DET GAMLE SPIL OM ENHVER (Vilhelm Glückstadt, 1915), nach Hofmannsthal, wurde in dänischer Landschaft und dänischen Hauptdarstellern gedreht.
In LIEBELEI werden das typische wiener Milieu und die entsprechenden Charaktere durch ein skandinavisches Äquivalent ersetzt. Die Umwandlung
führt zum Verlust des Hintergrundes, der den charakteristischsten »Typen«
und der Atmosphäre des Dramas zugrunde liegt. Gleichzeitig werden Typen
und Atmosphäre auch in anderen Zusammenhängen auf die Probe gestellt;
insbesondere innerhalb der auf internationaler Ebene stark codifizierten
Kommunikationsmodelle. Aber vor allem macht dies einem *neuen* nie zuvor
gesehenen Gefüge Platz, das Aspekte von großem Interesse besitzt.
Die Transponierung ins skandinavische Milieu fand bei den zeitgenössischen Zuschauern Zustimmung. Sie wurde Schnitzler selbst zugeschrieben:
»Er hat dieses aus dem Wiener Milieu hervorgewachsene Seelengemälde hin-
eingestellt in die nordische Landschaft, mit ihren träumerischen alten
Winkeln und ihren elegischen Wäldern. Er hat gemeinsam mit dem Regisseur der photographischen Wirkungsmöglichkeit des Kinematographen ein
glänzendes und bleibendes Siegesdokument geschaffen.«[33]
Schnitzler notiert tatsächlich in seinem Tagebuch (20.12.1913), nachdem er
die Voraufführung des Films gesehen hatte: »Kopenhagen ist die Scene«.
Man erkennt also, daß das Milieu auch für ihn neu war. Dieser Umstand
wird in einer späteren Erklärung bestätigt, in der der Schriftsteller von einer
Gesamtwirkung des Films spricht: »...recht befriedigend, in manchen Momenten sogar sehr gut«, aber »sobald man sich erst an das ungewohnte
dänische Milieu akklimatisiert hatte«; und er drückt schießlich seine Wert-
schätzung aus, indem er die »Landschaftsaufnahmen« als »sehr hübsch« beurteilt[34]. Es ist wenig mehr als ein Zugeständnis (dem eine zweifelsfreie
spontane Geste der Überraschung folgt); dennoch ist dies sehr bezeichnend,
wenn man berücksichtigt, daß gegen diesen Aspekt viele Einwendungen
gemacht wurden, insbesondere auch von ernsthafteren Kritikern des Films.
Wolfgang Ritscher sprach 1914 »von dem groben Fehler der Regie, die den
Film nicht einmal auf seinem heimatlichen Boden in Wien aufnehmen ließ,

und dadurch die Möglichkeit verlor, das wienerische Lokalkolorit, das mit der ›Liebelei‹ unzerreißbar verknüpft ist, einigermaßen im Bilde wiederzugeben«. Aber auch die wiener Filmwoche stellt, obwohl sie das Endergebnis schätzte, heraus, daß er »etwas ganz anderes als das Schnitzlersche Stück« war, »das ohne das Wiener Milieu nie zur vollen Geltung kommen kann«[35]. Verblüffend ist hingegen, daß in einigen Beurteilungen die Landschaft mit der österreichischen verwechselt und gerade deswegen gelobt wird. Dies geschieht in Kommentaren mit positivem Tenor[36], aber auch – und das ist paradox – in ablehnenden Kommentaren[37].

Wenn das Drehbuch von Schnitzler dazu tendierte, die symbolischen Seiten der Figur des Emil zu verringern, scheint der Film hingegen diese Dimension hervorgehoben und ausgedehnt zu haben. Einige Äußerungen von Schnitzler selbst weisen auf diesen Aspekt hin. In seinem Tagebuch (20.12. 1913) spricht er von »Alberne(r) Introduction mit Geistererscheinungen«. Auf deren kitschigen Charakter, auf die absolute Notwendigkeit, dies zu beseitigen, kommt er nochmals in einem Brief vom 23.12.1913 zurück: »Sind die ersten Erscheinungen noch erträglich, so wird die Sache durch das Auftauchen des mit der Pistole zielenden Fabrikanten und endlich durch das des Tods in Person absolut lächerlich«. In einem weiteren Brief (27.12.1913) bezieht er sich genauer auf ein bildliches »Personenverzeichnis«: »Wollen Sie es sich daran genügen lassen, dass einfach die Photographien des Fritz, der Christine und des alten Weiring erscheinen, so könnte man das ja ohneweiteres hinnehmen, aber weder der düstere Fabrikant mit der Pistole, noch den Tod mit Hippe und Stundenglas lasse ich zu. Es ist bestimmt ein Irrtum, dass dergleichen kindliche Effekte der Wirkung des Gesamtfilms in irgend einer Weise förderlich sein könnten.«

Wie man sieht, weisen die Bemerkungen des Schriftstellers immer und nur auf die *Introduction* des Films, Kammer nimmt an, daß die »Geistererscheinungen« »Visionen oder ähnliches«[38] seien. Die verbliebenen Fragmente von Elskovleg enthalten weder den Vorspann noch andere Passagen, in denen »Geistererscheinungen« oder ähnliche Effekte auftauchen. Sicher ist also, daß im »bildlichen Personenverzeichnis« symbolische Züge ausdrücklich betont wurden. Daß dann im Laufe des Films einige Bilder sich als Visionen oder symbolische Darstellungen der Personen zeigen könnten, kann nur vermutet werden.

Specht lobte die Genauigkeit. die Präzision im Detail, die LIEBELEI auf der Ebene der menschlichen Beschreibung so erfolgreich macht. Das Kino konnte diesen Eindruck dank der ihm eigenen Möglichkeiten weiter intensivieren. Schnitzler scheint sich nicht über die tatsächliche Tragweite dieser Möglichkeiten im klaren gewesen sein. Der Film macht sich fast automatisch zum Interpreten. Aber es bleibt das Problem der Kontrolle: welche Aspekte sollten im Detail analytisch wiedergegeben werden – und mit welchem Ziel? Die Entdeckung von Christines Welt durch Fritz könnte ein wichtiges Detail

für diese Akzentuierung sein. Aber die filmische Präzision scheint
unbestimmt zu bleiben; in dieser Szene gelingt es zum Beispiel nicht, eben
aus diesem Grunde, sämtliche, in ihr angelegten Möglichkeiten aus-
zudrücken.

Ebenfalls »automatisch«, aber diesmal durch den Ausgangstext (und durch
das Drehbuch), zeigt der Film signifikante neue Züge im Rahmen der Motive
des *Kinodramas* durch die Merkmale des *süßen Mädels*, einer Figur, die weit
vom naturalistischen Klischee entfernt (an das sich im wesentlichen die
zeitgenössischen filmischen Verflechtungen anlehnen) und vielmehr an eine
Idee von Freiheit und Emanzipation gebunden ist[39]. Auch wenn gesagt
werden muß, daß mit der zeitlichen Entfernung (vergessen wir nicht, daß die
Uraufführung der Theaterfassung der »Liebelei« 1895 erfolgt), der neue soziale »Typ« sich inzwischen in ein Klischee verwandelt hat. Dies erklärt,
warum er vom Autor fallengelassen wird und – was uns hier mehr interessiert – warum er durch die Zensur geht.

Wie bereits angedeutet, war die Aufnahme des Films kontrovers. Es wurde
als eine Illustration des Dramas beurteilt, aber unfähig (wegen der Grenzen,
die dem Film gesetzt werden), dessen Komplexität zu erreichen (Vossische
Zeitung, Phöbus), oder gar als Abwandlung und Banalisierung in me-
lodramatischem Gewand (Bild & Film: »Das sentimentale Frauenpublikum
allerdings wird sich vielleicht den Film gefallen lassen und vor Rührung sich
eine Träne aus dem Auge wischen...«). Aber der Film wurde auch ganz
anders gesehen (Der Tag, Lichtbild-Bühne), als »neue Dichtung«, die gerade
dadurch realisiert wurde, daß spezifisch filmische Eigenheiten verwendet
wurden (die Aktion, die Erschließung der Landschaft usw.). Auch die schauspielerische Leistung von Valdemar Psilander (als Fritz), einem der größten
Stars von Nordisk, wurde begrüßt oder scharf kritisiert. Anerkannt wurde
auf jeden Fall, wenn auch in Beiträgen eher negativem Tenors, die Einheit-
lichkeit des Ganzen und der Geschmack der Inszenierung (Phöbus).

Es ist bekanntlich schwierig, sichere Aussagen über die tatsächliche Zu-
schauerresonanz früher Filme zu machen. Eine Notiz Schnitzlers[40] spricht
von »»Erfolg‹ des Liebelei-Films in Wien«, wo dennoch die Verwendung der
Anführungszeichen an eine Relativierung denken läßt, ohne daß übrigens
klar wird (wie auch von Kammer interpretiert), ob dies auf ein eigenes Urteil
oder auf ein entsprechendes Verhalten des Publikums zurückzuführen ist.
Als »mäßig erfolgreich« definiert der Autor 1926 rückblickend[41] den Film.
Aber da geht es ihm schon darum, die Filmrechte für sein Theaterwerk
freizukaufen, so daß er ein starkes Interesse daran hat, den kommerziellen
Erfolg dieses ersten Films herunterzuspielen. Eine Werbung in der Lichtbild-
Bühne (Nr. 8, 1914) zitiert einen Bericht des Wiener Tageblattes: »Publikum
war begeistert; sämtliche Vorstellungen waren ausverkauft. Der nach-
haltigste und größte bisher zu verzeichnende Filmerfolg«. Verläßlicher und
bezeichnender ist eine Reklame von Projectograph , in der 1915[42] Bezug

genommen wird auf den Erfolg von ATLANTIS und auf LIEBELEI. Diese
Quelle und die »Erinnerung« an den Film in den Filmzeitschriften lassen
(mit großer Wahrscheinlichkeit) an einen tatsächlich befriedigenden kommerziellen Erfolg des Films denken.
Und die Reaktion von Schnitzler? »Im ganzen mäßiger Genuß«, notiert der
Schriftsteller nach der Voraufführung (20.12.1913) in sein Tagebuch. In dem
ausführlichen Brief an die Nordisk vom 23.12.1913 ist das Gesamturteil:
»...recht befriedigend, in manchen Momenten sogar sehr gut«. Kritisiert
werden, wie schon erwähnt, die »Geistererscheinungen«, die Duellszene, der
»zipelzapelige Straßenlauf« von Christine. Das Ende wird als gelungen
anerkannt, wenn es auch nicht seinen Vorschlägen entsprach; die Zwischentitel werden toleriert; gelobt werden die Landschaften und die
Interpretation (»großenteils vorzüglich«, »besonders von Seite der Herren«).
Wenn sich der Autor in einem späteren Brief (31.12.1913) vom Pro-
grammtext distanziert, so zeigt er ein gleiches Verhalten nicht im gering-
sten[43] gegenüber dem Film. Von einer »Befriedigung« des Künstlers spricht
auch die Lichtbild-Bühne[44].
Das folgende, permanente Interesse des Schriftstellers für das Kino kann
gerade durch die befriedigende Umsetzung dieses ersten Films erklärt werden.

1) Ich habe die vielschichtigen Aspekte des *Autorenfilms* behandelt in: Dichter, heraus! The
Autorenfilm and German Cinema of the 1910's. In: Griffithiana, Nr. 38/39, Oktober 1990;
und in: L'Autorenfilm allemand. Un cinéma national produit par sociétés étrangères in: Akten des DOMITOR-Symposiums in Lausanne (1992); erscheint demnächst . – 2) Eine
genaue Rekonstruktion dieser Episode in Manfred Kammer: Das Verhältnis Arthur
Schnitzlers zum Film. Aachen: CoBRa Medien 1983, S. 32-36. Der Autor führt eine Passage
aus Schnitzlers Tagebüchern an (24.11.1911), in der von einer Unterredung mit Thimig
und »ev. Änderungen für die ›Liebelei‹« gesprochen wird, es konnten aber keine weiteren
Hinweise gefunden werden, die den tatsächlichen Grad der Einbeziehung des
Schriftstellers in das Werk nachweisen. (Die Tagebücher des Schriftstellers, auf die
nachfolgend noch häufiger Bezug genommen wird, erscheinen gerade im Verlag der
Österreichischen Akademie der Wissenschaften, Wien. Der Band über die Jahre 1909-1912
erschien 1981, der über die Jahre 1913-1916 in 1983). – 3) Zum ersten Datum vgl.
Schreiben an die Nordisk vom 20.10.1921; zum zweiten vgl. das Tagebuch (1.2.1913) und
das Begleitschreiben. Diese Schreiben sowie viele weitere, die mit Filmprojekten
verbunden und im Verzeichnis von Gerhard Neumann und Jutta Müller (Der Nachlaß
Arthur Schnitzlers. München: Wilhelm Fink 1969) im Anhang aufgeführt sind (Verzeichnis
des in Wien vorhandenen Nachlaßmaterials, S. 163), werden heute im Deutschen
Literaturarchiv in Marbach aufbewahrt. Auch in diesem Fall wird für eine genaue
Chronologie dieser Sache auf den bereits genannten Text von Kammer verwiesen. – 4) Da
der »Text II« neue Szenen oder Varianten von »I« einführt (von der er jedoch die
Numerierung der Szenen beibehält, die nur dadurch erweitert werden, daß Buchstaben
hinzugefügt werden, zum Beispiel »17a«, »17b« usw.) kann seine Erstellung ruhigen Ge-
wissens als spätere angesiedelt werden. Die in »I« vorgenommenen handschriftlichen Kor-

rekturen erscheinen übrigens schon mit der Maschine geschrieben in »II«. »I'« kann daher zwischen »I« und »II« angesiedelt werden. »I« kann also mit der vom Autor am 3.1.1913 versandten übereinstimmen, »II« mit der einen Monat später verschickten Version. Es ist möglich, diese Unterlagen (Fotokopien von Mikrofilmen) im Schnitzler-Archiv (Deutsches Seminar II) der Universität Freiburg i.B. einzusehen (die Originale befinden sich in der Cambridge University Library). Das Fragment »I'« könnte zu einer weiteren Fassung des Drehbuchs gehören oder nur eine Alternative zu Seite 40 von »I«. – 5) Die sentimentale Geschichte – muß sie hier wiederholt werden? – eines Studenten aus der Bourgeoisie (Fritz), lustloser Liebhaber einer verheirateten Frau aus seiner sozialen Schicht, mit einem wiener Vorstadtmädchen (Christine), der schließlich, vom Ehemann der Frau zum Duell gefordert und erschossen wird. – 6) Dies ist in der Filmversion der Name der Geliebten von Fritz, die in der endgültigen Fassung des Dramas einfach »jenes Weib« genannt wird. Emil Schroll wird der Name des Ehemannes, der »Herr« im Text für die Bühne. (Adele erschien bereits in einer der vorbereitenden Studien für das Drama. Vgl. die am 10.7.1894 entworfene Bild im Nachlaß.) – 7) Die Szene, die der ersten Bild des Volkstückes entspricht, wurde veröffentlicht in Richard Specht: Widmungen zur Feier des siebzigsten Geburtstags Ferdinand von Saars. Wien: Wiener Verlag 1903 und danach in: Der Wiener Tag, 25.12. 1931. – 8) Wie in der, die die erste Szene im »Park an der Linie« ansiedelte, mit Weiring und Frau Binder, die in ein langes Gespräch verwickelt sind; und hier führte sie danach die beiden Paare, das weibliche und das männliche ein (vgl. den Nachlaß: 32 mit der Maschine geschriebene Seiten, datiert 13.2.1894-9.3.1894). – 9) Ebenda, S. 32. – 10) In der die »Partie«, die Frau Binder für Christine im Sinne hat, im Lehnersaal eine Rede über die »Frauenfrage« halten muß ... (44 Seiten mit der Maschine geschrieben, datiert 12.3.1894-28.3.1894 über das zweite Bild aus dem Nachlaß). Diese Entwicklungen werden übrigens noch in drei nachfolgenden Fassungen aufrechterhalten: vgl. Entwurf des ersten Aktes: 10 mit der Maschine geschriebene Seiten (14.4.1894); 40 mit der Maschine geschriebene Seiten (14.6.1894-15.7. 1894); und Entwurf des dritten Aktes: 7 mit der Maschine geschriebene Seiten (27.7.1894-30.7.1894). – 11) Diese Aspekte sind auch von Martin Swales herausgestellt worden in: Arthur Schnitzler. A critical Study. Oxford: Clarendon Press 1971, S. 196 und 199. – 12) Diese Interpretation erscheint bereits bei Richard Specht: Arthur Schnitzler. Der Dichter und sein Werk. Eine Studie. Berlin: S. Fischer 1922, S. 101. Heinz Politzer (Das Schweigen der Sirenen. Stuttgart: Metzler 1968) hat auch die gemeinsamen Züge dieses Motivs und desjenigen aufgezeigt, das sich im Mittelpunkt des »Jedermann« von Hoffmannsthal befindet; Swales, der bereits zitiert wurde (S. 186-187), hat die Genauigkeit der Reinterpretation unterstrichen: dem Läuten der Glocken entspricht das der Klingel, die den Besuch Emils ankündigt; dem Bankett das Abendessen zu viert ... – 13) Arthur Schnitzler: Reigen. Liebelei. Frankfurt/M: S. Fischer 1993, S. 157-158. – 14) Vgl. zum Beispiel Rolf-Peter Janz: »Liebelei«. In R.-P. Janz, Klaus Laermann: Arthur Schnitzler: Zur Diagnose des Wiener Bürgertums im Fin de siècle. Stuttgart: J.B. Metzlersche Verlagsbuchhandlung 1977, S. 30. – 15) Vgl. die Rekonstruktion von Kammer, S. 47-48. – 16) »Welche von den drei Varianten ... die am meisten geeignete zu sein scheint, vermag ich in diesem Augenblick nicht zu entscheiden, doch gebe ich der letzten den Vorzug«, bestätigt er in dem Begleitschreiben zum Drehbuch (Schreiben an Karl-Ludwig Schröder, 1.2.1913). – 17) Das Fragment, das – wie man sagen wird – uns erhalten blieb, enthält diese Bild nicht. Auf sie kommt man dennoch zweifelsfrei dank des Zeugnisses der Zuschauer aus der Zeit und dank des Filmprogramms zurück: »(Christine) läuft durch die Straßen und kommt in das Haus des Toten; dann fällt sie entseelt auf die um den Sarg gestreuten Blumen« (L.H: LIEBELEI. In: Bild & Film, Nr.9/10, 1913/14; »Dann stiehlt sie sich in das Haus, ihr Herz schlägt nicht mehr. Und dann steht sie vor einem Totenbett: zitternd hebt sie ein Tuch von einem starren Gesicht. Er ist es – tot! Alle Qual, all ihr Leid drängt o voll Wucht in ihre Brust, daß ihr Herz bricht. So sinkt sie, den Blick auf der toten Gestalt, sterbend nieder« (vgl. denselben Artikel aus Bild & Film). – 18) Vom Autor der Rezension in Bild & Film. – 19) W.C.G.: Eine Schnitzler-Premiere im Film. In: Der Tag, 3.3.1914.– 20) Brief an vom 23.12.1913. – 21) Brief an Schröder, 23.12.1913. – 22) Von Kammer in der bereits zitierten Arbeit behandelt. – 23) Vgl. die Briefe an Schröder vom 1.2., 5.2., 20.3., 25.5.1913. – 24) Vgl. Brief an Schröder vom 23.11.1913. – 25) Der erste Abschnitt bezieht sich auf die bereits zitierte »Vorbemerkung zum Liebelei-Film«, der zweite auf den Brief vom 5.2.1913. – 26) Man denke z. B. nur an die Dialoge zwischen Mizzi und Christine in den Bildern 21 und 33; oder den – eine entscheidende Passage – zwischen Fritz und Theodor im Zimmer von Christine, als ersterer dem Freund die Anziehungskraft, die keine einfache Laune ist, enthüllt, die Christine und ihr Milieu auf ihn ausüben. »Theodor zu Fritz: ...Komm mit mir, du mußt dich ausruhen. Morgen Früh frisch sein. Fritz: Hier ist das Glück, hier fühle ich mich wohl, Christine ist's, die ich liebe« (Bild 21). – 27) Brief an Schröder, 20.3.1913. – 28) Mit Bearbeitungen seiner eigenen Werke für die Leinwand (HIRTENFLÖTE, DER SCHLEIER DER PIERRETTE, DER JUNGE MEDARDUS, DER RUF DES LEBENS, DIE GROSSE BILD, FREIWILD, SPIEL IM MORGENGRAUEN, TRAUMNOVELLE), aber auch mit Originalstoffen (Kriminalfilm, zum Beispiel, dessen Entwurf durch den Tod des Schriftstellers abgebrochen wurde). – 29) Ich habe diese Hypothese aufgestellt, ausgehend von einigen Überlegungen über »Traumnovelle« in: Sogno viennese. Il cinema secondo Hofmannsthal, Kraus, Musil, Roth, Schnitzler. Florenz: La Casa Usher 1984. – 30) Wolfgang Ritscher: Schnitzlers Dramatik und das Kino. In: Phöbus, Nr. 1, 1914. – 31) »Versagt hat die Regie meines Erachtens bei der Inszenierung des Duells, aus der, selbst wenn man sich nur nach meinen Anordnungen gehalten hätte, kinematographisch mehr herauszuholen war als es gelungen ist« (Brief vom 23.12.1913). – 32) Dieser Frage habe ich die bereits zitierte Abhandlung L'»Autorenfilm« allemand gewidmet. – 33) Alfred Rosenthal: Liebelei – das Buch und das Bild. In: Lichtbild-Bühne, Nr. 8, 1914. – 34) Brief vom 23.12.1913. – 35) W. Ritscher ; Die Filmwoche (Wien), Nr. 56, 1914. – 36) »Dort wo die Naturaufnahmen aus der Umgebung Wiens und dem Prater mitsprachen, gab es sogar reiche, stimmungerweckende Wirkungen, die das Auge erfreuen konnten« (W.C.G: Eine Schnitzler-Premiere im Film. In: Der Tag, 3.3.1914); »Man hat wohl kaum einen Film gesehen, der so eindringlich die eigene, resignierte Stimmung der wienerischen Genußwelt wiedergibt, wie gerade diese ›Liebelei'« (Der Kinematograph, Nr. 426, 1915). – 37) Über »stimmungsvolle Landschaften der Wiener Umgebung« spricht tatsächlich eine in der Vossischen Zeitung vom 2.3.1914 erschienene Rezension, die am Film bemängelt, daß er sich darauf beschränkt, nur eine »hübsche bewegte Illustration« des Dramas zu sein, unfähig – wegen der allgemeinen Grenzen des Kinos – dessen »innere Handlung« einzufangen. – 38) Kammer, S. 60-61. – 39) Vgl. Rolf-Peter Janz: Zum Sozialcharakter des »süßen Mädels«, in R.-P. Janz, Klaus Laermann, S. 45. »Verdorben ... ohne Sündhaftigkeit, unschuldvoll ohne Jungfräulichkeit« ist die Definition, die der Anni der Autobiographie vom Schriftsteller gegeben wird, und die glücklich die Charaktere des neuen »Typs« zusammenfaßt (Zitat aus dem soeben genannten Text, S. 50). – 40) Im Tagebuch, 12.2.1914. – 41) Der Brief, katalogisiert auf S. 136 des Verzeichnisses von Neumann und Müller ist nicht datiert. – 42) Die Filmwoche (Wien), Nr. 135, 1915. – 43) Im Gegensatz zu den Ansichten Kammers, ist ihm hier offensichtlich ein Flüchtigkeitsfehler unterlaufen. – 44) Vgl. Alfred Rosenthal.

Casper Tybjerg

SCHATTEN VOM MEISTER
Benjamin Christensen in Deutschland

In den zwanziger Jahren war der Film ein internationales Geschäft. Regisseure, Kameraleute und Schauspieler zogen von Land zu Land. Die Filmproduktion in vielen europäischen Ländern war eher auf den internationalen als auf den nationalen Markt ausgerichtet.
Einer der entschiedensten Internationalisten war der ungemein talentierte
und ehrgeizige Regisseur Benjamin Christensen. Er wurde 1879 als jüngstes
von zwölf Geschwistern geboren. Er brach ein Medizinstudium ab und begann eine Ausbildung als Opernsänger; sehr bald wurde er am Königlichen
Theater in Kopenhagen angenommen, wo er sowohl eine Gesangs- als auch
eine Schauspielausbildung absolvierte. Zu seinen Kollegen gehörten Poul
Reumert und Clara Pontoppidan und, allerdings nur für eine sehr kurze Zeit,
Asta Nielsen.
Christensen debütierte 1902 und wurde wenig später als Flaschengeist in
»Aladdin« und dann als Mazetto in Mozarts »Don Giovanni« eingesetzt. Das
»Stiergebrüll«[1] seines Baßbaritons wurde von Kritikern hoch gelobt; aber
eine Nervenkrankheit beraubte ihn seiner Stimme. Er wandte sich der
Schauspielerei zu und wurde an einem der führenden Provinztheater höchst
populär. Die nervösen Anfälle kehrten aber immer wieder, so daß er offenbar deshalb seine Bühnenkarriere völlig aufgeben mußte.
Er wurde Geschäftsmann und übernahm die dänische Vertretung einer französischen Champagnerfirma, was sich augenscheinlich als recht einträglich
erwies, denn er gab diese Tätigkeit erst auf, als er schon längere Zeit im
internationalen Filmgeschäft anerkannt war. Es ist vielleicht kein Zufall, daß
viele seiner Filme Szenen enthalten, in denen dem Champagner heftig
zugesprochen wird.
Als er seine Stimme verlor, hatte Christensen schon einmal kurzzeitig daran
gedacht, beim Film zu arbeiten, aber zur künstlerischen Entfaltung sah er im
neuen Medium zunächst kaum Möglichkeiten. Erst als er Asta Nielsens
Schauspielkunst in AFGRUNDEN sah, entdeckte er für sich die ungeheuren
Möglichkeiten der neuen Kunst. Jahre später behauptete Christensen, er sei
ganz zufällig, als er etwas trinken wollte, Zeuge geworden, wie in dem ange-
steuerten Biergarten die berühmte Schußszene von AFGRUNDEN gedreht
wurde; auf der Stelle habe er sich entschlossen, auch in Filmen mitzuwir-
ken.[2]

Diese Geschichte klingt nun allerdings recht unwahrscheinlich, aber tatsächlich wurde Christensen Anfang 1912 Filmschauspieler. Er trat in einigen Filmen auf, die sämtlich verlorengegangen sind. Sicher scheint, daß Christensen mit der technischen Qualität dieser Filme höchst unzufrieden war. Sein Enthusiasmus wurde beflügelt, nachdem er Albert Capellanis LES MISÉRABLES gesehen hatte, der 1913 in Kopenhagen gezeigt wurde. Er entschloß sich, einen Film von ähnlich hohem künstlerischem Rang zu machen.

Die Dreharbeiten für DET HEMMELIGHEDSFULDE X begannen im August 1913; die Produktion dauerte drei Monate. Das war ausgesprochen ungewöhnlich, da die Norm ansonsten eine Drehzeit von drei bis vier Wochen war. Über das Budget lassen sich kaum verläßliche Angaben machen, aber es scheint recht hoch gewesen zu sein, so daß DET HEMMELIGHEDSFULDE X drei- bis viermal so viel gekostet haben dürfte wie eine typische Produktion kleinerer dänischer Gesellschaften.

Der Film wurde im März 1914 uraufgeführt und war ein riesiger Erfolg; die Kritik war entzückt. Christensen fuhr auf Verkaufstour durch ganz Europa und konnte den Film überall unterbringen. Er mußte allerdings einige Schwierigkeiten überwinden: Als er einen bedeutenden deutschen Verleiher dazu überreden wollte, sich doch den Film einmal anzusehen, erklärte ihm Christensen, daß er einen Film für ein breites Publikum von 2000 m Länge gemacht habe, der sehr viel Wert auf Spannung lege. »2000 Meter!!?« soll der Verleiher ihn ungläubig unterbrochen haben. Aber irgendwie überredete Christensen den Mann dazu, sich den Film anzusehen. Es gab neue Schwierigkeiten, als der deutsche Verleiher entdeckte, daß es sich bei dem Film um eine Spionagegeschichte handelte. Es war Sommer 1914, der Krieg absehbar, und Spionagefilme waren sowohl in Deutschland als auch in Österreich-Ungarn untersagt. Nach Verhandlungen mit dem preußischen Kriegsministerium und einigen klugen Schnitten wurde die Aufführung zugelassen.

Wirklich bemerkenswert jedoch war an DET HEMMELIGHEDSFULDE X nicht die einigermaßen groteske Geschichte, sondern die außergewöhnliche Beherrschung der Filmsprache. Qualität und Sicherheit im Umgang mit Schnitt- und Kameraarbeit können es mit den besten zeitgenössischen Filmen aufnehmen. Besonders auffällig sind die durch eine feststehende Lichtquelle erzielten dramatischen Licht-Schatten-Effekte; einige Einstellungen sind mit Gegenlicht fotografiert und ergeben scharf konturierte Silhouetten; in anderen Szenen fällt Seitenlicht in dunkle Räume, so daß eine komplizierte Wechselwirkung von Licht und Schatten entsteht. In einigen Szenen werden die Lichtquellen aus- und eingeschaltet; es entstehen komplexe Beleuchtungswechsel.

Die Schauspielerleistungen sind durchgängig ausgezeichnet; Christensen spielt sehr souverän die Hauptrolle, allerdings bedient er sich in emotiona-

Det hemmelighedfulde X (Benjamin Christensen, 1913)

len Szenen eines theatralischen Stils, der sich den Bühnenkonventionen des 19. Jahrhunderts verdankt; für den heutigen Geschmack wirkt das einfältig und übertrieben.
Im nächsten Film HAEVNENS NAT (RACHE) spielt Christensen wiederum die Hauptrolle, und es gelingt ihm wesentlich besser; großes Lob erhielt er von der Kritik für seine Darstellung des Strong John, eines Mannes, der irrtümlich für viele Jahre ins Gefängnis kommt; obwohl er furchteinflößend aussieht, bleibt er doch immer anständig. (Die starken Ähnlichkeiten mit LES MISÉRABLES dürften kaum zufällig sein.)
Aber nicht nur die Art der Darstellung, sondern der Film insgesamt zeigt, daß Christensen keineswegs gewillt war, sich auf seinen Lorbeeren auszuruhen; die Machart ist der von DET HEMMELIGHEDSFULDE X noch überlegen; der Film ist vielleicht der kinematographisch stilsicherste des Jahres 1915 – weltweit.
Die erste Szene ist besonders bemerkenswert. Wir sehen Christensen (als Christensen) mit einem Modell des Hauses, in dem der größte Teil der Handlung sich ereignen soll. Er erklärt Karen Sandberg, die die weibliche Hauptrolle spielt, den Handlungsverlauf, während die Kamera geschickt herumbewegt wird. Dieses Herausstellen des Filmmachers fällt auch bei der Gestaltung des Programmheftes ins Auge: Ein Foto von Christensens Gesicht nimmt die gesamte Titelseite ein; es ist deutlich zu erkennen, daß er nicht das Make-up seiner Rolle trägt; das Programm stellt den einschüchternden Blick des meisterlichern Regisseurs aus.
Und in der Tat nimmt Christensen in Artikeln, die er 1919 und 1920 verfaßt, die moderne Theorie des Autorenfilms vorweg: »Wir müssen dahin kommen, daß die Aufgaben von Regisseur und Drehbuchautor nicht mehr getrennt sind, sondern zur einem einzigen Ganzen verschmolzen werden, wofür wir noch einen Namen finden müssen. In meiner Sprache ist es ein Bildermacher.«[3] Und an anderer Stelle: »Wir müssen näher an das Herzstück des Kinokonzepts herankommen. Wir müssen uns das Ziel setzen, das Kino wirklich zu verstehen, herausfinden, was es wirklich ist, so daß wir auf Gedanken, Ideen, soziale Anliegen stoßen, die auf eine insgesamt andere Weise ihren Ausdruck eher in Bildern als in Worten finden, (...) auf eine Art, die der Musik näher als dem Wort ist. Wir brauchen Filmautoren, oder besser: Filmkünstler, die ihre Film zugleich schreiben und Regie führen.«[4]
Zu dieser Zeit arbeitete Christensen schon an seinem bis dahin ehrgeizigsten Projekt: HÄXAN (DIE HEXE). Es ist ein kulturhistorischer filmischer Essay. Die Welt der Hexenhysterie ersteht in eindrucksvoller Form, mit Besenreiten, Hexenversammlungen und erstaunlich realistischen Dämonen. Christensen spielte selbst den Teufel – das Make-up war ein Meisterwerk mit warzenbedeckter Haut und einer langen Zunge, die einen abscheulich teuflischen Glanz aufwies. Die dominierende Anwesenheit Christensens ist den ganzen Film hindurch zu spüren. HÄXAN hat die Form einer populärwissen-

Michael (Carl Theodor Dreyer, 1923/24): Benjamin Christensen,

schaftlichen Lesung; daher taucht Christensen in den Zwischentiteln als
»Ich« auf.

In einer Sequenz werden ausführlich verschiedene Folterinstrumente vor
der Kamera ausgebreitet. Im Zwischentitel heißt es: »Eine meiner jungen
Schauspielerinnen wollte unbedingt die Daumenschraube ausprobieren; deshalb drehten wir die folgenden Bilder.« Darauf sehen wir das Gesicht der
jungen Frau im Profil vor einem nackten Hintergrund; die Hände streckt sie
nach vorn. Eine weitere Hand kommt ins Bild und bedient die Daumenschraube. Die junge Frau kichert, aber plötzlich fährt sie zusammen und
schreit vor Schmerzen. Es folgt ein weiterer Zwischentitel: »Ich decke den
Mantel des Schweigens über die schrecklichen Geständnisse, die ich in nicht
einmal einer Minute aus der jungen Dame herauspreßte.«

Der Film wurde von dem schwedischen Produzenten Charles Magnusson
finanziert, aber in Dänemark gedreht. Christensen überredete Magnusson
zum Kauf seines alten Studios, das in einem Vorort nördlich von Kopenhagen lag; 1917 hatte Christensen das Studio an die Astra verkauft.[5] Kauf und
Wiederinbetriebnahme des Studios trieben die Kosten für HÄXAN in noch
nie dagewesene Höhen. Während der Film in Dänemark und Schweden
höchst erfolgreich war, gab es andernorts erhebliche Zensurprobleme, die

die Verdienstmöglichkeiten ernsthaft einschränkten, so daß beträchtliche Verluste für Magnusson die Folge waren.

Die deutschen Zensoren machten den Film zum Opfer massiver Kürzungen, so daß von dem Originalfilm »nur ein Torso«[6] übrigblieb. Schon zuvor hatte Pommer den Film vor Angehörigen der deutschen Intelligenz, zumeist Künstlern und Studenten, in einer Privatvorstellung vorgeführt. Höchst beeindruckt lud er Christensen nach Deutschland zur Zusammenarbeit ein.

Bei Pommer jedoch hatte Christensen nicht den Spielraum für seine Fähigkeiten, wie er ihm zuvor gewährt worden war. Christensen erklärte hierzu in einem späteren Interview:»Nach HÄXAN (stand) ich zwei Jahre lang im Freien. Als ich schließlich bei der Ufa eine Chance erhielt, war ich gezwungen, unter allem Umständen das Markenzeichen abzureißen, das man mir angeklebt hatte: das des *literarischen Experimentators*«[7]. Deshalb begann er damit,»vollständig kommerzielle Filme« zu machen; der erste war SEINE FRAU, DIE UNBEKANNTE.

Der Film erzählt die Geschichte des jungen Künstlers Wilbur Crawford, der im Krieg sein Augenlicht verloren hat. Er berichtet seiner Mutter von einer aufregenden und unvergeßlichen Erfahrung, die er vor ein paar Jahren gemacht hat: Auf einem Ball traf er während der Karnevalszeit auf eine schöne und geheimnisvolle Frau, die, von unbekannten Feinden verfolgt, ihn um seinen Schutz bat. Als ritterlicher Kavalier lud er sie in sein Haus ein; trotz der wechselseitig verspürten Zuneigung schlief er auf seiner Couch. Am nächsten Morgen erschien ein Kerl mit grimmigem Gesicht, und die Frau verließ ihn – unter Hinterlassung einer hingekritzelten Dankesnotiz und eines Rings.

Die in Wilbur vernarrte Mutter bemerkt, wie wichtig diese Erinnerung für ihren Sohn ist, und entschließt sich, die Spur der geheimnisvollen Frau aufzunehmen. Durch einen Zufall entdeckt sie, daß die Frau eine Kriminelle war und in der Karnevalsnacht von der Polizei gesucht wurde. Da sie aber ihre Adresse herausgefunden hat, sucht die Mutter sie trotzdem auf und lädt sie zum Abendessen ein. Als sie nicht erscheint, bittet die Mutter eine junge Witwe um Rat; diese hat ihr zuvor bei der Suche geholfen und arbeitet beim Roten Kreuz.

Als die Witwe vor der Tür steht, nimmt der übereifrige Wilbur fälschlicherweise an, sie sei die geheimnisvolle Frau. Da sie nicht wagt, ihn zu enttäuschen, gibt sie vor, die Gesuchte zu sein. Sie und Wilbur treffen sich häufig; da die Geheimnisumwobene schließlich doch noch erscheint und alles aufgedeckt wird, hält Wilbur zur Witwe, die dann auch freudig seinen Heiratsantrag annimmt.

Ein amerikanischer Arzt operiert Wilbur und gibt ihm wundersamerweise sein Augenlicht zurück. Er kehrt aus Amerika zurück, um endlich seine Frau und sein Kind zu sehen. Unglücklicherweise stürzt er nach Verlassen des Schiffes auf eine andere Frau zu. Seine Frau Eva ist darüber wütend und zieht mit dem Baby und unter Mitnahme aller Bilder, auf denen sie zu sehen ist, zu einer Freundin. Wilbur folgt ihr, aber als sie sich weigert, von ihm in Augenschein genommen zu werden, schnappt er sich das Baby und kehrt nach Hause zurück.

Eva und Wilburs Mutter entwerfen daraufhin einen recht bizarren Plan. Da Wilbur das Kleinkind offenbar nicht selbst versorgen kann, wird eine Kinderschwester benötigt. Die Mutter nimmt Eva unter Vertrag; diese nimmt eine falsche Identität an. Der Rest des Films ist der Intrige gewidmet: Wird Wilbur die attraktive Kinderschwester oder die nie gesehene Ehefrau vorziehen? Merkwürdigerweise wäre es Eva lieber, daß er sich nicht als treuer Ehemann, sondern als Verehrer der attraktiven Kinderschwester erweisen möge.

Am Ende wird schließlich alles einer glücklichen Lösung zugeführt, aber die hier gegebene Zusammenfassung zeigt schon, daß die Handlungsführung des Films lächerlich kompliziert ist. Um sie zu entwickeln, sind eine Unmenge von Zwischentiteln erforderlich; der Film bringt es auf über 200. Darüber hinaus leidet der Film an einer Uneinheitlichkeit des Grundtons. Die ersten gut zwanzig Minuten vermitteln den Eindruck eines Melodramas; aber nachdem Wilbur das Augenlicht zurückbekommen hat, setzt sich die Salonkomödie durch.

In seinem schmalen Band über Benjamin Christensen, der einzigen längeren Studie, die einen Überblick über seine gesamte Karriere gibt, äußert sich John Ernst sehr abfällig über SEINE FRAU, DIE UNBEKANNTE.[8] Ernst hat sicher Recht, wenn er den uneinheitlichen Ton und die geschwätzige Handlungsführung kritisiert, und doch finden sich auch in diesem Film Spuren, die Christensens Hand verraten.

Es gibt gegen Ende des Films einige Aufnahmen, die das komplizierte Wechselspiel von Licht und Schatten zeigen, das Christensen so sehr mochte: Man sieht einen breiten nächtlichen Korridor, der nur vom Mondlicht erleuchtet wird, das schräg durch eine Reihe hoher Fenster auf der einen Seite einfällt; die Schatten der Fensterkreuze geben auf dem Boden und auf den Personen, die sich im Raum bewegen, Karomuster ab. Die Beleuchtung erfolgt durchweg durch Führungslichter und läßt so Gesichter und Details hervortreten. Ernst erachtet diese Beleuchtungsart als ungeeignet für eine Komödie, aber nach meinem Dafürhalten bietet sich eine andere Betrachtungsweise eher an. Diese Beleuchtungsart wird oft in Verbindung gebracht mit Eleganz und Stilisierung; nicht ohne Grund taufte es Cecil B. DeMille »Rembrandtlicht«. Ich denke, SEINE FRAU, DIE UNBEKANNTE war als gepflegter Film konzipiert.

Ernst mag den Stil für nicht adäquat halten, aber zu behaupten, der Film sei »*unprofessionell*«[9] scheint doch recht unfair, besonders wenn man bedenkt, daß – Lil Dagover teilt es in ihrer Autobiografie mit – der Film in nur vierzehn Tagen abgedreht wurde.

Die Ausleuchtung des Films erfolgte mit großem Sachverstand; eine Arbeit
des dänischen Kameramanns Frederik Fuglsang, der wie zahlreiche seiner
Kollegen, die in den Jahren nach 1913 nach Deutschland kamen, für die außergewöhnliche gute Qualität seiner Arbeit bekannt war.[10]
SEINE FRAU, DIE UNBEKANNTE wurde am 19. Oktober 1923 in Berlin uraufgeführt; zwei Monate später folgte die Erstaufführung in Kopenhagen; im
allgemeinen scheint der Film sowohl bei der Kritik als auch beim Publikum
ein Erfolg gewesen zu sein. Nach der kopenhagener Aufführung heißt es in
einer Notiz einer dänischen Tageszeitung, der Film sei »längere Zeit vor vollen Häusern in zwei der größten Berliner Kinotheater gelaufen.«[11] Ein dänischer Kritiker beklagt, daß »Benjamin Christensen der Versuchung erlegen
sei, wie schon in HÄXAN, seine Hauptdarstellerin in eine Serie von Situationen zu bringen, die in einer peinlich schmeichlerischen Art unsauber
sind.«[12]
Das ist sicher insofern richtig, als diejenigen Szenen am zwingendsten wirken, die Szenen erotischer Spannung zwischen den Charakteren sind. Wie
ein weiterer Kritiker anmerkt, leben diese Szenen allein durch das stumme
Spiel und brauchen keine Unterstützung durch Zwischentitel. Etwas davon
findet sich schon eingangs in der Karnevalsszene, aber ein eindringlicheres
Beispiel taucht später auf, als die Eifersucht Eva packt und sie, in der Maske
ihrer falschen Identität, nichts dagegen tun kann, daß ihr Gatte ein attraktives Modell in sein Studio mitbringt und die Tür schließt: Eva stellt sich die
verschiedensten bösartigen Dinge vor, die da zwischen den beiden vor sich
gehen könnten, und Christensen zeigt uns diese Vorstellungen mit beträchtlichem Behagen. Der letzten Szene, in der die Frage der Identität endlich gelöst wird, kommt es zugute, daß ihre Ausgestaltung der Spielintelligenz der
Darsteller überlassen wird.
Lil Dagover war zu dieser Zeit schon ein anerkannter Star. Das Lob, das sie
für ihr Talent als Komödiantin erhielt, tat ihrer Karriere keinen Abbruch.
Ein dänischer Kritiker fand sie jedoch »bei weitem zu teutonisch«[13] für ein
dänisches Publikum.
Weitaus wichtiger war der Film für die Karriere des männlichen Protagonisten. Die Rolle des Wilbur Crawford machte aus Willy Fritsch einen Star.[14]
In einem biografischen Artikel über Christensen wird behauptet, die Besetzung mit Fritsch sei gegen Christensens Wunsch erfolgt. Ich glaube nicht,
daß diese Behauptung den Tatsachen entspricht; in seinen Memoiren berichtet Fritsch mit keinem Wort von einer solchen Ablehnung (übrigens ist für
ihn Christensen »ein schwedischer Regisseur«[15]).
Lil Dagover beschreibt den Sichtungsvorgang für die Besetzung in allen Einzelheiten. Es wurden Probeaufnahmen mit einigen jungen Schauspielern
durchgeführt, aber Christensen war nicht zufrieden. Einem der Unbekannten sagte er, er bewege sich vor der Kamera »wie ein Blinde-Kuh-Spieler«.
Daraufhin wollte der Schauspieler, der dies ausgeprochen lustig fand, sich

vor Lachen ausschütten. Er lachte und lachte, und Christensen war fasziniert:»Lachen Sie weiter, Mann!« rief er aus. Die Kamera lief, und Fritsch
wurde engagiert. Lil Dagover nennt ihn den»Mann mit dem unwiderstehli-
chen Lächeln«. Zuschauer und Kritiker waren gleichermaßen bezaubert.[16]
Da man die Hauptrolle mit Fritsch besetzt hatte, mußte das Drehbuch um-
geschrieben werden. Der Film war ursprünglich als Melodrama konzipiert
gewesen: der Held sollte sein Augenlicht erst ganz am Ende wiederbekom-
men. Der ununterdrückbare Fritsch war augenscheinlich ungeeignet für eine
so düstere Geschichte; daher wurde aus dem Melodrama eine Komödie. So
läßt sich wohl die Uneinheitlichkeit des Tons in diesem Film erklären.
Direkt nach Abschluß der Arbeiten an SEINE FRAU, DIE UNBEKANNTE wandte sich Carl Theodor Dreyer an Christensen und bat ihn, den»Meister« in
seinem Film MICHAEL zu spielen. Christensen sagte zu. Pommer stand dieser
Idee recht skeptisch gegenüber: Zwei Regisseure in gemeinsamer Arbeit an
einem Film – das mußte doch ins Desaster führen.
Die Funken flogen. Einmal nahm Dreyer Christensen beiseite und sagte:
»Laß uns nachdrücklich und deutlich argumentieren, aber ich denke, wir
sollten uns soweit einig sein, daß wir das Wort ›Idiot‹ nicht gebrauchen, da
es dasselbe in allen Sprachen bedeutet.«[17] Schließlich gewannen gegenseiti-
ger Respekt, Professionalimus und künstlerischer Instinkt die Oberhand.
Wenn MICHAEL auch kein typischer Dreyer-Film ist, da er in eine etwas kopf-
lastige Fin de Siècle-Dekadenzstimmung eingehüllt ist, bleibt er doch ein
Wunder und ein Quell der Freude, ein wahrhaft außergewöhnlicher Film.
In seinem gewichtigen Buch über das Kino Dreyers weist Edvin Kau Christensens schauspielerischen Stil als theatralisch, exzessiv und unseriös zurück.[18] Dem kann ich nicht zustimmen. Bei Betrachtung von MICHAEL sollen
wir ja unsicher bleiben, ob der Meister ein Genie oder ein Scharlatan ist.
Christensen vermittelt dies auf perfekte Weise. Viele Jahre später betrachtete
Dreyer MICHAEL immer noch als einen seiner Filme, dessen schauspielerische Umsetzung in höchstem Maße gelungen sei. In MICHAEL darf
Christensen den in die Länge gezogenen, intensiven close-up ausspielen, der
in den meisten Dreyer-Filmen den Höhepunkt bildet. Ebbe Neergard
schreibt:»In voller Übereinstimmung mit seinen Schauspielern legt Dreyer
Film für Film die Schichten des menschlichen Gesichts frei, um das Innerste
freizulegen. Ein Schauspieler nach dem anderen gibt das ungeschminkte,
nackte Talent frei, das er (oder besonders sie) bisher verborgen hatte.«[19]
MICHAEL wurde am 26. September 1924 in Berlin uraufgeführt, die kopenhagener Premiere erfolgte zwei Monate später. Wenn auch kein Kassenschlager, wurde der Film als künstlerischer Triumph gefeiert, nicht zu einem
geringen Teil wegen Christensens darstellerischer Leistung. Meines Erachtens fand der Kritiker der BZ am Mittag die richtigen Worte:»Wir lernen
Benjamin Christensen, nach seinen vorzügliche Leistungen mit HÄXAN und
SEINE FRAU, DIE UNBEKANNTE, als wundervoll begabten Darsteller kennen.

Er arbeitet mit einfachen Mitteln und in seltener Konzentration, weiter angelegt als das wirkliche Leben und völlig überzeugend. Er vereint Vornehmheit mit feierlichem Ernst, äußere Ruhe mit tiefster seelischer Ausdruckskraft.«[20]

In der Berliner Morgenpost hieß es: »Seine Zukunft in deutschen Filmen dürfte gesichert sein«[21], aber Christensens Tage in Deutschland waren gezählt. Er führte Regie bei einem weiteren Ufa-Film: DIE FRAU MIT DEM SCHLECHTEN RUF; dieser ist verlorengegangen. Der Film basierte auf dem Roman des Engländers Grant Allen, eines Chronisten zeitgenössischer Sitten und des theosophischen Mystizismus. Das 1894 veröffentlichte Buch mit dem Titel »The Woman Who Did« war ein gelinde skandalöser Beitrag zur Debatte über die freie Liebe: Es geht um eine Frau, die sich aus freien Stücken dafür entscheidet, ein uneheliches Kind zu bekommen.

Christensen spottete über diese »Geschichte für junge Damen«[22]. Der Film wurde das Opfer einer Überdosis an Internationalität: Die Stars waren die Russin Alexandra Sorina, der Amerikaner Lionel Barrymore, der Deutsche Gustav Fröhlich und der Engländer Henry Vybart. Keiner konnte offenbar irgend jemand anderen verstehen. Der Drehplan war so knapp bemessen, daß sich der Einsatz von Dolmetschern verbot.

Als der Film, den Christensen später den »größten, zum Himmel schreienden Fehlschlag meines Lebens«[23] nannte, endlich, am 12. Dezember 1925, uraufgeführt wurde, war Christensen schon fast ein Jahr in Hollywood. Er machte dort eine ganze Reihe von Filmen, aber nach Einführung des Tonfilms blieb er ohne Engagement. Er kehrte Mitte der dreißiger Jahre nach Dänemark zurück und drehte schließlich vier weitere Filme, bevor er die Lizenz für ein Kino in einem kopenhagener Arbeitervorort bekam.

1954, vier Jahre vor seinem Tod, äußerte er gegenüber einem Interviewer: »Ich würde mir wünschen, daß irgendein junger dänischer Regisseur sich sagen würde: Ich will, koste es, was es wollle, alle Anstrengungen unternehmen, mit dem Ziel, daß man überall in der Welt wieder über den dänischen Film spricht.«[24]

Bis zu seinem Tod blieb Benjamin Christensen ein Internationalist mit der festen Überzeugung, daß Grenzen für einen wahren Filmkünstler keine unüberwindbaren Hindernisse sein sollten.

1) Benjamin Christensen: Hollywood og Damhussøen. Interview mit Toby. In: Berlingske Aftenavis, 6.5.1952. – 2) Benjamin Christensen: Interview. In: Politiken, 9.3.1941, zit. nach Claus Ib Olsen: Benjamin Christensen. Hans film og hans rolle i dansk filmproduktion 1912-1922. Magisterarbeit an der Universität Kopenhagen 1974, S. 19. Christensen erzählt in einem späteren Interview diese Geschichte noch einmal; vgl. das Interview mit Erik Pouplier in: Ekstrabladet, 24.9.1954. – 3) Benjamin Christensen: Interview. In: Svenska Dagbladet, 5.2.1920, zit. nach Olsen, S. 144. – 4) Benjamin Christensen in: Svenska Dagbladet, 1919?, zit. nach Olsen, S. 144. – 5) Vgl. hierzu den Beitrag von Carl Nørrestedt in diesem Band. – 6) Olsen, S. 138. – 7) Tage Heft: Klip af en Livsfilm. In: Politiken, 26.3.1939. – 8) John Ernst: Benjamin Christensen. Kopenhagen: Det Danske Filmmuseum 1967, S. 21. Der Film ist anderweitig kaum einmal kommentiert worden und dürfte wohl Christensens unbekanntestes Werk sein. – 9) Ebd. Hervorhebung im Original. – 10) Vgl. zu Fuglsang den biografischen Anhang in diesem Band. Die dortigen Angaben stammen von Casper Tybjerg – M.B. – 11) Undatierte und nicht identifizierte kopenhagener Tageszeitung. – 12) Benjamin Christensen-Premièren i Gaar. In: Nicht identifizierte kopenhagener Tageszeitung, 28.12.1923. – 13) Ebd. – 14) Fritsch war zu diesem Zeitpunkt noch unbekannt; er hatte ein paar Komparsenrollen an Max Reinhardts Deutschem Theater gehabt und in zwei kleineren Filmkomödien gespielt, in denen Viggo Larsen der Star war. – 15) Willy Fritsch: ... das kommt nicht wieder. Erinnerungen eines Filmschauspielers. Stuttgart: Classen 1963, S. 14. – 16) Lil Dagover: Ich war die Dame. München: Schneekluth 1979, S. 149-151. – 17) Vgl. Heft. – 18) Edvin Kau: Dreyers filmkunst. Kopenhagen: Akademisk Forlag 1989, S. 105. – 19) Ebbe Neergaards Bog om Dreyer. Kopenhagen: Dansk Videnskabs Forlag 1963, S. 106. – 20) Zit. nach Arnold Hending: Herman Bang og Filmen. Kopenhagen 1957. – 21) Ebd. – 22) Benjamin Christensen in einem Brief an Ove Brusendorff vom 25.3.1939, zit. nach Ernst, S. 22. – 23) Ebd. – 24) Benjamin Christensen: Interview von 1954, zit. nach Ernst, S. 49.

Carl Nørrestedt

KOPENHAGEN – BERLIN – KOPENHAGEN
Olaf Fønss (1882-1949)

Frühe Theater- und Filmrollen

Olaf Holger Axel Fønss wurde am 17.10.1882 in Aarhus/Jütland geboren. Er entstammt einer bürgerlichen Familie (der Vater war Schulleiter). Sein Bruder Johannes (geb. 1884) debütierte 1905 als Baß in Kopenhagen; als Wagnersänger erhielt er später zahlreiche Engagements in Deutschland. Sein Bruder Aage (geb. 1887) war Schauspieler und Bariton; er begann seine Karriere 1906 am Dagmarteatret in Kopenhagen; ab 1910 bekam er bei der Fotorama kleinere Filmrollen. Er sollte stets im Schatten des älteren Bruders stehen. Olaf Fønss ging 1899 (siebzehnjährig) nach Kopenhagen. Sein erstes Engagement erhielt er am Dagmarteatret in dem Stück »Fulvia« von H. V. Kaalund. Leiter des Theaters war bis 1910 Professor Martinus Nielsen; danach wurde es von Adam Poulsen übernommen, dem Kopf der Theaterbewegung »Scenekunsten Fremme« (Fortschritt der Szenekunst). Die Rollen, die Fønss hier bekam, standen sämtlich in der bürgerlichen Theatertradition – ohne Beziehungen zu moderneren Theaterbewegungen. In der Saison 1911/12 verließ Fønss das Dagmarteatret und bekam seine erste Filmrolle beim Skandinavisk-Russisk Handelshus. Diese Filmgesellschaft hatte einen gewissen Erfolg mit ihren Sensationsfilmen (mit Emilie Sannom).

Für Fønss war zu diesem Zeitpunkt der Film wesentlich industrielles Produkt, das sich vorrangig mit der Umsetzung von Hintertreppenromanen und Sensationen beschäftigte; doch hielt er das neue Medium für durchaus geeignet, die stumme Schauspielkunst wiederzugeben. Zu dieser Überzeugung gelangte er, nachdem er einen künstlerischen Film mit Mounet-Sully gesehen hatte. Es dürfte der Film BAISER DE JUDAS (Armand Bour, 1908) gewesen sein. Fønss blieb acht Monate beim Skandinavisk-Russisk Handelshus und spielte vier Rollen. Sein Debüt gab er in dem ausgesprochenen Sensationsfilm DØDSRIDTET (Kay van der Aa Kühle, UA: 10.7.1912). Der nächste Film war eher melodramatisch und hieß BRYGGERENS DATTER (Rasmus Ottesen nach einem Manuskript von Carl Theodor Dreyer). Fønss spielte einen guten und ehrlichen Brauereiarbeiter, der sich um die Liebe der Tochter des Brauereibesitzers (Emilie Sannom) bemüht; aber der Vater will seine Tochter dem intriganten Geschäftsführer geben. Danach drehte Fønss zwei

Atlantis (August Blom, 1913)

Filme bei der Alfred Lind Film. Diese Gesellschaft wurde wenig später für ihre Zirkusfilme in Deutschland bekannt. Die beiden unter der Regie von Alfred Lind hergestellten Filme hießen ALT FOR FAEDRELANDET (UA: 7.7.1913) und AF EN OPDAGERS DAGBOG/DEN GYLDNE ROSE (UA: 27.7. 1913). In seinen Erinnerungen bemerkte Fønss später über diese Filme, er habe damals mit einem systematischen Studium der Körpersprache im Film begonnen; seine Gestik sei deutlich sparsamer geworden.

Nordisk Films Kompagni

Von 1913 datiert der erste Kontakt zur Nordisk Films Kompagni. Fønss sollte während seines folgenden Engagements für die Nordisk immer auf Distanz zu deren Chef Ole Olsen bleiben, sogar eine gewisse Verachtung für ihn zeigen.[1] Fønss wurde zumeist in Literaturverfilmungen eingesetzt. Im Gegensatz zum Spitzenstar der Nordisk Valdemar Psilander wurde er nicht auf bestimmte Rollenstereotype festgelegt. 1913 spielte Fønss in nicht weniger als elf Nordisk-Filmen; er arbeitete dabei mit den vier besten Regisseuren der Gesellschaft: August Blom, Holger-Madsen, Robert Dinesen und Eduard

Schnedler-Sørensen. Er begann mit ET BANKRUN (WER ANDERN EINE GRUBE GRÄBT/DER PRESSEPIRAT) von August Blom (UA: 24.4.1913). In zwei erotischen Melodramen spielte Fønss an der Seite von Betty Nansen, in dem Zirkusfilm BRODER MOD BRODER (ZWEI BRÜDER) (Robert Dinesen, UA: 9.10.1913) auch das erste und einzige Mal mit seinem Bruder Aage zusammen. Seine größte Rolle bei der Nordisk bekam er in ATLANTIS (August Blom, UA: 26.12.1913), wo er den Dr. Friedrich von Kammacher spielte. Dieser Film voller Weltschmerz war auf den Geschmack des deutschen Publikums zugeschnitten. Seine Traumvisionen wirkten kaum stilisiert und hatten mit ›expressionistischen‹ Stilmitteln noch nichts gemein. Die Symbole aus Hauptmanns Roman wurden nur schwerfällig umgesetzt und wirkten eher wie Fremdkörper im Handlungsverlauf. Es dürfte wahrscheinlich wesentlich gelungenere Traumpassagen in der Variation des Faust-Stoffs DEN MYSTISKE FREMMEDE (DER MYSTERIÖSE FREMDE; Holger-Madsen, UA: 21.5. 1914) gegeben haben; dieser Film ist leider verloren.

Nach dem Erfolg von ATLANTIS machte Fønss Urlaub in München bei seinem Bruder Aage, der dort an der Oper engagiert war. Während seiner Deutschlandreise erkannte Fønss seine Popularität in Deutschland und trat mehrfach bei Premierenveranstaltungen auf. 1914 spielte er wiederum elfmal für die Nordisk, aber künstlerische Herausforderungen waren nicht darunter. Befriedigung empfand Fønss 1914/15 lediglich in seiner Rolle als Frants von Tilling in der Bertha von Suttner-Verfilmung NED MED VAABNENE (DIE WAFFEN NIEDER!; Holger-Madsen, UA: 18.9.1915). Das Manuskript hatte Carl Theodor Dreyer geschrieben. Die übrigen zehn Filme des Jahres waren Spannungs- und Zirkusfilme. Fønss mußte mit ausgesprochenen Nichtschauspielerinnen wie der Tänzerin Rita Sacchetto und der Kunstreiterin Baptista Schreiber zusammen spielen: in LILLE TEDDY (DER ZIRKUS IN FLAMMEN; UA: 12.9.1915) und DEN HVIDE RYTTERSKE (DIE WEISSE REITERIN; UA: 27.5.1915); Regie führte in beiden Fällen Alfred Cohn. Auch 1915 sollte kein besseres Jahr werden. Fønss trat in acht kleineren Rollen auf, unter anderem in dem von Sandberg inszenierten Western COWBOYHELTEN (DER FLUCH DES DIAMANTEN; UA: 10.12.1915). Auch der frühere Direktor des Dagmarteatret inszenierte ganz konventionell zwei Filme, in denen Fønss auftrat: GULDRINGENS HEMMELIGHED (DER RING DES PHARAONEN; UA: 25.4.1916) und SELSKABSDAMEN (DAS SÜHNEOPFER; UA: 7.8.1916). Eine Rolle in dem visionären VERDENS UNDERGANG (DAS JÜNGSTE GERICHT; UA: 28.3.1916) bildete den vorläufigen Abschluß seiner Karriere bei der Nordisk. Fønss hatte zusammen mit anderen Schauspielern, darunter Valdemar Psilander, einen regelrechten Aufruhr gegen Ole Olsens Verwaltungschef Alfred Staehr angezettelt.[2] Die Konsequenz war, daß Fønss im Oktober 1915 die Nordisk verließ; die Nordisk setzte aber alles daran, Psilander noch für das Jahr 1916 zu halten und verpflichtete ihn noch einmal für zehn Filme. Psilanders letzter Film EN SKUESPILLERS KAERLIGHED (DIE LIEBESGE-

Homunculus (Otto Rippert, 1916)

SCHICHTE EINES SCHAUSPIELERS) kam erst am 5.3.1920 zur Uraufführung.[3]
Für 1917 plante Psilander die Gründung der Gesellschaft Psilander-Film.

Homunculus und Deutsche Bioscop

Ein halbes Jahr war Fønss ohne Arbeit; er ging zu seinem Bruder Johannes
nach Berlin. Dieser verhandelte mit den Leitern der Deutschen Bioscop Lippert und Robert Reinert (künstlerischer Direktor und Verfasser des HOMUN-
CULUS-Manuskripts). Johannes zeigte kein Interesse für die Pläne der Bioscop und brachte seinen Bruder Olaf ins Gespräch. Aber die Vertreter der
Bioscop sollen zunächst bemerkt haben (so heißt es jedenfalls in den Erinnerungen von Olaf Fønss »Krig Sult og Film«, 1932): »Wir wollen doch nicht
den hübschen Fønss haben.« Olaf Fønss aber erhielt dann schließlich doch
die Hauptrolle in HOMUNCULUS. Der sechsteilige Film wurde zwischen Mai
und Oktober 1916 von Otto Rippert realisiert. (Erhalten ist nur der vierte
Teil DIE RACHE DES HOMUNCULUS). Der Film weist thematisch, kaum stilistisch, Verwandtschaft zum deutschen Expressionismus auf; unübersehbar
ist in der konventionellen Dramaturgie der Einfluß des Nordisk-Stils. Der

von Wissenschaftlern geschaffene Mensch ist ohne Seele und kann demzufolge menschliche Liebe nicht teilen. Deshalb muß er – jenseits von Gut und Böse – die Menschen hassen; entweder flieht er in die Einsamkeit, oder er stellt sich als rächender Heeresführer an die Spitze der Unzufriedenen. Seine Erscheinung im wehenden Umhang läßt die deutsche Romantik assoziieren. Der verbliebene vierte Teil zeigt Fønss in Handlungen, die eine Art Vorgriff auf den Expressionismus sind; Verbindungen lassen sich auch zur JUDEX-Serie Feuillades ziehen. Die Dekorationen wirken mittelalterlich und sind in clair-obscur-Effekte getaucht. Der zentrale vierte Teil zeigt uns Homunculus als Richard Ortmann, eine Art Ratsvorsitzenden. Der Humanist Svend Fredland (Theodor Loos) will, daß die Liebe das Verhältnis der Menschen zueinander bestimmt, Ortmann will mit Gewalt die Unzufriedenen vernichten. Dem Homunculus sind offenbar menschliche Begierden nicht fremd (sie werden – scheint es – nicht den Gefühlen zugerechnet): Er versucht, seinen dämonischen Einfluß auf zwei elternlose Mädchen auszuüben. Eines dieser Mädchen verführt die unwissenden Arbeiter zum Aufruhr. Ansatzweise zeigt sich hier schon Motive Anlage von METROPOLIS; am deutlichsten wohl in der Figur Svend Fredlands. HOMUNCULUS wurde in Dänemark in fünf Teilen gezeigt. Er brachte Fønss wieder ins Bewußtsein des dortigen Publikums.

Produzent in Dänemark 1917 – 1920

Valdemar Psilander starb am 6.3.1917. Kurz vor seinem Tode hatte er für die Psilander-Film noch sieben Filme geplant; aber keiner konnte realisiert werden. Die Firma wurde vom Vorsitzenden der Gesellschaft, dem Konsul I. C. Stannow, übernommen. Er holte Fønss in die Leitung. Fønss arbeitete mit den Kräften weiter, die Psilander engagiert hatte: Es waren dies die Schauspieler Clara Wieth, Augusta Blad, Valdemar Möller, Cajus Bruun, Robert Schmidt, Gudrun und Hugo Bruun und der Kameramann Johan Ankerstjerne. Zum Vorsitzenden wurde der Regisseur Fritz Magnussen gewählt, der ein Jahr zuvor in Schweden als Regisseur debütiert hatte. Er verfaßte für die Dansk Film Compagni 1917 sechs Manuskripte und führte bei diesen Projekten Regie. Die siebte Produktion des Jahres wurde von Alfred Cohn inszeniert. Das Programm der Gesellschaft formulierte Fønss wie folgt: »Was das Publikum im allgemeinen sehen will, sind Filme mit einer starken Handlung. Das heißt aber nicht Handlung im Sinne von Zugunglücken, Autorennen, Absprüngen von Kirchtürmen usw., sondern innere Handlung. Große Seelenbewegungen, gewaltige Kämpfe und Konflikte des Charakters, in denen Gut und Böse als ebenbürtige und tödliche Feinde kämpfen.«[4] Die erste Premiere der neuen Gesellschaft war GENGAELDELSENS RET. Der Film wurde, wie auch alle weiteren der Gesellschaft, im kopenhagener Zentrumtheater Kinografen gezeigt. In dieser wie auch in den beiden folgenden Produktionen spielte Fønss mit dem vormaligen Nordisk-Star Clara Wieth. Man war nicht sehr experimentierfreudig, aber Johan Ankerstjerne arbeitete in DOMENS DAG (UA: 19.11.1918) in einer Sequenz, die Seelenpein zeigen sollte, mit immerhin 13 Überblendungen; diese Sequenz war ein Vorgriff auf die Visualisierungseffekte in Pabsts GEHEIMNISSE EINER SEELE (1926). Die meisten Filme des ersten Produktionsjahrs standen in der sehr theatralischen Tradition der Nordisk Films Kompagni.

Im Dezember 1917 eröffnete Svend Kornbech mit Unterstützung der Dansk Film Compagni eine Filmschule. Lehrkräfte waren Fønss und Aage Hertel. Man produzierte SKSAEBNESSVANGRE VILDFARELSER (UA: 12.9.1918). Der Film blieb unbeachtet; die Schule wurde kurz darauf geschlossen.

Die Dansk Film Compagni hatte sich unterdes einigermaßen etablieren können, weil Fønss vom Verleih den gleichen Meterpreis wie Psilander bei der Nordisk verlangte. Im Jahre 1918 wurde die Firma umstrukturiert; Stannow fungierte nun als ökonomischer, Fønss als künstlerischer Direktor. Die Gesellschaft nannte sich jetzt Dansk Astra Film. Die Projekte wurden ambitionierter. Man produzierte 1918 sieben Filme, sechs unter der Regie von Magnussen, einer wurde von Fønss inszeniert, nämlich HAEVNEREN (UA: 18.8.1918). 1919 produzierte die Gesellschaft nur vier Filme. Regie führten Martinius Nielsen (REPUBLIKANEREN, UA: 31.7.1923), Fønss (SAMVITTIVGHEDSKVALER (GEWISSENSQUALEN; UA: 17.5.1920) und zweimal Magnussen. Das aufwendigste Projekt dieses Jahres war Mangnussens EN AFTENSCENE (UA: 17.2.1920) nach einer Vorlage des Romantikers Christian Winther. Die groß inszenierten Außenaufnahmen verrieten Einflüsse von Sjöström und Stiller. Am experimentierfreudigsten zeigte sich Fønss. Sein nach einem Manuskript von Christian Nobel entstandenes Seelendrama zeigte nur eine Person, einen Börsenspekulanten (von Fønss gespielt), der in den Ruin treibt. Seine Geliebte verläßt ihn; darauf tötet er sie in einem Wutanfall. Er findet wieder gesellschaftliche Anerkennung, aber seine Gewissensqualen lassen ihn nicht zur Ruhe kommen. Er stellt sich schließlich der Polizei und stirbt in einer Zelle. Fønss agiert völlig allein; nur einmal ist der Arm seiner Geliebten zu sehen. Der Film hat keine Zwischentitel.

Letzte Starrollen in Deutschland

Die Firma war Astra genannt worden, weil Stannow vertragliche Beziehungen zur deutschen Astra hatte. 1920 nahm Stannow Verhandlungen mit der Deutschen Bioscop auf – mit dem Ziel einer Übernahme der Astra durch die Bioscop. Die dänische Firma sollte liquidiert werden. Fønss wollte aber nicht mit Erich Pommer zusammenarbeiten[5] und nahm Kontakt zu Goron für die Deutsche Bioscop auf. Goron gründete 1920 eine eigene Produktionsfirma, die Goron Films. Die Deutsche Astra stellte die Produktion 1921 ein, und Fønss folgte Goron, als er seinen Vertrag mit der Deutschen Bioscop kündigte. Hieraus resultierte der einzige Kontakt von Fønss zu Murnau. Er spielte in GANG IN DIE NACHT (1920), einem weniger bedeutenden Werk Murnaus; eine stilistische Weiterentwicklung Murnaus zeigt sich erst in SCHLOSS VOGELÖD (1922). In GANG IN DIE NACHT mischen sich Elemente des Kammerspiels, die Tradition des dänischen erotischen Melodramas und expressionistisch angelegte Spielweise; letzteres besonders deutlich bei Conrad Veidt, der den blinden Maler spielt. Es ist ein bemerkenswert pathetischer Film: Die beiden Männer in dieser Dreiecksgeschichte werden mit »Natur« in Verbindung gebracht, der Maler außerdem mit »Licht«; insofern ein gewisser Kontrapunkt zu NOSFERATU. Besonders bei Fønss ist ein Rückfall in einen frontalen Spielstil auffällig.

Nach einem weiteren Film für die Goron Films (EHRENSCHULD), wieder nach einer Vorlage der Dänin Harriet Bloch und ganz im traditionellen Nordisk-Stil inszeniert, spielte Fønss seine letzte deutsche Starrolle als Architekt Herbert Rowland in dem Zweiteiler DAS INDISCHE GRABMAL (1921) von Joe May.

Letzte große Filmrollen in Dänemark

Nach Dänemark zurückgekehrt, bekam Fønss keine Filmengagements mehr; er spielte aber weiterhin Theater. 1923 inszenierte er noch einmal für eine Tageszeitung einen Film: FILMENS KULISSER – B.T.S AMATØRFILM.

Fønss war sehr verbittert, weil er in der Zeit seiner künstlerischen Krise vom Justizministerium keine Kinokonzession bekam. Es mag aber auch sein, daß durch ein Versehen die Konzession an seinen Bruder Johannes ging.

Spät, zu spät, entschloß er sich, im Jahre 1924 die USA zu erobern. Er hatte ein Manuskript mit einem Wikingerstoff (»Leif den Røde«) im Gepäck, als er nach Amerika kam. Gedacht war es für Douglas Fairbanks und den Regisseur Thomas Ince; aber Ince war gerade gestorben. Andere Hollywood-Regisseure zeigten überhaupt keine Neigung, einen dänischen Produzenten zu unterstützen. Fønss' amerikanisches Abenteuer dauerte drei Monate.

Zum Zeitpunkt seiner Rückkehr versuchte die Nordisk ein letztes Mal, verlorenes Terrain auf dem europäischen Markt wiederzugewinnen. Man startete eine Offensive mit einigen Dickens-Verfilmungen von A. W. Sandberg; aber die Bemühungen waren vergeblich.[6]

Dann spekulierte man mit FRA PIAZZO DEL POPOLO (IM BANNE DER EWIGEN STADT) 1925 noch einmal auf den deutschen Markt, aber der Film blieb trotz aufwendiger Kameraarbeit ziemlich unbemerkt. In diesem Film spielte Fønss zum letzten Mal in Dänemark.

Letzte Filmrollen

Fønss setzte in Dänemark seine Theaterkarriere fort; in Deutschland wirkte er zwischen 1926 und 1929 noch einmal in vier Filmen mit: in SPITZEN (nach einem Roman von Paul Lindau), 1926 für die National Film von Holger-Madsen inszeniert, DIE WAISE VON LOWOOD (1926) von Kurt Bernhardt für die Nestor-Sternheim und 1929 in zwei Filmen der Deutschen Universal: ICH LEBE FÜR DICH (Wilhelm Dieterle) und DIE SELTSAME VERGANGENHEIT DER THEA CARTER (Joseph Levigard).

Eine Tonfilmkarriere blieb Fønss versagt. Man sah ihn lediglich in dem Porträtfilm OLAF FØNSS, der 1933, gefördert vom Schauspielerverband, gedreht wurde, als Fønss zum Vorsitzenden des Verbandes gewählt wurde. Seine größte Rolle im Tonfilm spielte er in dem abendfüllenden Werbefilm VASK VIDENSKAB/VELVÆAERE (WÄSCHE – WASCHEN – WOHLERGEHEN) (1932), einer Ufa-Produktion im Auftrag der Firma Henkel in mehreren Sprach-Versionen. Der letzte Teil des Films war übrigens eine Farbproduktion. Regie führten Johannes Guter (deutsche Version) und Holger-Madsen (dänische Version).

Fønss war in verschiedenen Organisationen aktiv, unter anderem als Mitglied der Sozialdemokratischen Partei Dänemarks. Für die Partei inszenierte er zwei abendfüllende Propagandafilme, nämlich DEN STORE DAG (1930) und UNDER DEN GAMLE FANE (1932). Seit 1927 war er Mitglied des Schauspielerverbandes und 1933-47 dessen Vorsitzender; 1936 auch Vorsitzender des Nordisk Skuespillerrad (Nordischer Schauspielerrat).

Zensor und Kinokonzession

Wegen seiner Verdienste wurde er in der sehr problematischen Periode von 1932 bis 1946 zum Filmzensor ernannt. Seine Überlegungen zu dieser Aufgabe konnte man am 5.7.1933 der Tageszeitung Socialdemocraten entnehmen: »Wir richten unsere Aufmerksamkeit natürlich in erster Linie auf alles, was möglicherweise Demonstrationen und Tumulte provozieren könnte. Daher wird konsequent alles verboten, was kommunistisch, nationalsozialistisch oder faschistisch ist. Damit setzen wir die seit dem Kriege eingeschlagene Linie fort. – Aber die Wochenschauen? Die deutsche UFA-WOCHE ist ja allmählich eine Verherrlichung von Hitlers Drittem Reich. – Hier ist es schon etwas schwieriger. Die Wochenschauen sind die ›Zeitung‹ des Films. Die Ereignisse, die in der Welt draußen passieren, muß man zeigen dürfen. In diesem Punkt muß Freiheit für alle Seiten herrschen. Das heißt: Wir sorgen dafür, daß sämtliche Sequenzen, die Ruhe und Ordnung im Kino stören könnten, entfernt werden. Wir verbieten, was eventuell Unruhen auslösen könnte. – Wenn aber die Propaganda in einen ›harmlosen‹ Unterhaltungsfilm eingebettet ist? – Dann hängt es davon ab, wie aufdringlich die Propaganda ist, und ob sie besonders überwiegt.«

Er wollte eine künstlerische Zensur einführen und Prädikate (»künstlerisch wertvoll«) verleihen. Den so bewerteten Filmen sollte die Vergnügungssteuer um 20 bis 40% nachgelassen werden. Die Wertungen paßten sich aber überdeutlich deutschen Interessen an.

Als Fønss keine Filmrollen mehr bekam, betätigte er sich als fleißiger und zuverlässiger Memoirenschreiber. Es entstanden: »Filmserindringer gennem 20 Aar« (1930), »Tysk Skuespilkunst« (1932), »Krig, Sult og Film« (1932), »Den stumme Kunst og den talende Film« (1936) in dem Sammelband »Danmark i Fest og Glaede«. Seine letzten Bücher widmete er seinem Lieblingsgegenstand, dem Theater: »Thalias tilbedelse« (1948) und »Fra Dagmar Teatrets Glansperiode« (1949). Auch einen sehr altmodischen Liebesroman hat er veröffentlicht: »Fru Majas Dagbog« (1932).

1946 schließlich bekam er seine Kinokonzession für das Zentrumtheater World Cinema, das im Sommer als Zirkus diente. Für ein modernes Repertoire hatte Fønss allerdings kein Gespür; das Kino führte er bis zu seinem Tod 1949.

---

1) Olaf Fønss: Filmserindringer gennem 20 Aar. Kopenhagen 1930, passim. – 2) Ebd., S. 146 ff. – 3) Die Nordisk verteilte die rasch hintereinander produzierten Psilander-Filme übers Jahr: pro Monat erschien (auch nach dem Tod Psilanders) ein Film. – 4) Zit. nach Arnold Hending: Olaf Fønss. Kopenhagen 1943, S. 140. Übersetzt von C.N.– 5) Olaf Fønss: Krig, Sult og Film. Kopenhagen 1932, passim. – 6) 1926 versuchte übrigens die Nordisk noch einmal ihr Glück mit dem deutschen Regisseur Georg Jacoby; aber die Unternehmung endete im Desaster.

Heide Schlüpmann

OHNE WORTE
Asta Nielsen als Erzählerin im Kinodrama

Die Krise des modernen Dramas

Die Kinodramen Urban Gads und der Nielsen sind auf den ersten Blick soziale Dramen.[1] Sie sind es jedoch etwa so, wie Strindbergs »Gespenstersonate« sich als Gesellschaftsdrama gibt. Mit »Gespenstersonate«, schrieb Peter Szondi in den fünfziger Jahren, kehrte Strindberg aus den Versuchen mit dem Stationendrama zur geschlossenen Form des Gesellschaftsdramas zurück, aber zugleich trat hier das epische Ich in der Verkleidung einer dramatischen Person – der des Direktors Hummel – auf die Bühne.[2] Szondi stellte nicht ohne Erstaunen fest, daß Strindberg dies offenbar selbst nicht gesehen hatte und daher den Fehler machte, diese dramatische Person mitten im Stück sterben zu lassen. Als ›Fehler‹ erscheint das nur im Blick auf den Fortschritt in der Theatergeschichte, im Blick auf das epische Theater der zwanziger Jahre, das die fortschrittliche Germanistik interessierte. Aus der Perspektive des Kinos der zehner Jahre ließe es sich als Versuch sehen, dem Spiel der Schauspielerin als einer anderen Vertreterin des erzählenden Ich Raum zu geben. Denn thematisch, bemerkt Szondi, geht die Rolle des Direktors Hummel – das Vampiristische – an die Köchin über – aber formal gibt das Drama diese Rolle bei ihr nicht vor. Das Filmdrama enthält jedoch die Möglichkeit, eine Form zu finden, in der die Köchin die Rolle des epischen Ich in der dramatischen Person übernehmen kann: indem sie sich weigert, das Sprachrohr des Autors zu sein und statt dessen die Kamerawirklichkeit, *ihre* Kamerawirklichkeit zur Sprache bringt.
Die Nielsen geht nicht in der Verkörperung einer dramatischen Person auf. Ihr filmischer Körper konstituiert sich vor allem im Verhältnis zur Kamera. Aber wie bringt sie die Kamerarealität zur Sprache? Wie vermag sie mit Hilfe der Kamera zu erzählen? Denn liegt nicht alle Erzählung im Bann des Dramas und damit in Abhängigkeit vom Autor? Die Sprachgewalt körperlicher Mimik und Gestik der Nielsen ist legendär; daß sie in einem revolutionären Verhältnis zur Tradition literarischer Sprache steht, betonte Béla Balázs Anfang der zwanziger Jahre.[3] Genauer betrachtet hat er dieses Verhältnis nicht, vielleicht aus verständlichem Grund. Denn die Möglichkeit, daß die Nielsen in der Protagonistin des Films ein anderes Erzähl-Ich bildet, setzt als erstes den Untergang des Autors im Drama voraus – wie er in der

»Gespenstersonate« vor aller Augen geschieht. Der Autor feierte im Weimarer Kino aber fröhliche Urständ. Doch nur dasjenige Drama, das seinen Autor überlebt, konnte zum Ort der Genese eines Erzählstandpunktes aus anderen als literarischen Mitteln werden.

Im Hinblick auf das Kinodrama interessiert nicht nur das verkappte Ich an
»Gespenstersonate«, sondern vorgängig die aller Aussagekraft über die moderne Wirklichkeit entleerte, zur überlebten Formel gewordene Gestalt des
Dramas. Denn als dieser Fremdkörper taucht das Drama im Film, der aus
ganz anderen Traditionen als dem Theater kommt, auf. Kehren wir noch einmal zu Direktor Hummel zurück: Er stirbt nicht einfach in Strindbergs
Stück, er wird in den Selbstmord getrieben. Sein Selbstmord ist die Konsequenz daraus, daß er, der die Personen des Stücks zeigte und ihre Vergangenheit entlarvte, selbst entlarvt wird: seine eigene verbrecherische Geschichte. Dadurch wird jedoch der Begriff, den Szondi von ihm gibt, der des
zeigenden und entlarvenden epischen Ich, fraglich. Sein aufklärerisches Tun
scheint getrübt; erzählt er oder projiziert er nicht vielmehr die verdrängten
eigenen Verbrechen auf die anderen? Oder anders gesagt: Das epische Ich,
das auf die Bühne tritt, ist nicht der gegenwärtige Erzähler, sondern der
Revenant jenes epischen Ich, auf dessen Ausklammerung das Drama einmal
beruhte. Dieses Ich ist schuldbeladen, es verdankt seine eigene Sprachgewalt
dem vergangenen gewalttätigen Ausschluß; deswegen verliert es seine
Autorität in dem Moment, wo sein Erscheinen in der dramatischen Welt die
Wiederkehr der Vergangenheit in Gang setzt. Eine andere Perspektive der
Entwicklung des Dramas deutet sich an: statt die Schein gewordene Form
dem Realismus des Erzählers zu öffnen, könnte es in der Geschlossenheit
des Scheins den gewaltsamen Ausschluß reflektieren, der für das epische Ich
einmal konstitutiv war. Strindberg kommt der schuldhaften Vergangenheit
des Erzählens selbst nahe. Diese Näherung hat in der obsessiven
Thematisierung des Geschlechterkampfs ihren Ausdruck.

Das Drama kann nur vorgeben, Dialog zwischen Personen unterschiedlichen
Geschlechts zu sein, es bleibt im Bann der Ausgrenzung des Weiblichen, die
– wie die feministische Kritik der Narration dargelegt hat – das epische Ich
konstituierte.[4] Etwas davon mag die Nielsen gespürt haben, als sie, wie in
ihrer Autobiografie beschrieben, ihre erste Rolle selbstverständlich stumm
vor›sprach‹.[5] Nach Jahren der Sprechrollen auf dem Theater ist ihr der
stummen Kamera gegenüber endlich Worte zu sagen erspart, aber das
Problem des Erzählens stellt sich jetzt erst. Im Kino begegnet der Schauspielerin das Drama gelöst von der dialogischen Sprache als Projektionszusammenhang wieder, in dem sie sich mit der wiederkehrenden Gewalt des
Ausschlusses aus der Erzählposition auseinandersetzen muß.

Die Filme der Nielsen sind doppelbödig. Zum einen zeigen sie Aufnahmen
einer modernen Frau, wie sie sich in der großstädtischen Welt bewegt – ihre
eilige Gangart, den Gebrauch der Verkehrsmittel, ihre Kleidung, ihre Woh-

nung, ihr Arbeitsmilieu, ihre Arbeitsweise, ihre Begegnung mit anderen Menschen, ihre Gesten der Zärtlichkeit oder Leidenschaft. Zum anderen zeigen
die Filme aber auch eine dramatische Handlung. Beides besteht zunächst
nebeneinander: Die Bilder aus dem Leben jener Frau sind nicht der Inhalt,
zu dem das Drama die Form bildet. Jenes Leben existiert vielmehr in der
Form der Kameraaufnahme und deren Reproduktion, und diese Form des
Films umfaßt auch letztlich die des Dramas. Dadurch wird die Dramenform
selbst zum Inhalt des Films. Das heißt aber auch, die Erscheinungen des
modernen Lebens drohen überlagert zu werden von dem Schein, den die
dramatische Form generiert und in dem sich die Wiederkehr vergangener
Gewalt des Erzählers spiegelt. Wenn sich die Kamerarealität unverstellt im
Film behaupten will, entsteht ein Konflikt. Protagonistin dieses Konflikts
wird die Nielsen. Sie bringt ihren filmischen Körper nicht nur neben der
Verkörperung der Dramenperson zur Geltung, sondern setzt sich mit ihm gegen den Scheinzusammenhang zur Wehr, um das Milieu nicht – wie im literarischen sozialen Drama – zu ihrem ›Schicksal‹ werden zu lassen. Für die
Erscheinung des Subjekts dieses Kampfes ist in den Dramen eine negative
Figur vorgesehen, die ihrer Umkehrung ins Positiv harrt: die des Vamp.
Die Dramen, in denen die Nielsen spielt, scheinen von der Liebe in der Moderne zu handeln, und von ihrem Umschlag in Haß und Mord. Der Umschlag in den Geschlechterkampf rührt jedoch von einer Auseinandersetzung zwischen der literarischen Tradition und dem neuen Medium Film her,
zwischen der bedrohlichen Wiederkehr der männlichen literarischen Form
des Erzählens und der Genese einer neuen weiblichen und filmischen
Erzählform. Die undramatische moderne Frau begegnet in diesen Filmen
nicht dem modernen Mann, sondern Dramenpersonen, mit denen die immer
gleiche Geschichte der Liebe wiederkehrt. An dieser scheitert der Versuch
der Nielsen, Begegnungen als Prozesse der äußeren Welt, als Reflexionen
des anderen Körpers im eigenen sichtbar zu machen. Doch geht sie nicht
dazu über, mit gestischen Mitteln die Gegenwart einer Partnerin im Dialog
vorzutäuschen, sondern beharrt bei dem filmischen Standpunkt außerhalb
des Diaolgs. Von diesem ausgehend nimmt sie statt dessen inmitten der
Moderne die mythische Gestalt an, die in der Liebesgeschichte nur verdrängt
und nicht aufgehoben ist. Als Geliebte verkörpert die Nielsen das
Vampirhafte, das schon die Köchin mit Direktor Hummel verband. Ähnlich
wie deren Erscheinung signalisiert ihr Auftritt als Vamp, daß das Ich der
Liebesgeschichte der Projektion erlegen ist. Die Nielsen handhabt den vamp-
haften Auftritt als Akt im filmischen Aufklärungsprozeß; wenn sie den Mann
tötet, so wird der Mythos vom männermordenden Weib zur Allegorie ihrer
eigenen Liebe.
In den Kinodramen der Nielsen stirbt das epische Ich nicht, es wird ermor-
det. Es kehrt wieder im Schauspieler des Geliebten und Gehaßten, des zentralen Gegenübers der Protagonistin. Schon in AFGRUNDEN verwandelt sich

die adrette Klavierlehrerin in die wilde schwarz-gleißende Erscheinung einer Tingeltangel-Artistin, die Männer fesselt. In der atemberaubenden Szene des Gauchotanzes kündigt sich das Ende, die Ermordung des Geliebten an. Die Tötung des Geliebten in AFGRUNDEN (1910) wiederholt sich in veränderter Gestalt in DER TOTENTANZ (1912), und sie kommt als Zitat am Anfang von BALLETDANSERINDEN (1911) vor – als Theatermord. In DAS MÄDCHEN OHNE VATERLAND (1912) wird sie ›schuldig‹ an der Hinrichtung des Offiziers und in DIE VERRÄTERIN (1911/12) liefert sie den Geliebten der Rache der Feinde aus.

Diese Schlüsse der Nielsenfilme scheinen unglücklich nur, wenn man sie als Liebesdramen liest, als »Kampf einer Frau (...) zwischen ihren natürlich-sinnlichen Instinkten und den diesen entgegengesetzten sozialen Zuständen.«[6] Nehmen wir sie als Kampf um die filmische Erzählposition wahr, so verstehen wir ihr Befreiendes. Es gehört zur Darstellung des Mordes, daß die Nielsen sich nachher über den regungslosen Körper wirft, ihn mit dem ganzen Ausdruck ihrer körperlichen Leidenschaft umarmt und küßt. In DER TOTENTANZ wird besonders deutlich, daß sie sich erst äußern kann, wenn das Drama zu Ende und der liebende Held tot ist. Der tote Geliebte konkurriert nicht mehr mit dem Ehemann um ihren Besitz, er ist allein Körper, der ihrer Sinnlichkeit korrespondiert. Die Nielsen führt am Ende den Film gleichsam zu sich zurück, das heißt zur fotografischen Reproduktion der äußeren Wirklichkeit. Diese erscheint jedoch gegenüber dem Anfang verändert: der filmische Körper der modernen Frau ist das, was zurückbleibt, nachdem sich die Schauspielerin der Liebesgeschichte, der Wiederkehr des epischen Ich in der Dramenperson hingegeben hat; nachdem sie sich zur Projektionsfläche gemacht hat, um das epische Ich in der Projektion untergehen zu lassen. Sie ist filmischer Körper mit allen Merkmalen des ›Naturrests‹ einer Geschichte – ließe sich mit Siegfried Kracauer sagen –, der sich aber nun nicht als Natur, sondern als das Andere der sichtbar gewordenen Geschichte zeigt.[7] Sie hat sich daher nicht nur als filmische Realität gegenüber der Projektion des Dramas behauptet, sondern darin auch als Subjekt einer Geschichte, deren Sichtbarmachung sie erst beginnt.

Diese Subjektivität gründet sich nicht allein auf das Verhältnis der Schauspielerin zur Kamera, sondern vor allem auf das zum Projektionsapparat, der im Kino an die Stelle des Erzählers getreten ist. Am Ende wird deutlich, daß die Nielsen nicht nur ihren filmischen Körper gegen den Schein der dramatischen Welt setzte, um die wiederkehrende Gewalt des Ausschlusses in der Geschichte zu zerstören, sondern daß sie diesen Körper auch jener anderen Projektion, der des Apparats, entgegen hob, um von ihm die Unterstützung ihrer Erzählposition zu gewinnen. Es ist diese Forderung in der Sprachlosigkeit des filmischen Körpers, der in der Schlußsequenz von AFGRUNDEN von Anfang an das Publikum berührte. Nach dem Akt des Mordes und nach der leidenschaftlichen Umarmung des geliebten Körpers geht die

Nielsen wie leblos, ausdruckslos eine Treppe hinunter, nicht eins mit der Kamera, sondern entzweit mit der Illusion der natürlichen Bewegung, die der Projektor herstellt.

Die Nielsen ist in der Literatur vor allem als ein Wunder der Körpersprache dargestellt worden, die zu entfalten die Kamera ihr erlaubt. Nehmen wir ernst, daß sie in Kinodramen aufgetreten ist, die eine Tradition des Theaters in den Film bringen, so sehen wir, daß sie ihre ›Sprache‹, wie auch immer auf die Kamera gestützt, doch im Verhältnis zu zweierlei Projektion entwickelt: zum Projektionszusammenhang des Dramas, das eine Welt vorstellt, in der das weibliche Subjekt ausgeschlossen ist, und zum Projektionsapparat. Während sie in jenem der Gewalt der Verdrängung entgegentritt, sucht sie in diesem einen Verbündeten für ihre Geschichte zu gewinnen. Der filmische Körper der Nielsen wird beredt, so ließe sich sagen, wenn er sich über die bestimmte Negation des Ausschlusses in der Scheinwelt des Dramas in ein kritisches Verhältnis zum Projektionsapparat setzt, der nicht nur diese Scheinwelt wiederholt, sondern auch eine neue zu produzieren beginnt.

Der Wandel in der Kinoöffentlichkeit

Der Eintritt Asta Nielsens in den Film findet zu einer Zeit statt, da es einen Umbruch in der Kinoöffentlichkeit gibt. Das Kino verliert seinen Zusammenhang mit dem Jahrmarkt, dem Varieté, in dem es sich bildete, tritt in Konkurrenz zum Theater und schickt sich an, das Massenmedium des 20. Jahrhunderts zu werden. In diese Entwicklung greift die Nielsen ein. Die Wiederkehr des Dramas im Film nutzt sie, um im Kino etwas nachzuholen, was das Theater versäumte: ein Ort der Selbstbestimmung der Frauen, einer Neubestimmung des Geschlechterverhältnisses zu sein. War, wie Jürgen Habermas schrieb, das klassische bürgerliche Theater ein Ort der »Selbstthematisierung« des Bürgertums, an dem es Formen seiner vom Feudalismus emanzipierten sozialen Existenz vorstellen und diskutieren konnte, so kam diese Funktion doch nur den Bürgern zugute und nicht den Bürgerinnen.[8] Das Geschlechtsverhältnis blieb patriarchal organisiert. Die Erschütterung traditioneller Ordnung des Geschlechtsverhältnisses und der traditionellen Rolle der Frau im Zuge der Industrialisierung und Verstädterung erzeugte jedoch verspätet einen gesellschaftlichen Bedarf, insbesondere bei der weiblichen Bevölkerung, ein neues Selbstbewußtsein im Geschlechterverhältnis zu gewinnen. Auf diesen Bedarf gründet die Nielsen ihre Produktion.

Durch die Anpassung des Kinos an das Theater verliert das Kino seine schaustellerische Qualität, es wird damit aber noch lange nicht zu dem von den Reformern propagierten Ort der Bildung und Aufklärung. Die längst überlebte Dramenform entwickelt im Film vielmehr automatisch eine

Scheinwelt, in der die realistische Reproduktionstechnik dem Publikum verspricht, der Wirklichkeit seiner Träume oder Alpträume zu begegnen. Auf der Schwelle von der klassischen literarischen Öffentlichkeit des Dialogs zur modernen technischen Massenöffentlichkeit der Traumfabrikation steht die Nielsen für den Versuch ein, das Theater im Kino aufzuheben und es damit zugleich seiner eigenen verdrängten Schaustellertradition zu öffnen. Die Nielsen setzt sich, ihren Körper der Kamera zur Schau stellend, der Scheinwelt des Dramas entgegen und zwingt das Drama zur Reflexion seiner veränderten Situation. Es steht nicht mehr im theatralischen Raum der Gegenwart, in dem das Schicksal sich ereignet, sondern in einem Raum der Vergangenheit, dem das Dunkel des Kinos, das zur Regression einlädt, entgegenkommt. Mit dem Licht des Projektors, der die Kameraaufnahmen auf die Leinwand bringt, tritt jedoch die Schauspielerin für die Gegenwart ein – für die Vergegenwärtigung des in der bürgerlichen Geschichte Verdrängten und für die Gegenwart eines Sehens, das der Wiederkehr der Vergangenheit als Traum standhält.

Die Veränderung des öffentlichen Kinoraumes – vom Raum der Schaustellung zu dem der Wirklichkeit der Träume – findet sich in den Filmen der Nielsen selbst repräsentiert, und zwar im Zusammenhang damit, daß sie – wie so oft – eine Artistin spielt, also ihre eigene gesellschaftliche Rolle thematisiert. Die Szene, die ich meine, ist die ihres Auftritts als Artistin im Tingeltangel, im Zirkus, auf der Theaterbühne. Sie findet sich in AFGRUNDEN, in DEN SORTE DRØM, in BALLETDANSERINDEN, in DIE ARME JENNY (1912) und in vielen anderen Filmen. Charakteristisch ist für alle diese Szenen, daß sie das Ineinander zweier Schauräume darstellen, des Schauraums der Artistin mit Bühne und Publikum und eines zweiten Raums, in dem wir Bühne wie Publikum und auch etwas von der bürgerlichen Welt jenseits der Schaustellung sehen. In AFGRUNDEN steht die Kamera im rechten Winkel zur Bühne, sie nimmt die Tänzerin auf und rechts ein Stück der ornamentgeschmückten Wand des Publikumsraums sowie die Köpfe einiger Musiker im Orchestergraben. Die Kamera hält aber auch die Anwesenheit der nicht in die Schaustellung involvierten Feuerwehrmänner und Bühnenarbeiter in den Kulissen fest; in ihrer Präsenz spiegelt sie ihren eigenen – nicht involvierten – Standpunkt. In DEN SORTE DRØM ist die Raumkonstruktion ähnlich: Die Kamera steht diesmal allerdings noch distanzierter im Vorraum, der mit einem breiten Tor sich auf die Arena öffnet und den Blick auf seitlich sitzendes Publikum, ihm gegenüber die Artistin, hoch zu Roß, freigibt. Durch diese Raumkonstruktion wird ein Bruch des Kinopublikums mit dem Publikum der artistischen Schaustellung vermittelt: das Kinopublikum sieht die Artistin im Verhältnis zu ihrem Publikum und nimmt dadurch die Position eines Dritten ein. Aber es bleibt nicht gleichgültiger Dritter (wie der Feuerwehrmann), denn während es der Artistin bei ihrer Show zusieht, nimmt es sich selbst auch als von ihr adressiert wahr. In AFGRUNDEN voll

Den sorte Drøm (Urban Gad, 1911)

führt die Nielsen den Gauchotanz nicht nach rechts gerichtet, wo das Publikum des Varietés sitzt, sondern frontal ihren Körper darbietend. Hinzukommt, daß die Tänzerin dem Standpunkt der Kamera näher ist als den Sitzreihen des Publikums. Die Spannung, die die Nielsen in dieser Tanzaufnahme produziert, rührt jenseits aller obszönen Phantasien daher, daß eine Differenz aufgeht zwischen dem Schaugenuß, den die Vorführung einer Kunst erzeugt, und einer anderen, neuartigen Lust, die sich am Eindruck entzündet, unter dem reizvollen Spiel käme uns ein wirklich leidenschaftlich erregter Körper entgegen.

Die Differenz der Räume wird von der Kamera gezeigt, aber erst das Spiel der Nielsen spricht den zweiten Raum als den des Filmpublikums an. Sie bringt im Publikum die Lust an der Wirklichkeit im Unterschied zu der am Schein zur Artikulation.

DEN SORTE DRØM, der vierte Film der Nielsen und der zweite nach AFGRUNDEN in Dänemark gedrehte, geht in der Auseinandersetzung mit dem Kinopublikum einen Schritt weiter. Denn der Schein ist nicht nur der der Kunst, den sie bewußt vorführt, er ist auch der der Wirklichkeit, den das Unbewußte des Publikums gerade in Verbindung mit der technischen Reproduktion ihrer Erscheinung produziert.

DEN SORTE DRØM beginnt mit dem Auftritt der Artistin. Wir sehen sie aus der Kulisse heraus, wie sie im schwarzglänzenden Trikot, das Peitschchen schwingend, in der Arena hoch auf dem weißen Roß ihre Kreise zieht, bevor sie herausreitet, der Kamera, einigen Kolleginnen und Kollegen, zwei wartenden Herren und uns entgegen. Diese Annäherung impliziert zugleich einen Schwellenübertritt: vom Ausstellungsraum des ›Traums‹ in den Raum der ›Wirklichkeit‹. In ihm begegnet die Artistin zwei Zuschauern, die für ihre angereizte Phantasie wirkliche Erfüllung suchen. Wir bekommen zwar auch hier – wie in AFGRUNDEN – etwas von der Wirklichkeit der Schaustellerin zu sehen, aber wir ›sehen‹ zugleich, wie in dieser Wirklichkeit die Phantasie des Publikums wiederkehrt. Am Traum, den sie stellt – und der in dem werbenden Plakat am Eingang des Zirkus, in der Garderobe der Artistin festgehalten ist –, entzündet sich der Wunsch. Bei dem einen ist es der archaische nach Besitz, bei dem anderen soll es die Liebe zur Produzentin dieses Traums sein – eine moderne Liebe, die die Autonomie der Frau achtet.

Der eine Herr, ein Bankier, nimmt die Artistin als Ding, als schönes Bild, das man kaufen kann. Der Liebende dagegen besteht auf der Wirklichkeit seines Traums. Er sucht sie als ›Wahrheit‹ hinter dem Bild. In dem Moment aber, da er das wahre Wesen der Frau zu erkennen meint, enthüllt sich seine eigene tödliche Befangenheit im Augenschein. Er erblickt die Geliebte unter dem mächtigen Körper des Bankiers auf eine Chaise niedergestreckt, zückt die Pistole und schießt. Anders als das Begehren der Protagonisten, das in beiden Fällen im Bild der Frau gebannt bleibt, entfaltet sich die Leidenschaft des Publikums in einem Sehen zwischen den Bildern – des Traums und der Wirklichkeit.

Das Schauspiel der Nielsen ist immer – und nicht nur in den Szenen des artistischen Auftritts – ein doppeltes: eines im Verhältnis zur anderen dramatischen Person – ein gestisches, das anstelle des verbalen Dialog tritt –, und ein körperliches, eine Körperentblößung im Verhältnis zur Kamera, das das physisch erotische Verhältnis zum Zuschauer ersetzt. So wie sie sich aber in der Dramenperson auf das wiederkehrende epische Ich bezieht und nicht auf einen Dialogpartner, so bezieht sie sich auch nicht auf den ›wirklichen‹ Zuschauer. Wenn die Schauspielerin aus dem dramatischen Raum herausspielt, sich dem Kinopublikum zuwendet, will sie nicht gewärtigen, den Zuschauern in Fleisch und Blut in der Garderobe zu begegnen, um deren Träume Wirklichkeit werden zu lassen; sie will die Begegnung der Träume mit ihrer filmischen Wirklichkeit im Kinoraum herstellen.

Durch ihr doppeltes Spiel erzeugt die Nielsen in jeder Szene des Films jene Doppeltheit, die als räumliche in den Auftritten der Artistin unübersehbar ist. Die Schauspielerin wird die Urheberin einer inneren Montage, die das Gesicht ihrer Filme prägt. Nur auf den ersten Blick scheinen die Filme der Nielsen gleich anderen frühen Erzählfilmen allein einer einfachen Montage

Den sorte Drøm (Urban Gad, 1911)

der Szenenreihung zu folgen. Gegenüber dem klasssischen dramatischen Bogen hat sich diese Reihung allerdings durchgesetzt: Das Drama verfiel zur Episode; das heißt, die dramatische Inszenierung hat nur noch Bedeutung in der Gestaltung einzelner Episoden, der Szenenauftritte der Schauspieler. Hier ordnet sich die Kamera anscheinend der Einheit des Ortes, der Zeit und der Handlung unter. Doch in der abgeschlossenen und statischen Szene reflektiert die Schauspielerin in der Kamera ein Gegenüber jenseits der Szene. Dadurch öffnet sich jenseits des Handlungsraums und der Handlungszeit ein anderer Raum und eine andere Zeit, in der die Schauspielerin auch zu handeln beginnt. Ihr Agieren offenbart, daß die Offenheit der Leinwand gegenüber dem Kinoraum die Geschlossenheit der Bühne im Theater abgelöst hat, daß die vierte Wand der Bühne zur ersten des Kinoraums geworden ist. In der Abspaltung ihres Körperspiels mit der Kamera von dem Spiel in der Szene führt sie den Film statt zu einem Ende im Ende des Dramas zu einem Ziel in der augenblicklichen Wahrnehmung des Publikums, das vor der Leinwand sitzt.

In der Herausgehobenheit der zentralen Figur aus dem inszenierten Spiel erinnert die einzelne Szene an die ›Life Models‹ der Laterna Magica, in denen die fotografierte Person vor dem inszenierten Hintergrund eine eigenartige Präsenz hatte. Und das Abspiel der Szenen erinnert an die Projektion der Laterna Magica, deren narratives Mittel die Überblendung war. Denn die Spannung, die die Schauspielerin in der einzelnen Szene bildet, wird nicht zum Zusammenhalt aller dadurch, daß sie einen Bogen vom Anfang zum Ende schlüge, sondern dadurch, daß sie sich in jeder Szene wiederholt. Jeder Film besteht aus relativ abgeschlossenen Szenen mit der Nielsen im Zentrum, deren zeitliches Nacheinander auch ein räumliches Hintereinander auf der Leinwand ist. Die innere Montage der Szene verweist auf eine Montage der Szenen im Projektionsraum und durch die Projektion. Vollzieht sich diese nicht mehr wie in der Laterna Magica technisch im Trick der Überblendung, so doch immer als ein Mechanismus in den Köpfen des Publikums. Die mit Gedächtnis begabte Leinwand des Publikums nimmt die einzelnen Szenen in Überblendung wahr.

Explizit erinnert IM GROSSEN AUGENBLICK (1911) an die Tradition der Laterna Magica – ein Film, der in der Melodramatik der Geschichte einer armen Mutter auch inhaltlich an diese Tradition anknüpft. Die Schlußsequenz enthält die wiederholte Einstellung eines ärmlichen Hotelzimmers, in der die Protagonisten durch das Fenster auf ein Schloß blicken. Während im Vordergrund die Heldin allein und eingeschlossen auf die Rückkehr des ›Gefängniswärters‹, ihres Mannes, wartet, findet im Hintergrund das eigentlich dramatische Ereignis statt: ein Feuer bricht auf dem Schloß aus. Bei dem Anblick des brennenden Gebäudes, in dem sie ihr Kind weiß, hält es die Frau nicht mehr im Zimmer. Für die Filmzuschauer ist das Schloß im Fensterrahmen ein Bild, das sich wie in der Laterna Magica belebt. Gleichzeitig bringt es auch Leben in die Protagonistin: Sie steigt aus dem Fenster, sie geht sozusagen in das Bild hinein. Doch kann der Film diese Einheit nicht mehr erreichen.

Anders als in der Laterna Magica stellt im Film nicht nur der Projektor den Zusammenhang zwischen Kinoraum und Leinwand her, sondern die innere Montage setzt ein Verhältnis des Films zum Zuschauerraum. Dieses Verhältnis wird von der Schauspielerin getragen und bahnt einen anderen Weg im Erzählkino als den der Einschreibung des Zuschauers in den Film über die Kameraperspektive. Die Schauspielerin wird in der inneren Montage ihrer Auftritte auf der Leinwand gerahmt, aber vorgängig produziert sie die Spannung, der die Montage Form gibt.

Nicht vor der Kamera, sondern vom Projektionsapparat leitet die Nielsen die Formulierung ihres visuellen Erzählstandpunkts her. Im frühen Kino fiel die Montage dem Projektionisten zu: Montage eines Programms aus Filmen, die eine Rolle lang waren, oder auch Montage der Rollen zu einem Film. Diese Montage war eine äußere: die Zusammensetzung der Filmstreifen. Als sie sich mit der Durchsetzung des langen Films zu einer eigenen Technik entwickelte, verlor der Projektionist den Zugriff auf die Montage. André Bazin hat viel später in Tonfilmen der vierziger Jahre gegenüber der

Montagekunst des Schnitts eine von der Kamera gebildete innere Montage hervorgehoben.[9] Die innere Montage der Nielsenfilme ist dagegen eine Montage, die von der Schauspielerin gebildet wird und in der die Schauspielerin ihre Montageleistung nicht der Cutterin abnimmt, sondern dem Projektionisten abschaut, der ihre Ausübung zu dieser Zeit gerade aus der Hand geben muß. Sie, anstelle des Projektionisten, wird die ›Erzählerin‹ des Films; eine Erzählerin, die nicht über die Köpfe des Publikums hinweg, sondern im Verhältnis zu ihm spricht.

1) Zwischen 1910 und 1914 arbeiteten sie in über dreißig Filmen zusammen. Davon wurden drei Filme in Dänemark, die anderen in Deutschland produziert. – 2) Peter Szondi: Theorie des modernen Dramas. Frankfurt/M.: Suhrkamp 1959, 1963. – 3) Béla Baláczs: Asta Nielsen. In: B. B.: Der sichtbare Mensch oder Die Kultur des Films. Wien, Leipzig: Deutsch-Österreichischer Verlag 1924. Wieder abgedruckt in: ders.: Schriften zum Film. Bd. 1. Hg. von Helmut H. Diederichs, Wolfgang Gersch und Magda Nagy. München: Hanser 1982, S. 139-143. – 4) Vgl. zur feministischen Narrationstheorie insbesondere Theresa de Lauretis: Desire in Narrative. In: T. d. L.: Alice Doesn't. Feminism, Semiotics, Cinema. Bloomington: Indiana University Press 1984, S. 103-157. – 5) Vgl. Asta Nielsen: Die schweigende Muse. München: Hanser o.J., S. 70 ff. – 6) Emilie Altenloh charakterisiert so die »Sozialen Dramen«, die aus Dänemark kommen. Vgl. Emilie Altenloh: Zur Soziologie des Kinos. Die Kinounternehmer und die sozialen Schichten ihrer Besucher. Jena: Eugen Diederichs 1914, S. 43. – 7) Siegfried Kracauers Essay ›Die Photographie‹ – in dem schon grundlegende Gedanken seiner späteren Theorie des Films enthalten sind – erschien erstmals 1927 in der Frankfurter Zeitung; er wurde wiederabgedruckt in: S.K.: Das Ornament der Masse. Essays. Frankfurt/M.: Suhrkamp 1963, S. 21-39. – 8) Zu Habermas' Begriff der »Selbstthematisierung« vgl. Jürgen Habermas: Strukturwandel der Öffentlichkeit. Untersuchung zu einer Kategorie der bürgerlichen Gesellschaft. Frankfurt/M.: Luchterhand 1962, 1969, S. 56. – 9) André Bazin: Qu'est-ce que le cinéma? Paris: Cerf 1975.

Seine Frau, die Unbekannte

Manfred Behn

CHRONIK

1905

Ole Olsen eröffnet am 23.4. das Biograftea ter in Kopenhagen, das er bis Januar 1907 leitet.

Wichtige Filme: ANARKISTENS SVIGERMODER (DIE SCHWIEGERMUTTER DES ANARCHISTEN, Larsen), FISKERLIV I NORDEN (DES FISCHERS GEFÄHRLICHER BERUF, Larsen, Olsen).

1906

Gründung der Nordisk Films Kompagni durch Ole Olsen und Arnold Richard Nielsen in Kopenhagen; am 24.6. Ankauf von Grundstücken im Vorort Velby, wo die Nordisk-Studios 1908 entstehen; am 15.9. Eintragung der Firma ins Handelsregister.

Der Versuch Olsens, auch in den Handel mit Projektionsapparaten einzusteigen, wird Ende 1906 wieder aufgegeben. Eröffnung von Nordisk-Niederlassungen in Schweden, Norwegen, Italien und Deutschland (10.11.). Ende 1906 hat die Nordisk über 125 Titel im Verleih, darunter ca. 50 Spielfilme, die mit durchschnittlich 47 Kopien in die Kinos kommen (Steigerung auf 65 Kopien im Jahre 1907). Der Nettogewinn der Nordisk beträgt für das Geschäftsjahr 203.000 Kronen.

Die erste Produktion der Nordisk wird am 8.1. präsentiert: DUER OG MAAGER. Viggo Larsen (als Schauspieler und Regisseur) und Axel Sørensen (= Graatkjær) (Kameramann) werden von Olsen engagiert. Sie sind an fast allen Produktionen der Gesellschaft bis 1909 beteiligt. Olsen läßt die Beerdigung Christians IX. und die Inthronisationsfeierlichkeiten Frederiks VIII. in Kopenhagen filmen; durch diese Aufnahmen wird Olsen bekannt. Mit Larsens DEN HVIDE SLAVINDE (DIE WEISSE SKLAVIN) kommt der erste europäische Film zum Thema Mädchenhandel auf den Markt.

1907

Eröffnung von Nordisk-Filialen in England und Österreich-Ungarn. Olsen erwirbt in Berlin ein Erstaufführungskino. Die Nordisk produziert 151 Filme, davon 67 Spielfilme. Larsens LØVEJAGTEN (DIE LÖWENJAGD), 1907 produziert, am 11.11.1908 uraufgeführt, wird zum ersten großen kommerziellen Erfolg der Nordisk; 259 Kopien werden in ganz Europa verkauft.

Weitere wichtige Filme von Viggo Larsen: DER VAR ENGANG, RØVERENS BRUD, KAMELIADAMEN (DIE KAMELIENDAME).

1908

Eröffnung des Nordisk Film Studio. Im März Nordisk-Niederlassung in den USA (Great Northern Film Co.). Produktion von 137 Filmen, davon 63 Spielfilme. Olsen wird Mitte Juni auf dem Internationalen Kinematographischen Kongreß in Hamburg mit einer Goldmedaille für die technische Qualität der Nordisk-Produktion ausgezeichnet.

Wichtige Produktionen: EN MODERS KAMP MED DØDE (DER KAMPF EINER MUTTER MIT DEM TOD) (Viggo Larsen), SHERLOCK HOLMES (SHERLOCK HOLMES) (Viggo Larsen), LA TOSCA (DIE LIEBE DER KÖNIGIN) (Larsen).

1909

Die Nordisk weist einen Nettogewinn von 378.000 Kronen für das Geschäftsjahr aus.

Gegen Ende des Jahres wird Viggo Larsen entlassen, da seine Produktionen nach Meinung Ole Olsens sich nicht mehr ausreichend verkaufen lassen. Die künstlerische Leitung der Gesellschaft wird Holger Rasmussen übertragen. Gründung der Produktionsgesellschaft Biorama. Produktion von 156 Filmen, davon 76 Spielfilme. Wichtige Filme: HEKSEN OG CYCLISTEN (DER RADLER UND DIE HEXE) (Viggo Larsen), STORMEN PÅ KØBENHAVN DEN 11. FEBRUAR 1659 OG GØNGEHØVDINGEN (Carl Alstrup für Biorama), FALDGRUBEN (Emanuel Tvede), MADAME SANS GÊNE (MADAME SANS GÊNE) (Viggo Larsen).

1910
Gründung der Produktionsgesellschaften Kinografen und Kosmorama. In Dänemark werden 203 Filme produziert, davon 133 Spielfilme. Die Nordisk engagiert Valdemar Psilander und den Regisseur Eduard Schnedler-Sørensen.

Fotorama produziert DEN HVIDE SLAVEHANDEL (Alfred Lind) und Kosmorama den ersten Film mit Asta Nielsen: AFGRUNDEN (ABGRÜNDE) (Urban Gad). Die Nordisk plagiiert den Fotorama-Erfolg.

Die Fortsetzung der Mädchenhandelsserie, der 40minütige Zweiakter DEN HVIDE SLAVEHANDELS SIDSTE OFFER (DIE WEISSE SKLAVIN) (August Blom), wird 1911 mit 103 verkauften Kopien ein europaweiter Verkaufserfolg. 1911/12 holt Olsen wichtige Fotorama-Leute zur Nordisk. August Blom führt Regie bei HAMLET (HAMLET) mit Alwin Neuß in der Titelrolle.

1911
In Lidingö wird das 2. Nordisk-Studio in Betrieb genommen. Die Nordisk wird in eine Aktiengesellschaft umgewandelt. In Dänemark entstehen 164 Filme, davon 109 Spielfilme. Carl Theodor Dreyer erhält bei der Nordisk einen Vertrag als Drehbuchautor und Redakteur für Zwischentitel; der Kameramann Johan Ankerstjerne kommt zur

Nordisk. August Blom wird zum künstlerischen Leiter der Gesellschaft bestimmt. Ab 1911 sind – im Unterschied zum übrigen Europa – die meisten Produktionen der Nordisk länger als 450 m.

Nach Abschluß der Arbeiten an der Fotorama-Produktion DEN SORTE DRØM (DER SCHWARZE TRAUM) gehen Urban Gad und Asta Nielsen nach Berlin.

Mit DE FIRE DJÆVLE (Robert Dinesen, Alfred Lind) hat Kinografen einen internationalen Erfolg. August Blom dreht VAMPYRDANSERINDEN (DIE VAMPIRTÄNZERIN), eine Mischung aus Sensationsstück und erotischem Melodrama; Hauptdarstellerin ist Clara Wieth, der weibliche Star der Nordisk.

Schnedler-Sørensen beginnt seine Serie von Filmen um den Finsterling Dr. Gar El Hama. Weitere wichtige Filme: BALLETDANSERINDEN (DIE BALLETTÄNZERIN), EKSPEDITICEN, DEN FARLIGE ALDER, VED FÆNGLETS PORT (VERSUCHUNGEN DER GROSSSTADT) (alle August Blom); letzterer wird in 246 Kopien verkauft.

1912
Dänemark produziert 243 Filme, davon 164 Spielfilme.

Das Kapital der Nordisk wird von 450.000 Kronen auf 2 Millionen Kronen aufgestockt. Die Dividendenausschüttung der Gesellschaft erreicht die Rekordhöhe von 60 %. Die Nordisk ist nach Pathé frères die zweitgrößte europäische Filmgesellschaft; sie beschäftigt 1700 Mitarbeiter.

Alfred Lind geht nach Deutschland. Ende des Jahres/Anfang 1913 versucht die Nordisk, Henny Porten unter Vertrag zu nehmen.

Wichtige Filme: DØDSSPRING TIL HEST FRA CIRKUSKUPLEN (DIE GROSSE CIRKUS-ATTRAKTION) und DEN STÆRKESTE (DU HAST MICH BESIEGT) (Eduard Schnedler-Sørensen), DEN FLYVENDE CIRKUS (DER FLIEGENDE ZIRKUS) (Alfred Lind), DEN SORTE KANSLER (DER SCHWARZE KANZLER) (August Blom), KUN EN TIGGER (Holger-Madsen).

Ole Olsen und seine Porzellansammlung

1913

In Dänemark entstehen 205 Filme, davon 174 Spielfilme.

Über 1000 Manuskripte gehen in diesem Jahr bei der Nordisk ein. Holger-Madsen wird von der Nordisk als Regisseur fest engagiert. In Deutschland besitzt die Nordisk 35 Premierentheater, zumeist in Berlin. Ab September 1913 verleiht die Nordisk ihre Produktion direkt an die deutschen Kinos. Für das Jahr betragen die Einspielergebnisse der Nordisk in Berlin 1,5 Mill. Kronen.

Der Kameramann Axel Graatkjær kommt im Juli nach Berlin. Stellan Rye wechselt nach Berlin und dreht DER STUDENT VON PRAG. Innerhalb eines Jahres führt er Regie bei 15 weiteren Filmen, die sämtlich als verlorengegangen gelten.

Unter der Regie von August Blom entsteht bei der Nordisk in über zweimonatiger Drehzeit (18.7.-26.9.) der Momumentalfilm ATLANTIS. Wichtige Filme: DE DØDES Ø (Vilhelm Glückstadt), ADRIANOPELS HEMMELIGHED (Einar Zangenberg), BALLONEKSPLOSIONEN (Kai an der Aa Kühle) und ELSKOVSLEG (LIEBELEI) (Holger-Madsen, August Blom). Benjamin Christensen dreht DET HEMMELIGHEDSFULDE X.

1914

Die Nordisk produziert 132 Spielfilme (von insgesamt ca. 190 in Dänemark). Zu den fest angestellten Kräften gehören sechs Kameraleute (ab 1914 auch Frederik Fuglsang) und zwei Fotografen. A. W. Sandberg wird von der Nordisk als Regisseur engagiert.

Lau Lauritzen führt Regie bei burlesken Komödien mittlerer Länge. Im März erhält Robert Wiene auf seine Bewerbung bei der Nordisk eine Absage. Mitte Juli wirbt die Nordisk in der deutschen Presse mit einer Preisreduktion von bis zu 50 % für ihre Produkte.

In der deutschen Presse und auf Versammlungen der Filmwirtschaft setzt eine Polemik gegen Monopolisierungsbestrebungen der Nordisk ein.

Gleichfalls Mitte Juli meldet die Nordisk den Abschluß der Dreharbeiten zu dem pazifistischen Film NED MED VAABNENE (DIE WAFFEN NIEDER!) von Holger-Madsen. Wegen des Kriegsbeginns kommt der Film in Dänemark erst im September 1915, in Deutschland im Februar 1917 heraus; 1918 wird er von der Ufa verliehen.

Die Nordisk stellt ihre Produktion auf die Propagandabedürfnisse des deutschen Militärs ein (u. a. NORDISK AUTHENTISCHE WELT-KRIEGS-BERICHTE); das deutsche Militär erlaubt der Nordisk, an der Westfront zu drehen. Mehrere kriegsverherrlichende Spielfilme entstehen. Anfang September spendet Ole Olsen dem Deutschen Roten Kreuz 5000 RM. Für Wohltätigkeitsveranstaltungen überläßt die Nordisk kostenlos Filmmaterial. Darauf wird die Pressepolemik gegen die Nordisk vorläufig eingestellt.

Holger-Madsens Film EVANGELIEMANDENS LIV (DER APOSTEL DER ARMEN) wird gegen Jahresende produziert.

Weitere wichtige Filme: OPIUMSDRØMMEN (DER OPIUMTRAUM) (Holger-Madsen) und ET REVOLUTIONSBRYLLUP (REVOLUTIONSHOCHZEIT) und PRO PATRIA (beide August Blom), DEN FREMMEDE (Vilhelm Glückstadt), GULDHORNENE (Kai van der Aa Kühle). A. W. Sandberg dreht den ersten Film der Kriminalfilmserie MANDEN MED DE 9 FINGRE.

1915

In Dänemark entstehen ca. 175 Spielfilme, davon sind 124 Nordisk-Produktionen.

Anfang 1915 sind etwa 150 Filme der Gesellschaft unverkauft; Olsen spekuliert auf eine bessere Situation nach Kriegsende. Im Frühjahr wird das Grundkapital der Nordisk von 2 auf 4 Millionen Kronen aufgestockt.

Die Nordisk-Tochter Nordische Films Co. teilt am 31.7. mit, sie habe den Verleih für die größte deutsche Produktionsgesellschaft

Projektions AG »Union« (PAGU) übernommen; hinzu kommen das Verleihgeschäft für die Luna-Film GmbH (September 1915 bis März 1916), für die Svenska Bio und einige amerikanische Gesellschaften (Kalem). Die Pressekampagne gegen die Nordisk und ihre deutschen Töchter setzt wieder ein.

Die Nordisk zahlt eine Dividende von 50 %, die sich wesentlich den deutschen Verleiheinnahmen verdankt. Das britische Innenministerium verhängt im November ein Einfuhrverbot für dänische Filme, weil die Nordisk deutsche Filme als dänische vertrieben hatte. Wenig später schließen sich Frankreich und Italien dem Verbot an.

Die Nordisk kündigt an, sie werde im kommenden Jahr ihren Angestellten keine Dauerverträge mehr bieten können; eine Ausnahme wird im Falle Psilanders gemacht.

Durch HÆVNENS NAT (RACHE) wird Benjamin Christensen 1916 auch in Deutschland als Regisseur bekannt. Ole Olsen engagiert Gunnar Tolnaes.

Weitere wichtige Filme: APPETIT OG KÆRLIGHED (A. W. Sandberg), DR. X (Robert Dinesen) und ENHVER (Vilhelm Glückstadt); August Blom dreht VERDENS UNDERGANG (DAS JÜNGSTE GERICHT) und DU SKAL ELSKE DIN NÆSTE (DIE EHE IM SCHATTEN).

1916

Dänemark produziert 147 Spielfilme, davon sind 121 Nordisk-Produktionen.

Von den 1316 in Deutschland zensierten Filmen sind 337 im Verleih der Nordisk-Tochter Nordische Films Co. Die Nordisk schließt Verleihverträge mit der Projektograph AG, Budapest, und einer schweizer Firma ab; Olsen kauft Theater in der Schweiz auf.

Wegen des U-Boot-Kriegs und der damit verbundenen Exportbehinderungen muß die amerikanische Niederlassung der Nordisk geschlossen werden.

Per Reichsverordnung wird im Rahmen der Devisenbewirtschaftung am 25.2. die Filmeinfuhr untersagt. Die Nordische Films Co.

erwirkt Anfang April eine Ausnahmegenehmigung, die ihr zunächst bis zum 1.9.1916
die Einfuhr von 500.000 m Film erlaubt; diese Erlaubnis wird danach mehrfach verlän-
gert.

Am 8.5. wird dem Reichskanzler von Interes-
senvertretern der deutschen Filmwirtschaft
eine Denkschrift übergeben, in der um eine
Rücknahme der Ausnahmegenehmigung für
die Nordisk-Tochter nachgesucht wird.
Denkschrift und Parlamentsanfrage Strese-
manns am 4.11. zum gleichen Thema haben
keine direkten Wirkungen auf die Entscheidung der Regierung.

Asta Nielsen geht (bis Kriegsende) nach Dänemark zurück.

Olaf Fønss spielt die Titelrolle der sechstei-
ligen Bioscop-Produktion HOMUNCULUS
(Otto Rippert). Holger-Madsen dreht SPIRI-
TISTEN und PAX ÆTERNA, George Schnéevoigt DØDEDANSEN (TOTENTANZ).

1917

Dänemark produziert 87 Spielfilme, davon
sind 59 Nordisk-Produktionen.

Die Dividendenausschüttung erreicht noch
8%. Die Nordisk schließt das Geschäftsjahr
erstmals mit einem Defizit ab: 142.500 Kronen.

Nach der Februarrevolution fällt der russische Markt für die dänischen Gesellschaften
weg.Die Nordisk-Sonderregelungen für den
Import von Filmen werden in Deutschland
im Juni nicht mehr erneuert.

Olsen verkauft seine deutschen Gesellschaften für 10 Mill. RM an die Ufa-Gründer. Etwa
die Hälfte wird in Ufa-Aktien gezahlt; die
Verkaufssumme darf nicht nach Dänemark
transferiert werden.

Am 6.3. stirbt der Nordisk-Star Valdemar Psilander in einem Hotelzimmer in Kopenhagen. Seit seinem Weggang von der Nordisk
sind zu diesem Zeitpunkt lediglich die ersten
200 m einer ersten Eigenproduktion (weibliche Hauptrolle: Clara Pontoppidan) abgedreht. Einer seiner wichtigsten Filme,
KLOVNEN (DER TANZENDE TOR) (A. W. Sand-

berg), produziert 1916, kommt erst nach seinem Tod im Mai zur Uraufführung; der Film
wird in 385 Kopien verkauft.

Weitere wichtige Arbeiten: Robert Dinesens
MAHARADJAENS YNDLINGSHUSTRU (DIE
LIEBLINGSFRAU DES MAHARADJAHS) mit
Gunnar Tolnaes.

1918

In Dänemark werden 48 Spielfilme produziert, davon 39 Nordisk-Produktionen.

Holger-Madsens HIMMELSKIBET kommt im
Februar in die Kinos. Der Psilander-Film EN
FARE FOR SAMFUNDET (DIE FLUCHT VOR DER
LIEBE) (Robert Dinesen) wird am 28.1. urauf-
geführt.

Weitere wichtige Arbeiten: FOLKETS VEN
(SÖHNE DES VOLKES) (Holger-Madsen) und
HAEVENEREN (Olaf Fønss); die schon im Jahr
1915 produzierten Filme SFINXENS HEMME-
LIGHED (DAS GEHEIMNIS DER SPHINX) (Robert Dinesen) und FOR SIT LANDS ÆRE (August Blom) werden uraufgeführt.

1919

Die Zahl der in Dänemark produzierten
Spielfilme sinkt auf 40, davon 36 Nordisk-
Produktionen.

Olsen gründet die Verleihgesellschaft Da-
nish-American Film Company (DAFCO), die
amerikanische Filme nach Deutschland bringen soll; sie scheitert wegen des bis 1921
weitergeltenden Importverbots.

Urban Gad veröffentlicht seine filmtheoreti-
sche Schrift »Filmen, dens Midler og Mal
(1920 deutsch: Der Film – seine Mittel –
seine Ziele)«. Asta Nielsens letzter, 1918
produzierter, dänischer Film MOD LYSET
(DER FACKELTRÄGER) (Holger-Madsen) wird
am 21.7. uraufgeführt.

Emanuel Gregers dreht DEN FLYVENDE
HOLÆNDER (DER FLIEGENDE HOLLÄNDER).

1920

Die Nordisk produziert nur noch 6 Spielfilme (dänische Gesamtproduktion: 8 Spielfilme).

Lau Lauritzen gründet die Firma Palladium, die in den 20er Jahren zur wichtigsten dänischen Produktionsgesellschaft wird. Holger-Madsen geht nach Berlin. Dreyers PRÆSIDENTEN (DER PRÄSIDENT), 1918 produziert, wird am 9.2. uraufgeführt.

1921

Dänische Spielfilmproduktion: 24 Filme. Deutsche Banken übernehmen das letzte Ufa-Aktienpaket aus dem Besitz von Ole Olsen.

Palladium bringt den ersten Film mit Carl Schenstrøm und Harald Madsen als »Fy und Bi« (Pat und Patachon) heraus: LANDSVÄGS-RIDDARE (Lau Lauritzen). Christensen dreht für die Svensk Filmindustri seinen experimentellen Filmessay HÄXAN. A. W. Sandberg realisiert STORE FORVENTIGER (Große Erwartungen), eine Dickens-Verfilmung, der bis Mitte der 20er Jahre weitere folgen. Der erhoffte internationale Erfolg bleibt aus. Dreyers BLADE AF SATANS BOG (BLÄTTER AUS DEM BUCHE SATANS), 1919 produziert, wird am 24.1. uraufgeführt.

1922

Dänemark produziert 20 Spielfilme. Gesetzliche Regelung von Filmvorführungen in Dänemark: eine Kinolizenz soll nur erhalten, wer ein gewisses kulturelles Niveau des Programmangebots garantieren kann. Lizenzträger dürfen nur jeweils ein Kino betreiben. Ca. 70 % des Gewinns müssen an einen Filmfonds abgeführt werden. Der deutsche Verleiher Lothar Stark erwirbt die Rechte für den Vertrieb von »Pat und Patachon«-Filmen im nichtskandinavischen Europa; Palladium verpflichtet sich, jährlich vier Filme mit den Komikern zu produzieren. Urban Gad kehrt nach Kopenhagen zurück und übernimmt die Leitung eines Kinos. Wichtige Produktionen: DEN VAR ENGANG (Carl T. Dreyer); PRÆSTEN I VEJLBY (DER PFARRER ZU VEJLBY) (August Blom), 1918 produziert, wird am 20.3. uraufgeführt.

1923

In Dänemark entstehen 17 Spielfilme, darunter: REPUBLIKANEREN (Martinius Nielsen) und MADSALUNE (Emanuel Gregers).

1924

Die dänische Spielfilmproduktion sinkt auf 13 Filme. Olsen zieht sich aus dem Filmgeschäft zurück und widmet sich seinen Porzellansammlungen.

1925

Dänische Produktion: 11 Spielfilme. Benjamin Christensen geht nach Hollywood. Carl Theodor Dreyer dreht DU SKAL ÆRE DIN HUSTRU.

1926

Dänische Produktion: 7 Spielfilme. Dreyer geht nach Paris und beginnt mit den Dreharbeiten zu LA PASSION DE JEANNE D'ARC. Schenstrøm/Madsen (Pat und Patachon) drehen DON QUICHOTE; der Film hat nur geringen kommerziellen Erfolg. Sandbergs Remake des Psilander-Films KLOVNEN mit Gösta Ekman in der Titelrolle wird auch in Deutschland zur Kenntnis genommen.

1927

Dänische Produktion: 7 Spielfilme. Eduard Schnedler-Sørensen dreht GRÆNSEFOLKET.

1928

In Dänemark entstehen 4 Spielfilme. Die Nordisk geht in Liquidation.

1929

Dänemark produziert 4 Spielfilme.

1930

Neugründung der Nordisk. Eine der zwei dänischen Spielfilmproduktionen des Jahres ist George Schnéevoigts ESKIMO, der erste dänische Tonfilm, eine Coproduktion mit Norwegen.

Kurzbiografien

Ausgewählt wurden Personen, die in Dänemark und Deutschland arbeiteten oder für das deutsche Filmwesen Bedeutung erlangten (Johan Ankerstjerne, August Blom, Lau Lauritzen, Ole Olsen, Valdemar Psilander, Eduard Schnedler-Sørensen). Aus der Sekundärliteratur wurden nur Titel aufgenommen, die auch auf die Arbeit in Deutschland eingehen. Ausführliche Beiträge zu Ole Olsen, Benjamin Christensen, Alfred Lind und August Blom finden sich in dem Sammelband von Paolo Cherchi Usai (Hg.), 1986. (Vollständige Angabe in der Bibliografie.)

Ankerstjerne, Johan (17.1.1886 – 20.8. 1959)
Uhrmacher in Randers. 1911-15 Kameramann bei der Nordisk. Danach zur Dansk Biografkompagni, für die er unter anderem Benjamin Christensens HÆVNENS NAT (RACHE, 1915) fotografierte. 1917 Chefkameramann der Dansk Film Co. (ab 1918 Dansk Astra Film Compagni). 1921/22 Kamera für Christensens HÄXAN (HEXEN). Ab 1924 in der technischen Abteilung der Nordisk. 1932 Gründung einer Filmkopieranstalt, die er bis zu seinem Tod leitete. 1945 erhielt Ankerstjerne eine Kinolizenz.

Blom, August Martin (26.12.1869 – 10.1. 1947)
Theaterdebüt 1893 in Kolding/Dänemark, 1907-10 Vertrag mit dem Folketeatret/Kopenhagen. Erste Filmarbeit für die Nordisk 1909 mit dem Sherlock Holmes-Film DROSKE 519; ab 1910 Regisseur bei der Nordisk, erster eigener Film LIVETS STORM. 1911 künstlerischer Direktor der Nordisk, für die er bis 1924 arbeitete; 1913 entstand unter seiner Regie mit ATLANTIS der aufwendigste Film der Nordisk. 1925 letzter Film: HENDES NADE, DRAGONEN (VERSUCHUNGEN DER GROSSTADT) für die Stephan Klio-Film; drehte mehr als hundert Filme, darunter VED FÆNGLETS PORT (1911), DEN HVIDE SLAVEHANDELS SIDSTE OFFER (DIE WEISSE SKLAVIN II, 1911), BALLETDANSERINDEN (BALLETTÄNZERIN, 1911), PRO PATRIA (1915) und VERDENS UNDERGANG (DAS JÜNGSTE GERICHT, 1916). 1926 erhielt Blom eine Kinolizenz.

Christensen, Benjamin (28.9.1879 – 2.4. 1959)
Studierte zunächst einige Jahre Medizin, dann Ausbildung zum Opernsänger; Debüt 1902 am Königlichen Theater in Kopenhagen; Stimmprobleme, daher Arbeit als Schauspieler; erster Film 1912; 1913 Kauf der Dansk Biografkompagni, für die er DET HEMMELIGHEDSFULDE X (1913) und HÆVNENS NAT (RACHE, 1915) drehte; mit schwedischem Kapital (Svenska Biograf) entstand 1922 HÄXAN (HEXEN), eine halbdokumentarische Studie über Verfolgung und Aberglaube, die durch die Zensur z. T. erheblich verstümmelt wurde. 1923-25 arbeitete Christensen als Regisseur und Schauspieler in Deutschland, u. a. in Dreyers MICHAEL (1924); in Hollywood entstanden zwischen 1926 und 1929 sieben Filme, zuletzt THE MYSTERIOUS ISLAND nach Jules Verne; vier

dieser Filme des herausragenden Regisseurs des Phantastischen gelten als verloren. Christensen ging Ende der 30er Jahre nach Dänemark zurück und drehte dort zwischen 1939 und 1942 vier weitere Filme. 1944 erhielt er eine Kinolizenz.
– John Ernst: Benjamin Christensen. Kopenhagen: Det Dansk Filmmuseum 1967.

Dinesen, Robert (23.10.1874 – März 1972)
Theaterdebüt 1894, erster Filmauftritt 1910 als Partner Asta Nielsens in AFGRUNDEN (ABGRÜNDE); Co-Regisseur von DE FIRE DJÆVLE (1911), in dem er auch als Schauspieler mitwirkte; 1912-17 Schauspieler und Regisseur bei der Nordisk; Dinesen wirkte dort als Spezialist für Melodramen und Legenden; für die schwedische Gesellschaft Palladium drehte er 1919 JEFTAS DATTER; ab 1918 bis zum Einsetzen der Tonfilmzeit 13 Filme als Schauspieler (u.a in Svend Gades HAMLET mit Asta Nielsen) und Regisseur in Deutschland. Dinesen lebte bis zu seinem Tod in Berlin.

Dreyer, Carl Theodor (3.2.1889 – 20.3. 1968)
Begann als Journalist; 1912/13 erste Drehbücher für die Filmgesellschaft Det Skandinavisk-Russisk Handelshus; ab 1913 Drehbuchautor für die Nordisk; unter den 20 zumeist auf literarischen Vorlagen beruhenden Drehbüchern (u. a nach Zola und Balzac) erlangte der pazifistische Film NED MED VAABNEN (DIE WAFFEN NIEDER!, 1914) nach Bertha von Suttners Roman internationalen Erfolg. Nach zwei Regiearbeiten für die Nordisk – PRÆSIDENTEN (DER PRÄSIDENT, 1918) und BLADE AF SATANS BOG (BLÄTTER AUS DEM BUCHE SATANS, 1919) – ging Dreyer wegen schroffer künstlerischer Differenzen zur Nordisk 1920 zunächst nach Schweden, dann nach Deutschland (DIE GEZEICHNETEN, 1921; MICHÆL, 1924). Nach weiteren Arbeiten in Schweden, Dänemark und Norwegen zwischen 1922 und 1925 erregte LA PASSION DE JEANNE D'ARC,

1927 in Frankreich gedreht, internationales Aufsehen. Dreyer, der von Beginn an mit starken Hell-Dunkel-Kontrasten, langen Einstellungen und nunmehr mit Großaufnahmen arbeitete, gilt als einer der großen Innovateure der Stummfilmzeit. Nach einer weiteren Regie in Frankreich (L'ÉTRANGE AVENTURE DE DAVID GREY/VAMPYR – DER TRAUM DES ALLAN GRAY, 1932) war Dreyer in den 30er Jahren erneut als Journalist in Dänemark tätig. 1942 nahm er seine Regiearbeit wieder auf; zunächst entstanden kurze, dann abendfüllende Filme, zuletzt GERTRUD (1964). Dreyer erhielt 1952 eine Kinolizenz.
– David Bordwell: The Films of Carl-Theodor Dreyer. Berkeley, Los Angeles, London; University of California Press 1981. (Mit ausführlicher Bibliographie).

Fønss, Olaf Holger Axel (17.10.1882 – 3.11. 1949)
Zog 1899 von Aarhus nach Kopenhagen, wo er 1903-11 am Dagmarteatret spielte. 1912 wirkte er in vier Filmen von Det Skandinavisk-Russisk Handelshus mit. 1913 entstanden zwei Filme für die Alfred Lind-Film. Von 1913 bis zum Oktober 1915 spielte er in etwa zwei Dutzend Filmen der Nordisk, u. a. in ATLANTIS (1913) und NED MED VAABNENE (DIE WAFFEN NIEDER!) von 1914. 1916 folgte Fønss seinem Bruder Johannes nach Berlin und erhielt die zunächst für diesen vorgesehene Hauptrolle in der Bioscop-Produktion HOMUNCULUS (6 Teile, 1916). 1917 kehrte Fønss nach Dänemark zurück und trat in die noch von Psilander geplante Dansk Film Compagni ein, die 1918 in Dansk Astra Film umbenannt wurde; für diese realisierte Fønss 1919 SAMVITIGHEDSKVALER (GEWISSENSQUALEN), einen Einpersonenfilm ohne Zwischentitel. Nach dem Scheitern der Astra spielte Fønss in Murnaus DER GANG IN DIE NACHT (1920). Zum letzten Mal war Fønss in der Hauptrolle eines deutschen Films in Joe Mays DAS INDISCHE GRABMAL (1921) zu sehen. Nach Dänemark

zurückgekehrt, arbeitete Fønss am Theater und nach Unterbrechungen auch wieder für den Film. Der Versuch, 1924 amerikanische Partner für ein Projekt zu interessieren, scheiterte. 1926-29 versuchte er sein Glück noch einmal in Deutschland – ohne nachhaltigen Erfolg. Fønss engagierte sich für die dänischen Sozialdemokraten, für die er 1930 und 1932 zwei Werbefilme drehte; von 1933-47 war er Vorsitzender des dänischen Schauspielerverbandes. 1932-46 nahm Fønss die Aufgaben eines Filmzensors wahr. 1946 erhielt er die ihm zu Beginn der 20er Jahre verweigerte Kinokonzession. Seine Erfahrungen in Film und Theater teilte Fønss in sieben Erinnerungsbüchern mit, die nur in Dänemark erschienen.
– Titel der Veröffentlichungen von Olaf Fønss: s. den Beitrag von Carl Nørrestedt.

Fuglsang, Frederik
Ab 1914 als Kameramann bei der Nordisk. 1916 nach Berlin; Zusammenarbeit mit Urban Gad, Paul Wegener, Arthur von Gerlach (VANINA, 1922), Holger-Madsen (DER EVANGELIMANN, 1923), Benjamin Christensen (SEINE FRAU, DIE UNBEKANNTE, 1923) und besonders intensiv mit Friedrich Zelnik, unter anderem bei DIE WEBER (1927).

Gad, Peter Urban (12.2.1879 – 26.12.1947)
Sohn der Schriftstellerin Emma Gad. 1906-10 Theaterregisseur in Kopenhagen. Für Kosmorama drehte er 1910 AFGRUNDEN (ABGRÜNDE). 1911 arbeitete Gad für Fotorama (DEN SORTE DRØM/ DER SCHWARZE TRAUM) und die Nordisk. Mit Asta Nielsen, die er 1912 heiratete, ging Gad 1911 nach Berlin. Für Bioscop und PAGU entstanden zwischen 1911 und 1914 31 Gad/Nielsen-Filme verschiedener Genres, die fast ausnahmslos zu Kassenschlagern wurden und den legendären Ruf der Nielsen begründeten. Nach der Trennung von Asta Nielsen blieb Gad bis 1925 in Deutschland. Für verschiedene Gesellschaften (Saturn, PAGU, Hella-Moja, Terra, Corona) variierte Gad zu-

meist Motive aus der Zeit der Zusammenarbeit mit Asta Nielsen und ging ab 1919 dazu über, literarische Vorlagen umzusetzen. Seine letzte Regiearbeit in Deutschland war 1922 HANNELES HIMMELFAHRT nach Gerhart Hauptmann. Für die dänische Palladium führte Gad 1925/26 noch zweimal Regie. 1922 hatte er in Kopenhagen eine Kinolizenz für das Grand Teatret bekommen, das er bis zu seinem Tode als Direktor führte.
– Urban Gad: Filmen, dens Midler og Mal. Kopenhagen: Gyldendalske Boghandel 1919; deutsch: Der Film – seine Mittel – seine Ziele. Berlin: Schuster & Loeffler o. J. (1920).

Graatkjær, Axel (Axel Sørensen) (19.1.1885 – 13.11.1969)
Begann 1905 als Programmverkäufer beim Biografteater in Kopenhagen. 1906 erster und zunächst einziger Kameramann der Nordisk; bis 1911 an zahlreichen Produktionen dieser Gesellschaft beteiligt. 1913 ging er nach Deutschland, wo er 1913/14 neun Nielsen/Gad-Produktionen fotografierte. Bis zum Beginn der Tonfilmzeit blieb er in Berlin und arbeitete u. a. mit William Wauer, Richard Oswald, Carl Froelich, F. W. Murnau (PHANTOM), Robert Wiene, Paul Czinner, Richard Löwenbein und Erich Schönfelder. Die Nielsen-Filme HAMLET (1920) und ABSTURZ (1922) sind gleichfalls Arbeiten des bedeutendsten dänischen Kameramanns. 1929 ging Graatkjær nach Dänemark zurück.

Holger-Madsen (Holger Madsen) (11.4.1878 – 1.12.1943)
Theaterdebüt 1896; Schauspieler in der dänischen Provinz bis 1905; dann bis 1912 am Casino-Theater in Kopenhagen, 1912-14 am Dagmarteatret. Erste Arbeit für den Film 1908, unter anderem in den Sherlock Holmes-Filmen von Viggo Larsen. Bis 1912 Regisseur bei der Biorama. 1913-20 Schauspieler und Regisseur bei der Nordisk; Regie bei über 70 Filmen, darunter die pazifistischen

Pax æterna (Holger-Madsen, 1916)

NED MED VAABNENE (DIE WAFFEN NIEDER!, 1914) und PAX ÆTERNA (1916), die, wie auch die meisten anderen Regiearbeiten Holger-Madsens, höchst konventionell und ermüdend ausfielen. Von 1921 bis 1928 arbeitete Holger-Madsen als Regisseur in Deutschland. Holger-Madsen ging Ende der 20er Jahre nach Dänemark zurück, wo er bis 1936 nur noch wenige Filme realisierte. 1937 erhielt er eine Kinolizenz.

Larsen, Jens Viggo (14.8.1880 – 6.1.1957) Besuch der Kadettenanstalt; Soldat in belgischen Diensten. Larsen lernte auf der Rückreise von Afrika Ole Olsen kennen, für den er zunächst als Filmvorführer, dann als Direktor von dessen erstem Kino (1905) tätig war; 1906-09 Regisseur und Schauspieler (vorzugsweise charmante Liebhaber) sowie künstlerischer Leiter bei der Nordisk. 1908 spielte er den ersten europäischen Sherlock Holmes; daraufhin bot ihm die Vitascope in Berlin einen Vertrag an. Wegen Differenzen mit Ole Olsen verließ er Ende 1909 die Nordisk. 1910-12 Regisseur von Detektiv-, Sensations-, Abenteuerfilmen und Western (DER PFERDEDIEB, 1911) bei der Vitascope. Ende 1912 lernte Larsen die polnische Schauspielerin Wanda Treumann kennen, mit der er die höchst erfolgreiche Treumann-Larsen-Film-Vertriebs GmbH gründete, die zwischen 1912 und 1920 ca. 50 Filme produzierte. Neben beeindruckenden sozialen Dramen (DIE SUMPFBLUME, 1913) entstanden Komödien, die in der Kriegszeit z. T. in erschreckenden Maße der nationalistischen Ideologie angepaßt waren. Zwischen 1916 und 1920 arbeitete Larsen auch für Messter (unter anderem: SEIN LETZTER SEITEN-SPRUNG, 1918). Ab 1920 war Larsen nur noch als Schauspieler in Deutschland beschäftigt, in seinem vorletzten Film 1941/42 in Karl Ritters GPU. Larsen blieb bis 1945 in Deutschland. Er wirkte als Schauspieler und Regisseur an ca. 350 Filmen mit.

Lauritzen, Lau (Lauritz) (13.3.1878 – 2.7.1938)
1907 Theaterdebüt in Aarhus. 1911 Filmdebüt und erstes Drehbuch. Ab 1914 Regisseur bei der Nordisk, wo er sich auf Komödien spezialisierte. Ab 1919 künstlerischer Leiter und Regisseur bei Palladium. Erfinder des Komikerpaares »Fyrtaarnet og Bivognen (Pat und Patachon)«. Bis zu seinem Tod bei Palladium beschäftigt.

Lind, Alfred (27.3.1879 – April 1959)
Tischlerausbildung. Regisseur von Dokumentarfilmen ab 1906. Im gleichen Jahr eröffnete er das erste Kino in Reykjavik. 1910 drehte er für die dänische Gesellschaft Kosmorama DEN HVIDE SLAVEHANDEL, der 1911 von der Nordisk plagiiert und zum größten Publikumserfolg dieses Jahres wurde. 1910 Kameramann von AFGRUNDEN (ABGRÜNDE). Zwischen 1910 und 1912 arbeitete Lind für verschiedene dänische Gesellschaften. 1912 Regisseur des Sensationsfilms DEN FLYVENDE CIRKUS (DER FLIEGENDE ZIRKUS). Lind ging 1913 nach Deutschland und führte für die Eiko Regie bei EIFERSUCHT, AMERIKA-EUROPA IM LUFTSCHIFF, für die Bioscop bei TURI, DER WANDERLAPPE (alle 1913); danach ging er nach Italien. Lind kehrte mit dem Einsetzen des Tonfilms in seinen Tischlerberuf zurück.

Madsen, Harald (20.11.1890 – 13.7.1949)
Ab 1904 Artist bei einem Wanderzirkus, ab 1915 Zirkusclown: »Die drei Miehes« wurden in Skandinavien und Deutschland populär. Erste Filmauftritte ab 1917 bei Svensk Filmindustri. Ab 1920 als Filmkomiker bei der dänischen Palladium angestellt. 1921 erster Film als »Bivognen/Bi (Patachon)« unter der Regie von Lau Lauritzen. Bis 1940 entstanden über 40 »Pat und Patachon«-Filme. Madsen fiel die Rolle des rundlichen Naiv-

lings zu, der durch sein fragendes, immer erstauntes Gesicht die Konventionen eines sozial ungerechten Alltags in Frage stellte. Ab 1925 Produktion der populären Serie auch durch schwedische, englische, deutsche und österreichische Gesellschaften. 1938 Rückkehr nach Dänemark. Nach dem Tod seines Partners Carl Schenstrøm 1947 letzter Film mit Calle Reinholdz als Partner in der dänisch-schwedischen Koproduktion HJÄLTAR MOT SIND VILJA (HELDEN WIDER WILLEN). – Literatur s. unter Carl Schenstrøm.

Nielsen, Asta (17.9.1881 – 24.5.1972)
Aus ärmlichen Verhältnissen stammend, wuchs Asta Nielsen in Dänemark und Schweden auf. Schulbesuch bis 1895; verschiedene Arbeiten, um zum Lebensunterhalt der Familie beizutragen. 1902-05 Engagement am Kopenhagener Dagmarteatret; danach Tourneen durch Skandinavien, 1908 am Neuen Theater Kopenhagen, aber nur in Nebenrollen, 1909 ohne Arbeit. 1910 Zusammentreffen mit Urban Gad, mit dem sie das Künstlerdrama AFGRUNDEN (ABGRÜNDE) drehte, das sie sogleich international bekannt machte. Nach zwei weiteren dänischen Produktionen für Fotorama (DEN SORTE DRØM / DER SCHWARZE TRAUM, 1911) und die Nordisk (BALLETTDANSERINDEN /BALLETTÄNZERIN, 1911) nahm die Berliner Bioscop Gad/Nielsen 1911 unter Vertrag. Der PAGU-Produzent Paul Davidson erkannte die außergewöhnlichen darstellerischen Fähigkeiten der Nielsen und vereinbarte für die Jahre 1911-14 ein Paket von 24 Filmen mit Gad/Nielsen, die 1912 heirateten. Asta Nielsen gelang es, auch schlichteren Drehbüchern interessante Seiten abzugewinnen, indem sie, zwischen Emphase und Zurückgenommenheit changierend, dem Film körperlich-mimische Möglichkeiten hinzugewann, die die Spezifik filmischer Darstellung gegenüber der des Theaters zeigte. Die »Duse des Films« fand bei Kritikern und Publikum gleichermaßen enthusiastischen Zuspruch. Nach dem Ende der Zu-

En Fare for Samfundet (Robert Dinesen, 1915)

sammenarbeit mit der PAGU und Urban
Gad (Scheidung 1915) beteiligte sich Asta
Nielsen 1916 finanziell an acht Produktionen der Neutral-Film. 1916 kehrte sie nach
Dänemark zurück und hielt sich im selben
Jahr längere Zeit in den USA auf. 1918 entstand ihr letzter dänischer Film: MOD LYSET
(DER FACKELTRÄGER). Zwischen 1919 und
1925 spielte sie in weiteren 24 deutschen
Produktionen, z. T. in eigener Produktion
(Art-Film). Sie bevorzugte ambitionierte Literaturverfilmungen: RAUSCH (1919), HAMLET
(1920), FRÄULEIN JULIE (1921), ERDGEIST
(1922/23), HEDDA GABLER (1924). In
mehreren Filmen war sie mit Grigori Chma-
ra, ihrem zweiten Ehemann, zu sehen. Von
1925 bis Ende 1926 wurde sie wegen ihrer
deutlichen Kritik an der Filmindustrie boy-
kottiert. Sie nahm ihre Theaterarbeit wieder
auf. 1927 wirkte sie noch einmal in fünf Filmen mit. Den letzten Auftritt hatte sie 1932

in ihrem einzigen Tonfilm: UNMÖGLICHE
LIEBE. Bis 1937 spielte Asta Nielsen in
Deutschland Theater. Wiederholte Offerten
von Goebbels, eine wichtige Funktion im
Filmwesen anzunehmen, lehnte sie ab. Sie
ging 1937 nach Dänemark zurück. Nach
einigen Theaterauftritten zog sie sich aus der
Öffentlichkeit zurück.

– Asta Nielsen: Den tiende Muse. Band I: Ve-
jen til Filmen. Kopenhagen: Gyldendal 1945;
Band II: Filmen. Kopenhagen: Gyldendal
1946; deutsch: Die schweigende Muse. Rostock: Hinstorff 1961; Neuausgabe: Ber-
lin/DDR: Henschel 1977; Lizenzausgabe:
München: Hanser 1977.)

– Renate Seydel, Alan Hagedorff (Hg.): Asta
Nielsen. Eine Bildbiografie. Ihr Leben in
Fotodokumenten, Selbstzeugnissen und zeit-
genössischen Betrachtungen. Berlin/DDR:
Henschel 1981; Lizenzausgabe: München:
Universitas 1981.

– Essay, Bibliografie und Filmografie in: CineGraph, 2. Lieferung (1984).

Olsen, Ole Andersen (5.5.1863 – 5.10.1943) 1898 Besitzer eines Vergnügungsparks in Malmö; 1905 Eröffnung seines ersten Kinos in Kopenhagen. 1906 nahm die von ihm gegründete Nordisk Films Kompagni die Produktion auf. Blieb auch Generaldirektor der Gesellschaft, als sie 1911 in eine Aktiengesellschaft umgewandelt wurde; verblieb in dieser Position bis 1924. Olsen zog sich dann vom Filmgeschäft zurück und widmete sich seinen Kunstsammlungen (Porzellan).
– Ole Olsen: Filmens Eventyr og mit eget. Kopenhagen: Jespersen & Pios Forlag 1940.

Psilander, Valdemar (9.5.1884 – 6.3.1917) Erster Theaterauftritt 1901. In seinem ersten Filmjahr 1911 spielte Psilander bei der Fotorama neben Asta Nielsen in DEN SORTE DRØM (DER SCHWARZE TRAUM). Zwischen 1911 und 1916 wirkte er bei der Nordisk in über 80 Filmen mit. In Dänemark und Deutschland nahm die Verehrung des attraktiven Schauspielers, der sich nach und nach von schablonenhaften Klischees (Arzt- und Liebhaberrollen) freimachen konnte und gegen Ende seiner Karriere höchst zwiespältige Charaktere spielte (letzter Film: KLOVNEN/DER TANZENDE TOR, 1916), geradezu kultische Züge an. Ebenso populär war er in Rußland.
Bevor er den Plan realisieren konnte, sich von der Nordisk zu lösen und eine eigene Produktionsgesellschaft zu gründen, starb Psilander unter nicht endgültig geklärten Umständen im März 1917 in seinem Hotelzimmer. Branchengerüchte besagten 1916, Psilander habe ein attraktives amerikanisches Angebot erhalten.
– Gustaf Holberg: Valdemar Psilander. Berlin: Verlag der Lichtbild-Bühne o. J. (1918). (Einzige umfassende Darstellung seines Werdegangs von allerdings beträchtlichem Byzantinismus und mit unfreiwillig komischen Zügen.)

Rye, Stellan (4.7.1880 – 14.11.1914) Offizierskarriere. 1906 Aufführung seines ersten Theaterstücks in Kopenhagen; Theaterdirektor. 1912 Theaterregisseur und Dramaturg bei Det Skandinavisk-Russiske Handelshus; 1912 Realisierung seines Drehbuchs zu DET BLÅ BLOD (DAS BLAUE BLUT). 1910 wegen Homosexualität zu einer dreimonatigen Gefängnisstrafe verurteilt. Ausschluß aus der dänischen Armee. 1913 nach Berlin; Regisseur bei der Bioscop. 1913/14 entstanden 16 Filme, von denen nur DER STUDENT VON PRAG erhalten blieb; mehrfach Zusammenarbeit mit Paul Wegener. Der bis heute nicht wieder aufgefundene Film DAS HAUS OHNE TÜR gilt als Vorläufer des Caligarismus. 1914 Kriegsfreiwilliger auf deutscher Seite. Rye starb als deutscher Kriegsgefangener in einem französischen Lazarett.

Sandberg, Anders Wilhelm (13.11.1881 – 27.3.1938) Journalist und Fotoreporter. 1913 Kameramann bei der Dansk Biografkompagni. Ab 1914 Kameramann und Regisseur bei der Nordisk, bei der er von 1918-26 als deren bedeutendster Regisseur arbeitete. Zwischen 1919 und 1924 entstanden unter seiner Regie vier detailgetreue Filme nach Vorlagen von Charles Dickens, die aber kommerziell erfolglos blieben. 1927/28 drehte Sandberg zwei Filme in Deutschland: EHESKANDAL IM HAUS FROMONT JUN. UND RISLER SEN., REVOLUTIONSHOCHZEIT. Er kehrte zu Beginn der 30er Jahre nach Dänemark zurück.

Schenstrøm, Carl Georg Harald (13.11. 1881 – 10.4.1942) Mit den Eltern 1890 nach Amerika; 1893 Rückkehr nach Fredericia. Buchbinderlehre, Wanderjahre als Geselle. Seit der Jahrhundertwende Theaterschauspieler, unter anderem am Nørrebros Teater in Kopenhagen. Ab 1909 zunächst Nebenrollen bei der Nordisk, ab 1914 Festanstellung und Zusammentreffen mit Lau Lauritzen sen., mit dem

zusammen er die Figur des großen, dünnen, immer etwas melancholischen Vagabunden entwickelte, die ab 1921 als »Fyrtaarent/Fy (Pat)« weltberühmt werden sollte. 1920 zusammen mit Lauritzen zur Palladium. 1921 erster Film zusammen mit Harald Madsen »(Bivognen/Bi = Patachon)«. Bis 1940 entstanden über 40 »Pat und Patachon«-Filme, die besonders in Deutschland Kassenschlager waren. Ab 1925 Produktion der Filme auch in Schweden, England, Österreich und Deutschland. 1938 Regie bei MIDT I BYENS HJERTE, einem Kurzfilm über Hans Christian Andersen.
– Carl Schenstrøm: Fyrtaarnet fortæller. Kopenhagen: Hagerup 1943.
– Hauke Lange-Fuchs: Pat und Patachon. Eine Dokumentation unter Mitwirkung von Marguerite Engberg und mit einem Beitrag von Kaj Wickbom. Schondorf: Roloff & Seeßlen 1979.
– Marguerite Engberg: Fy & Bi. Kopenhagen 1980.

Schnedler-Sørensen, Eduard (22.9.1886 – 30.9.1947)
Begann als Filmvorführer bei dem dänischen Filmpionier Peter Elfelt. 1909 arbeitete er für Fotorama, 1910 für das Panoptikonteatret. 1910-17 bei der Nordisk, dort 1911 erste Regiearbeit. In den 20er Jahren drehte er für die Fotorama und verdiente seinen Lebensunterhalt als Kinodirektor.

Schnéevoigt, George (23.12.1893 – 6.2.1961)
Ausbildung zum Schauspieler und Fotografen/Kameramann in Berlin. 1913 Kameramann und Regisseur bei Kaulbach-Film. Ab 1915 Kameramann bei der Nordisk, unter anderem für die Dreyer-Filme BLADE AF SATANS BOG (BLÄTTER AUS DEM BUCHE SATANS) und DU SKAL ÆRE DIN HUSTRU. Führte 1930 Regie bei dem ersten dänisch-norwegischen Tonfilm ESKIMO. 1931 entstanden unter seiner Regie PRÆSTEN I VEJLBY und HOTEL PARADIS. Letzte Regiearbeit 1942.

Tolnæs, Gunnar (7.12.1879 – 9.11.1940)
1906 Theaterdebüt. 1908-16 am Nationaltheater in Oslo. 1914/15 in fünf Filmen von Mauritz Stiller und Victor Sjöström. Ab 1916 bei der Nordisk als Nachfolger von Valdemar Psilander aufgebaut, dessen schauspielerische Differenzierungsmöglichkeiten er aber beim Film nicht erreichte. Größter Erfolg in Dänemark und Deutschland mit der Hauptrolle in dem Kostümfilm MAHARADJÆNS YNDLINGSHUSTRU (DIE LIEBLINGSFRAU DES MAHARADJAHS, 1917) von Robert Dinesen. 1929-39 Schauspieler am Neuen Theater in Oslo, unter anderem als Ibsen-Darsteller. Populär auch als eleganter Liebhaber in Komödien und Operetten.

Manfred Behn

FILMOGRAFIE

1906. Den hvide Slavinde.
(Die weiße Sklavin).
Regie: Viggo Larsen. *Buch:* Arnold Richard Nielsen. *Kamera:* Axel Sørensen (= Graatkjær). *Bauten:* Robert Krause.
Darsteller: Gerda Jensen (junges Mädchen), Viggo Larsen (ihr Verlobter), Gustav Lund (ihr Vater).
Produktion: Nordisk Films Kompagni, Kopenhagen. *Produzent:* Ole Olsen. *Länge:* 155 m. *Uraufführung:* 12.1.1907, Kopenhagen (Biografteater).
☐ Eine junge Frau findet in der Zeitung eine interessante Stellenanzeige. Ihre Entscheidung, die Stelle in einer anderen Stadt anzunehmen, stößt bei ihrem Verlobten auf wenig Begeisterung. Für den Fall, daß sie in Schwierigkeiten geraten sollte, gibt er ihr eine Brieftaube mit. Die Arbeitsstelle ist in der Tat von Mädchenhändlern lanciert worden. Da sie sich ihren Plänen widersetzt, wird sie eingesperrt. Sie schickt die Taube mit einem Hilferuf an ihren Verlobten. Er eilt herbei und befreit sie.

1909. Pat Corner / Mesterdetektiven.
Regie: Viggo Larsen. *Kamera:* Axel Sørensen (= Graatkjær).
Produktion: Nordisk Films Kompagni, Kopenhagen. *Produzent:* Ole Olsen. *Länge:* 250 m.
☐ Die Handlung spielt in England. Eine Verbrecherbande versucht, einen Gang in die Gewölbe einer Bank zu graben. Von einem aufmerksamen Bankangestellten herbeigerufen, analysiert Pat Corner die Klopfgeräusche und stellt die Bankräuber.

⇨ *Vgl. hierzu den Beitrag von Sebastian Hesse in diesem Band.*

1909. Droske 519 / Sherlock Holmes V.
(Droschke 519)
Regie: Viggo Larsen. *Kamera:* Axel Sørensen (= Graatkjær).
Darsteller: Viggo Larsen (Sherlock Holmes), August Blom, Elith Pio, Gustav Lund.
Produktion: Nordisk Films Kompagni, Kopenhagen. *Produzent:* Ole Olsen. *Länge:* 343 m. *Uraufführung:* 30.4.1909, Kopenhagen (Biografteater und Kinografen).
☐ Sherlock Holmes rettet einen von Verbrechern gekidnappten Mann und verhindert so, daß diese sich Zugang zum Erbe dessen Onkels verschaffen können. Hinweise für seine Nachforschungen geben ihm eine liegengelassene Geldbörse und eine schnell notierte Autonummer. Holmes kommt gerade noch rechtzeitig, als einer der Verbrecher im Begriff ist, den Gekidnappten ins Meer zu werfen.

1910. Afgrunden.
(Abgründe).
Regie, Buch: Urban Gad. *Kamera:* Alfred Lind.
Darsteller: Asta Nielsen (Magda, Klavierlehrerin), Robert Dinesen (ihr Verlobter, Pfarrerssohn), Hans Neergaard (Pfarrer, sein Vater), Poul Reumert (Cowboy beim Wanderzirkus), Emilie Sannom, Oscar Stribolt (Diener), Arne Weel.
Produktion: Kosmorama, Kopenhagen. *Länge:* 2 Akte, 772 m. *Uraufführung:* 12.9.1910, Kopenhagen (Kosmorama); *deutsche Erst-*

aufführung: 3.12.1910, Düsseldorf (Palast-Theater).

☐ Magda schlägt sich als Klavierlehrerin durchs Leben. Sie trifft auf den Ingenieur Knud, einen Pastorensohn, der sie heiraten will. Doch Magda wünscht sich ein aufregenderes Leben: Hals über Kopf entflieht sie der bürgerlichen Enge mit dem Artisten und Frauenhelden Rudolph. Eifersuchtsszenen, Demütigungen, Geldsorgen begleiten den sozialen Abstieg. In ihrer Verzweiflung tötet sie den unzuverlässigen Mann, der ihr das andere Leben nicht geben konnte.

1910. Sherlock Holmes i Bondefangerklør / Den stjaalne Tegnebog.
(Sherlock Holmes und die Bauernfänger).
Regie: Viggo Larsen (?).
Darsteller: Otto Lagoni (Sherlock Holmes), Ellen Kornbeck, Axel Boesen, Ella la Cour, Victor Fabian.
Produktion: Nordisk Films Kompagni, Kopenhagen. *Produzent:* Ole Olsen. *Länge:* 266 m.

☐ Eine ruchlose Verbrecherbande macht sich die Arglosigkeit eines glücklichen Amerika-Heimkehrers zunutze: Man verführt ihn dazu, seine Rückkehr in einer obskuren Bar zu feiern. Er wird ausgeraubt. Sherlock Holmes nimmt die Spur der Bande auf. Nach einer wilden Verfolgungsjagd mit heftiger Schießerei gelingt es, die Verbrecher zu überwältigen.

⇨ *Siehe hierzu den Beitrag von Sebastian Hesse in diesem Band.*

1910. Den hvide Slavehandel.
Regie: Alfred Lind. *Buch:* Louis Schmidt. *Kamera:* Alfred Lind.
Darsteller: Christel Holch (Anna), Kaj Lund (Georg), Alfred Cohn, Peter Nielsen, Gunnar Helsengreen (Mädchenhändler), Maja Bjerre-Lind (Kupplerin), Aage Schmidt, Kai Lind, Philip Bech, Frederik Buch.
Produktion: Fotorama, Aarhus. *Länge:* 706 m. *Uraufführung:* 11.4.1910, Kopenhagen (Løvebiografen und Fotorama).

☐ Anna will auf eine Zeitungsanzeige hin eine Arbeit in London annehmen. Sie verläßt ihren betrübten Freund Georg. In London wird sie von Mädchenhändlern, die sie schon auf der Überfahrt beobachtet haben, in Empfang genommen. Sie wird in ein Bordell verschleppt. Es gelingt Anna mit Hilfe des skrupelhaften Zimmermädchens, ihrem Vater eine Nachricht zukommen zu lassen. Die Polizei erklärt auf sein Hilfeersuchen ihre Unzuständigkeit. Georg fährt nach London, wendet sich an einen Detektiv. Er erkennt einen der Schiffspassagiere und vermutet einen Zusammenhang mit dem geheimnisvollen Verschwinden seiner Freundin. Georg und der Detektiv folgen dem Mann zu dem Bordell. Sie können Kontakt zu Anna aufnehmen. Sie entkommt zunächst mit Hilfe eines Bettlakens, gerät aber erneut in die Hände der Mädchenhändler. Die Polizei findet bei der Durchsuchung des Bordells keine Hinweise. Das Zimmermädchen gibt den Verfolgern schließlich den entscheidenden Tip. Auf einem Schiff wird Anna befreit und kann nach Hause zurückkehren.

1910. Den hvide Slavehandel I.
(Die weiße Sklavin).
Regie: August Blom. *Kamera:* Axel Sørensen (= Graatkjær).
Darsteller: Ellen Rindom (Anna), Svend Bille (Bordellgast), Ella la Cour (Bordellbesitzerin), Einar Zangenberg, Lauritz Olsen (Georg, Annas Freund), Doris Langkilde, Otto Lagoni, Julie Henriksen.
Produktion: Nordisk Films Kompagni, Kopenhagen. *Produzent:* Ole Olsen. *Länge:* 603 m. *Uraufführung:* 2.8.1910, Kopenhagen (Panoptikonteatret).

⇨ *Inhalt siehe* DEN HVIDE SLAVEHANDEL II.

1911. Den hvide Slavehandel II / Den hvide Slavehandels sidste Offer.
(Die weiße Sklavin II).
Regie: August Blom. *Buch:* Peter Christensen. *Kamera:* Axel Graatkjær.

Darsteller: Clara Wieth (Edith von Felsen), Lauritz Olsen (Ingenieur Faith), Thora Meincke (Kreolin), Otto Lagoni (Mr. Bright), Ingeborg Rasmussen (Ediths Tante), Frederik Jacobsen (Chef des Sklavenhändlerrings), Ella la Cour, Peter Nielsen (brutaler Bandit), Aage Brandt, Axel Boesen, Otto Detlefsen. *Produktion:* Nordisk Films Kompagni, Kopenhagen. *Produzent:* Ole Olsen. *Länge:* 930 m. *Uraufführung:* 23.1.1911, Kopenhagen (Panoptikonteatret).

☐ Edith, Waise aus guter Familie, wird von ihrer Tante nach London eingeladen. Auf der Reise lernt sie eine Dame kennen, die ihr lebhaftes Interesse engegenbringt, in Wirklichkeit aber einem Mädchenhändlerring angehört. Da die londoner Tante angeblich nicht zum Empfang ihrer Nichte kommen kann, wird Edith von der Schiffsbekanntschaft und ihren Helfershelfern abgeholt. Edith soll umgehend in einem bordellartigen Betrieb dem ersten Kunden ausgeliefert werden. Sie weigert sich, wird mißhandelt und eingesperrt. Einem jungen Mann aber ist es auf der Überfahrt nach England gelungen, Ediths Adresse in London in Erfahrung zu bringen. Da er sie in London nicht unter der angegebenen Adresse antrifft, stellt er Nachforschungen an. Mit Hilfe der Polizei gelingt es ihm endlich, die Verbrecher zu stellen und Edith zu retten. Eine spätere Heirat ist selbstverständlich absehbar.

1911. Den sorte Drøm.
(Der schwarze Traum).
Regie, Buch: Urban Gad. *Kamera:* Adam Johansen. *Bauten:* Emil Poulsen.
Darsteller: Asta Nielsen (Zirkustänzerin Stella), Valdemar Psilander (Graf Johan Waldberg), Gunnar Helsengreen (Juwelier Hirsch), Ellen Gottschalk, Peter Fjelstrup, Ellen Feldmann, Poul Baastrup (Zirkusdiener), Adolf Tromer-Funder.
Produktion: Fotorama, Aarhus. *Länge:* 3 Akte, 1263 m. *Uraufführung:* 19.8.1911, Berlin

(Union Theater); *dänische Erstaufführung:* 4.9.1911 Kopenhagen (Panoptikonteatret).

☐ Die Kunstreiterin Stella wird von der Männerwelt verehrt. Neigungen hat sie aber nur zum Grafen von Waldberg. Adolf Hirsch, der reichste Juwelier der Stadt, ist ihr suspekt und wird schroff zurückgewiesen. Von Waldberg hingegen wird erhört. Hirsch erscheint uneingeladen auf einer Abendgesellschaft und wird im Nebenraum zudringlich. Der herbeieilende Graf schlägt ihn nieder. Beim anschließenden Gücksspiel verliert von Waldberg eine hohe Summe an Hirsch. Zur Begleichung der Schuld werden ihm 24 Stunden eingeräumt. Um den Verzweifelten zu retten, geht Stella scheinbar auf das Angebot des Juweliers ein, ihr einen wertvollen Schmuck zu schenken. Stella stiehlt – von Hirsch beobachtet – im Juwelierladen ein anderes Schmuckstück aus seinem Besitz. Sie verkauft es und hofft so, den lebensmüden Geliebten auslösen zu können. Hirsch stellt sie zur Rede und erpreßt die Zusage von ihr, sie werde ihn um Mitternacht aufsuchen. Da sie sich von Waldberg gegenüber zurückhaltend zeigt, wird dieser argwöhnisch, zumal er in Stellas Handtasche eine Notiz von der Hand des Juweliers findet. Er folgt ihr, glaubt die Geliebte in einer verfänglichen Situation. Ein Schuß löst sich aus der Pistole, die er abwechselnd auf den Juwelier und sich selbst richtet. Stella sinkt tödlich getroffen zu Boden. Sie ist aber noch in der Lage, von Waldberg eine Ehrenerklärung des Juweliers zu übergeben, die den Grafen ihre selbstlose Tat begreifen läßt. Es ist zu spät.

⇨ *Siehe hierzu den Beitrag von Heide Schlüpmann in diesem Band.*

1911. Dr. Gar el Hama I. / Bedraget i Døden.
(Dr. Gar el Hama).
Regie: Eduard Schnedler-Sørensen. *Buch:* Ludvig Landmann.
Darsteller: Aage Hertel (Dr. Gar el Hama), Carl Johan Lundquist (Graf Wolfhagen),

Edith Buemann (Edith, seine Tochter), Henry Seemann (Baron Sternberg), Otto Lagoni (James Pendleton), Einar Zangenberg (Newton, Freund des Grafen, Detektiv). *Produktion:* Nordisk Films Kompagni, Kopenhagen. *Produzent:* Ole Olsen. *Länge:* 800 m. *Uraufführung:* 16.11.1911.

☐ Der wohlhabende Graf Wolfhagen macht sein Testament zugunsten seiner Tochter und ihres Verlobten Baron Sternberg. Unglücklicherweise kommt er auf einem seiner Routinegänge durch einen Geheimweg zu seinem Freund James Pendleton, einem dubiosen Geldverleiher, so unglücklich zu Fall, daß er an den Folgen des Sturzes stirbt. Zuvor hat er – in Ergängzung seines Testaments – Pendleton sein großes Erbe für den Fall in Aussicht gestellt, daß seine Tochter und ihr Verlobter sterben sollten. Pendleton versucht, Edith zur Heirat zu überreden, doch sie weist ihn ab. Pendleton wendet sich darauf an den verbrecherischen Magier Dr. Gar el Hama. Dieser betäubt sie auf ihrer Hochzeitsfeier mit Hilfe einer Rose und flößt ihr, da Edith sich zu Bett begeben muß, noch einen Trunk ein, der sie für vier Tage scheintot macht. Nach der Beerdigung wird Edith von den Verschwörern aus dem Grab entführt und – nach Erweckung – erneut bedrängt, Pendleton zu heiraten. Es gelingt ihr, eine Nachricht in dem Raum zu hinterlassen, in dem sie gefangengehalten wird. Baron Sternberg entdeckt, daß Ediths Leiche verschwunden ist und beauftragt den Detektiv Newton mit der Suche nach seiner Frau. Newton erkennt in dem Begleiter Pendletons den langgesuchten orientalischen Verbrecher. Da inzwischen – durch Entdeckung des ergänzten Testaments – klar ist, daß auch Sternberg als Erbe beseitigt werden muß, um den Weg für Pendleton frei zu machen, stellt Newton den Verbrechern eine Falle. Gar el Hama aber entkommt nach der Flucht durch unterirdische Gänge bei einer wilden Verfolgunsjagd im Zug nach Konstantinopel. Edith wird befreit, Gar el Hama aus dem Zug geworfen.

➪ *Siehe hierzu den Beitrag von Sebastian Hesse in diesem Band.*

1911. In dem großen Augenblick.
Regie, Buch: Urban Gad. *Kamera:* Guido Seeber. *Bauten:* Robert A. Dietrich.
Darsteller: Max Obal (Rittergutsbesitzer Bergmann), Eugenie Werner (seine Frau), Hugo Flink (Heinz Nelson, ihr Neffe), Emil Albes (Johann, Kutscher auf dem Gute), Asta Nielsen (Annie, Stütze der Hausfrau). *Produktion:* Deutsche Bioscop GmbH, Berlin; für Projektions-AG »Union« (PAGU), Frankfurt a. M. *Länge:* 3 Akte, 1190 m. *Uraufführung:* 28.8.1911.
➪ *Siehe hierzu den Beitrag von Heide Schlüpmann in diesem Band.*

1912. Den hvide Slavehandel III / Pigehandleren Nina.
(Nina, die weiße Sklavin).
Regie: Urban Gad. *Buch:* A. Schmidt.
Darsteller: Lilly Lamprecht (Nina, Varieté-Künstlerin), Augusta Blad (ihre Mutter), Richard Christensen (Thompson, Marineoffizier), Amanda Lund (Bordellwirtin), Viggo Lindstrøm (Bordellbesitzer), Frantz Skondrup, Frederik Jacobsen. *Produktion:* Nordisk Films Kompagni, Kopenhagen. *Produzent:* Ole Olsen. *Länge:* 665 m. *Uraufführung:* 28.11.1912, Kopenhagen (Kosmorama).
☐ Die Varietékünstlerin Nina ist in den Marineoffizier Thompson verliebt. Kurz nachdem sie ihn ihrer Mutter vorgestellt hat, muß er zu einer längeren Seereise aufbrechen. Um sich den Nachstellungen des Varietédirektors zu entziehen, verläßt Nina das Theater und geht auf eine Anzeige hin nach St. Petersburg, um dort am Theater zu arbeiten. Die Anzeige erweist sich als Finte von Sklavenhändlern, die Nina in ihrem Etablissement zur Prostitution zwingen wollen. Als Thompson zufällig nach St. Petersburg beordert wird, muß er feststellen, daß Nina nie in dem seriösen Theater angekommen ist. Die Polizei weiß keinen Rat. Bei einem Bummel

durch das nächtliche St. Petersburg kommt Thompson dem Verbrechen schließlich auf die Spur und kann Kontakt zu Nina aufnehmen. Er wird aber dabei von den Verbrechern beobachtet und bewußtlos geschlagen. Als die Polizei sich um Thompson kümmert, stößt sie endlich auf Hinweise, die den Fluchtweg des Verbrechers verraten. Er wird auf einem Schiff verhaftet. Die befreite Nina kann zu ihrer Mutter zurückkehren.

1913. Atlantis.
Regie: August Blom. *Buch:* Karl-Ludwig Schröder, Axel Garde; nach dem Roman von Gerhart Hauptmann. *Kamera:* Johan Ankerstjerne.
Darsteller: Olaf Fönss (Dr. Friedrich von Kammacher), Frederik Jacobsen (Dr. Rasmussen, sein Freund), Carl Lauritzen (Dr. Peter Schmidt), Ida Orloff (Ingegerd Hahlström, Tänzerin), Ebba Thomsen (Bildhauerin), Charles Unthan (Arthur Stoss, armloser Artist).
Produktion: Nordisk Films Kompagni, Kopenhagen. *Produzent:* Ole Olsen. *Länge:* 2280 m. *Uraufführung:* 26.12.1913 Kopenhagen (Paladsteatret).
⇨ *Siehe hierzu den Beitrag von Deniz Göktürk in diesem Band.*

1913. Elskovsleg.
(Liebelei).
Regie: Holger-Madsen, August Blom. *Buch:* nach dem Theaterstück von Arthur Schnitzler. *Kamera:* M. Clausen, Johan Ankerstjerne.
Darsteller: Valdemar Psilander (Fritz Lobheimer), Augusta Blad (Adele, Frau des Fabrikanten Schroll), Christel Holch (Christine), Frederik Jacobsen (Weiring, Violinist, Christines Vater), Carl Lauritzen (Emil Schroll, Fabrikant), Holger Reenberg (Theodor Kaiser, Freund von Fritz).
Produktion: Nordisk Films Kompagni, Kopenhagen. *Produzent:* Ole Olsen. *Länge:* 1165 m. *Uraufführung:* 22.1.1914, Kopenhagen.

⇨ *Siehe hierzu den Beitrag von Leonardo Quaresima in diesem Band.*

1913. Det hemmelighedsfulde X.
Regie, Buch: Benjamin Christensen. *Kamera:* Emil Dinesen.
Darsteller: Benjamin Christensen (Marineleutnant van Hauen), Karen Caspersen (seine Frau), Otto Reinwald (ihr ältester Sohn), Bjørn Spiro (ihr jüngster Sohn), Fritz Lamprecht (Konteradmiral van Hauen), Hermann Spiro (Graf Spinelli), Amanda Lund (Kindermädchen Jane), Svend Rindom (Lehrer), Robert Schmidt, Holger Rasmussen (Marineoffizier), Charles Løvaas (Marineoffizier).
Produktion: Dansk Biografkompagni, Kopenhagen. *Länge:* 1977 m. *Uraufführung:* 23.3.1914, Kopenhagen (Metropolteatret).
⇨ *Siehe hierzu den Beitrag von Casper Tybjerg.*

1914. Ned med Vaabnene.
(Die Waffen nieder!).
Regie: Holger-Madsen. *Buch:* Carl Theodor Dreyer; nach dem Roman »Die Waffen nieder!« von Bertha von Suttner. *Kamera:* Marius Clausen.
Darsteller: Philip Bech (Graf von Althaus), Augusta Blad (Martha, seine Tochter, Frau von Arno von Dotzky, danach Frau von Tilling), J. Fritz-Petersen (Rosa, Marthas Schwester), Alf Blütecher (Arno von Dotzky), Olaf Fønss (von Tilling, Offizier), Carl Lauritzen (Knobelauch, Kriegsminister).
Produktion: Nordisk Films Kompagni, Kopenhagen. *Produzent:* Ole Olsen. *Länge:* 1509 m. *Uraufführung:* 18.9.1915, Kopenhagen (Paladsteatret).
☐ Nach Kriegsausbruch muß Arno von Dotzky an die Front. Seine Frau Martha erhält die Nachricht, daß er gefallen ist. Vier Jahre später lernt sie den Offizier von Tilling kennen und heiratet ihn schließlich. Als nach erneutem Kriegsausbruch von Tilling an die Front muß, versucht Martha, ihren Mann zurückzuhalten. Von Tilling geht aber auch nach einem kurzen Urlaub und dem

Scheitern der Friedensverhandlungen zurück in den Krieg. Er verspricht, so bald als möglich den Dienst zu quittieren. Da Martha längere Zeit keine Nachricht von ihm erhält, reist sie ihm an die Front nach und sieht das Elend der Verwundeten. Sie verfehlen sich, treffen aber schließlich zu Hause wieder zusammen. Von Tilling ist nur leicht verwundet. Doch auch ihr Zuhause bleibt nicht vom Krieg verschont. Eine Choleraepidemie rafft auch Marthas geliebte Schwester Rosa hin. Ihr Vater stirbt vor Gram. Martha und ihr Mann werden sich nun ausschließlich dem Friedenskampf widmen.

1915. En Fare for Samfundet.
(Die Flucht vor der Liebe oder Eine Gefahr für die Gesellschaft).
Regie: Robert Dinesen. *Buch:* Mogens Falck.
Kamera: Sofus Wangø.
Darsteller: Gerd Egede Nissen (Fräulein Eddy Hamson), Valdemar Psilander (Prof. Erik Hildal, Chirurg), Philip Bech (Robert Hamson, Vater von Eddy), Ingeborg Spangsfeldt, Frantz Skondrup, Moritz Bielawski.
Produktion: Nordisk Films Kompagni, Kopenhagen. *Produzent:* Ole Olsen. *Länge:* 1253 m / 1145 m. *Uraufführung:* 28.1.1918, Kopenhagen (Victoriateatret).
☐ Nach gerade einem halben Jahr Ehe hat der berühmte Chirurg Hildal seine Frau verloren. Er sitzt neben ihrem blumenüberhäuften Sarg. In seinem Schmerz wird er von Hamson gestört, der ihn flehentlich bittet, rasch seiner Tochter Eddy zu helfen, die an einer Luftröhrenkomplikation leidet. Der Chirurg begibt sich widerstrebend ins Haus Hamsons und rettet dessen Tochter vor dem Ersticken. Bei seiner Rückkehr steht das Haus des Chirurgen in Flammen, da eine umstürzende Kerze den Sarg seiner geliebten Frau in Brand gesetzt hat. Hildal erleidet nach einem vergeblichen Rettungsversuch einen Nervenzusammenbruch und bedarf psychiatrischer Behandlung. Ein Jahr später hält sich die vollständig genesene Eddy Hamson mit ihrem Vater in einem Sanatorium

auf. Hildal kommt zur Nachkur ebenfalls in dieses Sanatorium. Zwischen dem Arzt und seiner ehemaligen Patientin entwickelt sich eine zarte Beziehung. Doch die Vergangenheit läßt Hildal nicht los. Er wird zum Pyromanen, der zunächst noch von Eddy beruhigt werden kann, schließlich aber doch – nach Anzünden seines Zimmers – der Aufsicht entflieht und verschiedene Brände legt. Nach seiner erneuten Einschließung überwindet er durch die selbstlos liebende Eddy seine Krankheit. Mit der zukünftigen Frau und dem Schwiegervater begibt er sich auf eine längere Seereise.
Der Film wird auch mit einer tragischen Schlußvariante vertrieben: Hildal verbrennt – von der Polizei gejagt – in einer Scheune. Diese Variante kommt der strikteren Moral der Zensur in Rußland und den USA entgegen: Wer so viele ungesetzliche Handlungen unternimmt, muß untergehen.

1915. Haevnens Nat.
(Rache!).
Regie, Buch: Benjamin Christensen. *Kamera:* Johan Ankerstjerne. *Bauten:* Hjalmar Klaebel.
Darsteller: Benjamin Christensen, Karen Sandberg (= Caspersen), Peter Fjelstrup, Charles Wilken, Ulla Johansen, Jon Iversen, Aage Schmidt, Grete Brandes, Elith Pio, Fritz Lamprecht, Oswald Helmuth, Otto Reinwald, Jørgen Lund, W. Jordan, Mathilde Nielsen, Marie Pio.
Produktion: Dansk Biografkompagni, Kopenhagen. *Länge:* 1956 m. *Uraufführung:* 25.9.1916, Kopenhagen (Paladsteatret).
⇨ *Siehe hierzu den Beitrag von Casper Tybjerg.*

1916. Homunculus.
1. Homunculus.
2. Das geheimnisvolle Buch.
3. Die Liebestragödie des Homunculus.
4. Die Rache des Homunculus.
5. Die Vernichtung der Menschheit.
6. Das Ende des Homunculus.

Regie: Otto Rippert. *Buch:* Robert Reinert. *Kamera:* Carl Hoffmann. *Bauten:* Robert A. Dietrich.
Darsteller: 1. Olaf Fönss, Ernst Ludwig, Albert Paul, Lore Rückert, Max Ruhbeck, Lia Borré, Friedrich Kühne, Josef Bunzl. 2. Olaf Fönss, Friedrich Kühne, Ernst Benzinger, Margarete Ferida, Mely Lagarst, Einar Bruun. 3. Olaf Fönss, Friedrich Kühne, Ilse Lersen, Erna Thiele, Walter Wolffgram, Max Ruhbeck, Hedwig Wiese, Gustav von Winterstein (= Wangenheim). 4. Olaf Fönss (Richard Ortmann, Homunculus), Friedrich Kühne (Edgar Rodin), Theodor Loos (Sven Fredland), Mechthild Thein (Margot). 5. Olaf Fönss, Friedrich Kühne, Maria Immhofen, Fritz Steidel. 6. Olaf Fönss, Friedrich Kühne, Thea Sandten, Robert Reinert.
Produktion: Deutsche Bioscop GmbH, Berlin. *Drehort:* Bioscop-Atelier Neubabelsberg.
Länge: 4 Akte, 1588 m (1.); 4 Akte, 1730 m (2.); 4 Akte, 1492 m (3.); 4 Akte, 1562 m (4.); 4 Akte, 1415 m (5.); 4 Akte, 1376 m (6.). *Uraufführung:* Mitte August 1916, Berlin (Marmorhaus) (1.); 13.10.1916, Berlin (Biophon), Hamburg (Lessingtheater), Düsseldorf (Residenztheater) (2.); 27.10.1916, Berlin (Marmorhaus), Hamburg (Lessingtheater) (3.); 10.11.1916, Hamburg (Lessingtheater), 1.12.1916, Berlin (Marmorhaus) (4.); 1.12.1916, Hamburg (Lessingtheater) (5.); 1917, Berlin (Marmorhaus) (6.).
– 1920 brachte die Decla-Bioscop eine dreiteilige, gekürzte Neufassung heraus: HOMUNCULUS. 1. TEIL: DER KÜNSTLICHE MENSCH. – 2. TEIL: DIE VERNICHTUNG DER MENSCHHEIT. – 3. TEIL: EIN TITANENKAMPF. *(Gesamtlänge: 6315 m).*

1919. Samvittivghedskvaler / Moderen. (Gewissensqualen).

Regie: Olaf Fönss. *Buch:* Christian Nobel. *Darsteller:* Olaf Fönss, Alfi Zangenberg.

Produktion: Dansk Astra Film Co., Kopenhagen. *Länge:* 1335 m. *Uraufführung:* 17.5.1920, Kopenhagen (Metropol Teatret).
⇨ *Siehe hierzu den Beitrag von Carl Nørrestedt*

1920. Der Gang in die Nacht.

Regie: Friedrich Wilhelm Murnau. *Buch:* Carl Mayer; frei nach dem dänischen Szenarium »Der Sieger« von Harriet Bloch. *Kamera:* Max Lutze. *Bauten:* Heinrich Richter. *Darsteller:* Olaf Fönss (Prof. Dr. Eigil Boerne), Erna Morena (Helene, seine Verlobte), Conrad Veidt (blinder Maler), Gudrun Bruun-Steffensen (Lily, Tänzerin), Clementine Plessner.
Produktion: Goron-Films, Berlin. *Drehzeit:* August – Oktober 1920. *Drehort:* Ateliers am Zoo Berlin, Csérepy-Atelier Berlin. *Länge:* 5 Akte, 1927 m. *Uraufführung:* 21.1.1921, Berlin (Richard-Oswald-Lichtspiele, Schauburg).
⇨ *Siehe hierzu den Beitrag von Carl Nørrestedt in diesem Band.*

1921. Die Gezeichneten.

Regie: Carl Theodor Dreyer. *Buch:* Carl Theodor Dreyer; nach dem Roman »Elsker hverandre« von Aage Madelung. *Kamera:* Friedrich Weinmann. *Bauten:* Jens G. Lind. *Kostüme:* Leopold Verch, Willi Ernst, Carl Toepfer, M. Brauer Nachf. *Wissenschaftliche Beratung:* Viktor Arden, Prof. Krol. *Darsteller:* Adele Reuter-Eichberg (Frau Segal), Wladimir Gaidarow (Jakow Segal, ihr Sohn, Rechtsanwalt), Gräfin Polina Piechowska (Hanne-Liebe, seine Schwester), Sylvia Torf (Zipe, deren ältere Schwester), Hugo Döblin (Abraham, Zipes Mann), Johannes Meyer (Rylowitsch, Wandermönch), Thorleiff Reiss (Alexander, »Sascha«, junger Student), J. Duvan-Torzoff (Suchowersky, russischer Händler), M. Tschernoff (Machlers, jüdische Heiratsvermittlerin), Emmy Wyda (Anna Arkadiewna, Schulvorsteherin), Tatjana Taridina (Natalia Petrowna, Lehrerin), M. Hoch-Pinnova (Nastja, Dienstmädchen bei Frau Segal), Elisabeth Pinaeff (Manja, Mitschülerin von Hanne-Liebe), Iwan Bulatoff (alter Bauer), Friedrich Kühne (Polizeichef). *Produktion:* Primusfilm, Berlin. *Produktionsleitung:* Otto Schmidt. *Drehzeit:* Sommer 1921. *Länge:* 7 Akte, 2833 m. *Uraufführung:* 7.2.1922, Kopenhagen (Paladsteatret); *deutsche Erstaufführung:* 23.2.1922, Berlin (Primus-Palast).

□ In einer kleinen russischen Provinzstadt wächst um die Jahrhundertwende das jüdische Mädchen Hanne-Liebe auf. Sie ist zahlreichen antisemitischen Diskriminierungen ausgesetzt. Noch bevor sie das Gymnasium abschließen kann, wird sie das Opfer einer üblen Nachrede: Sie soll sich mit ihrem Freund Sascha, der inzwischen nach St. Petersburg gegangen ist, in der Öffentlichkeit unmoralisch verhalten haben. Die Versuche ihrer Verwandten, sie mit einem anderen Mann zu verkuppeln, um ihren guten Ruf wieder herzustellen, scheitern. Ihre große Liebe bleibt Sascha. Sie geht gleichfalls nach St. Petersburg und sucht dort ihren älteren Bruder Jakow, einen wohlhabenden Rechtsanwalt, auf, der sich von seinem Judentum losgesagt hat und deshalb von seinem Vater auf dem Sterbebett verflucht worden war. Schuldgefühle plagen Jakow, der in seiner höchst konventionellen Ehe sein Herkommen nie vergessen kann. Er gibt der Schwester die Hälfte seines Eigentums und bringt sie bei einem befreundeten Ehepaar unter. Dort treffen Hanne-Liebe und Sascha endlich wieder zusammen. Sie schließen sich den Revolutionären an, werden aber durch einen Spitzel denunziert. Jakow kann seine Schwester freikämpfen, sie wird in ihre Heimatstadt ausgewiesen. Jakow geht gleichfalls zurück in seinen Heimatort und erlangt am Sterbebett seiner Mutter Vergebung. Spitzel und mißgünstige Nachbarn setzen ihre Redereien über Hanne-Liebe und die Juden insgesamt fort. Die Unzufriedenheit mit der sozialen Not soll auf sie abgelenkt werden. Als sich Jakow gegen die Schändung der

Grabstätte seiner Mutter wehrt und den Täter, einen dubiosen Mönch, attackiert, verbreitet dieser das Gerücht, Jakow habe ihm die Augen ausstechen wollen. Der leichtgläubige Pöbel entfesselt darauf einen Pogrom im Judenviertel, bei dem unter anderem Jakow ums Leben kommt. Sascha, durch ein Manifest des Zaren begnadigt, kann Hanne-Liebe im letzten Moment vor der mordenden Meute retten. Sie verlassen das verwüstete Ghetto.

**1921. Häxan.
(Die Hexe).**
Regie, Buch: Benjamin Christensen. *Kamera:* Johan Ankerstjerne. *Bauten:* Richard Louw. *Schnitt:* Edla Hansen.
Darsteller: Benjamin Christensen (Teufel), Ella la Cour (Karna, Trollfrau), Emmy Schønfeld (ihre Helferin), Kate Fabian (liebeskranke Jungfrau), Oscar Stribolt (gefräßiger Mönch), Wilhelmine Henriksen (Apelone, eine fette Alte), Elisabeth Christensen, (Anna Bokpräntarhustrus Mutter), Astrid Holm (Anna Bokpräntarhustru), Karen Winther (ihre jüngere Schwester), Maren Pedersen (Maria Väverska, Hexe), Johannes Anderssen (Pater Henrik, Richter), Elith Pio (Richter), Aage Hertel (Richter), Ib Schønberg (Richter), Holst Jørgensen (Peter Titta), Herr Westermann (Rasmus Bödel), Clara Pontoppidan (Syster Cecilia, Nonne), Elsa Vermehren (selbstquälerische Nonne), Alice O'Fredericks (Nonne), Gerda Madsen (Nonne), Carina Bell (Nonne), Tora Teje (Hysterikerin in modernen Teil), Poul Reumert (Juwelier), H. C. Bilssen (sein Assistent), Albrecht Schmidt (Psychiater), Knud Rassow (Anatom), Ellen Rassow (Dienstmagd), Frederik Christensen, Henry Seemann (Bürger), Karen Caspersen, Gudrun Barfoed, Holger Pedersen.
Produktion: Svensk Filmindustri, Stockholm. *Drehort:* Astra-Atelier, Hellerup (Dänemark). *Länge:* 7 Akte, 2506 m. *Uraufführung:* 18.9.1922, Stockholm (Röda Kvarn); *dänische Erstaufführung:* 7.11.1922,

Kopenhagen; *deutsche Erstaufführung:* 30.6.1924, Berlin (Ufa-Palast am Zoo).
⇨ *Siehe hierzu den Beitrag von Casper Tybjerg.*

1923. Seine Frau, die Unbekannte.
Regie, Buch: Benjamin Christensen. *Kamera:* Frederik Fuglsang. *Bauten:* Hans Jacoby.
Darsteller: Willy Fritsch (Wilbur Crawford), Lil Dagover (Eva, seine Frau), Maria Reisenhofer (Crawfords Mutter), Maria Wefers (Esther), Mathilde Sussin (Frau Hurst), Edith Edwards (Mabel), Karl Platen (Sam), Martin Lübbert (Jack), Karl Falkenberg (Tangotänzer), Paul Rehkopf (Detektiv), Jaro Fürth (Polizeikommissar).
Produktion: Decla-Bioscop AG (der Ufa), Berlin. *Drehzeit:* Mitte Mai – September 1923. *Drehort:* Ufa-Atelier Berlin-Tempelhof; *Außenaufnahmen:* Freigelände Neubabelsberg. *Länge:* 6 Akte, 2232 m. *Uraufführung:* 19.10.1923, Berlin (Tauentzien-Palast).
– *Arbeitstitel: Wilbur Crawfords wundersames Abenteuer.*
⇨ *Siehe hierzu den Beitrag von Casper Tybjerg in diesem Band.*

1923/24. Michael.
Regie: Carl Theodor Dreyer. *Buch:* Thea von Harbou, Carl Theodor Dreyer; nach dem Roman »Mikael« von Joachim Herman Bang. *Kamera:* Karl Freund, Rudolf Maté (Außen). *Bauten:* Hugo Häring. *Kino-Musik:* Hans Joseph Vieth; nach Motiven von Peter Tschaikowsky.
Darsteller: Walter Slezak (Eugène Michael), Benjamin Christensen (Claude Zoret, der Meister), Nora Gregor (Fürstin Zamikow), Alexander Murski (Adelskjold), Grete Mosheim (Frau Adelskjold), Didier Aslan (Herzog Monthieu), Robert Garrison (Charles Switt), Max Auzinger (Majordomus), Karl Freund (Kunsthändler Leblanc), Wilhelmine Sandrock (Herzoginwitwe).
Produktion: Decla-Bioscop AG (der Ufa), Berlin. *Drehzeit:* November 1923 – Anfang Juni 1924. *Drehort:* Ufa-Atelier Berlin-Tem-

pelhof. *Länge:* 6 Akte, 1966 m. *Uraufführung:* 26.9.1924, Berlin (U.T. Kurfürstendamm).
☐ Die homosexuelle Liebe des alternden Malers Claude Zoret zu seinem Modell und Adoptivsohn Michael reicht bis in den Tod. Michael entgleitet dem Maler, als sich für ihn eine neue Liebe zur Fürstin Zamikow anbahnt.

1924/25. Die Frau mit dem schlechten Ruf.
Regie: Benjamin Christensen. *Buch:* nach dem Roman »The Woman Who Did« von Grant Allan. *Kamera:* Carl Hoffmann. *Bauten:* Hans Jacoby.
Darsteller: Alexandra Sorina, Lionel Barrymore, Gustav Fröhlich, Henry Vybart, Daisy Campel, Herta Müller, Marian Alma, Walter Bruckmann, Fritz Richard, Frieda Richard, Dembot, Eugenie Teichgräber, Robert Taube, Mathilde Sussin, das Kind Danielowitsch.
Produktion: Universum-Film AG (Ufa), Berlin. *Drehzeit:* ab Ende August 1924. *Drehort:* Ufa-Atelier Berlin-Tempelhof. *Länge:* 6 Akte, 1894 m. *Uraufführung:* 18.12.1925, Berlin (U.T. Friedrichstraße).
⇨ *Siehe hierzu den Beitrag von Casper Tybjerg in diesem Band.*

1927/28. Tragödie im Zirkus Royal.
Regie: Alfred Lind. *Regie-Assistenz:* Robert Siodmak. *Buch:* Armin Petersen, Alfred Lind. *Kamera:* Edgar S. Ziesemer. *Bauten:* Willi A. Herrmann, Bernhard Schwidewski. *Kino-Musik:* Alexander Schirmann.
Darsteller: Bernhard Goetzke (Dr. Magirus), Ellen Kürti (Ziska), Werner Pittschau (Frank) Siegfried Arno (Atto), Helene von Bolvary (Frau Direktor Saltarelli), Carl Auen (Armand).
Produktion: Nero-Film AG, Berlin. *Produzent:* Seymour Nebenzahl. *Drehort:* National-Atelier Berlin-Tempelhof, Efa-Atelier Berlin; *Außenaufnahmen:* Zirkus Busch, Hamburg. *Länge:* 7 Akte, 2568 m. *Uraufführung:* 23.2.1928, Berlin (Alhambra Kurfürstendamm, Schauburg).

☐ »Die Luftsensation ›Geister der Nacht‹
wird im Zirkus Royal täglich vor einer begeisterten Menge vorgeführt. Atto ist der Führer
und Beschützer, und drei junge Menschen,
Armand, Frank und Ziska, sind seine
Schützlinge. Ziska liebt Frank, doch dieser
ist sich der Größe ihrer Liebe nicht bewußt.
Armand hängt ebenfalls mit großer Liebe an
Ziska. Da Ziska ihn nicht erhört, stürzt er
sich vom hohen Trapez und findet seinen
Tod. In einer Kleinstadt, einem Wanderzirkus treffen wir sie wieder. Ziska hat die Be-
kanntschaft eines merkwürdigen Erfinders,
des Dr. Magirus, gemacht. Er hat eine Puppe,
den radio-mechanischen Menschen, für sie
konstruiert, die in ›Geister der Nacht‹ Armand ersetzen soll. Doch Dr. Magirus' Preis
ist sehr hoch...« (Illustrierter Filmkurier, Nr.
814, 1928).

Auswahlbibliografie

– Arnold Hending: Stjerner i Glashuse. Et Causeri over 40 Aars Film. Valby, Kopenhagen: Winkelmanns Forlag 1936.
– Ove Brusendorff: Filmen, dens Navne of Historie I-III. Kopenhagen: Universal Forlaget 1939–1941.
– Svend Gade: Mit Livs Drejescene. Kopenhagen 1941. (Autobiografie)
– Arnold Hending: Da isbjoernen var lille. Kopenhagen: Urania 1945.
– Forsyth Hardy: Scandinavian Film. London: The Falcon Press 1952.
– Ebbe Neergard: Historien om dansk film. Kopenhagen: Gyldendal 1960.
– Ebbe Neergard: The Story of the Danish Film. Kopenhagen: Det Danske Selskab o.J. (1963).
– Marguerite Engberg: Den danske stumfilm 1903-1930. Kopenhagen: Det Danske Filmmuseum 1968.
– Det danske filmfonds – The Cinema in Denmark. Hg. vom Dänischen Filmfonds. Kopenhagen o.J. (1971).
– Bebe Bergtsen: The Great Dane. The Great Northern Film Company. Los Angeles: Locare Research Group 1973.
– Ib Monty: The Danish Film 1896-1960. An Unbroken Tradition for Film-Making. Hg. vom Dänischen Filminstitut und der Presse- und Kulturabteilung des Außenministeriums. Kopenhagen 1973.
– Marguerite Engberg: Dansk stumfilm. 2 Bände. Kopenhagen: Rhodos 1977.
– Marguerite Engberg: Registrant over dansk film 1895-1914. 3 Bde. Kopenhagen: Institut for Filmvidenskab 1977; fortges. 1982: Registrant over dansk film 1915-1930. 2 Bde.

– Jean-Loup Passek (Hg.): Le cinéma danois. Paris: Centre National d'art et de culture Georges Pompidou 1979.
– Heide Schlüpmann: Im Gegensinn der Worte. Die Pioniere des skandinavischen Kinos 1896-1918. In: Frauen und Film, Nr. 41, 1986, S. 17-32.
– Paolo Cherchi Usai (Hg.): Schiave bianche allo spechchio. Le origini del cinema in Scandinavia (1896-1918). Pordenone: Edizioni Studio Tesi 1986.
– Ron Mottram: The Danish Cinema Before Dreyer. Metuchen, New Jersey, London: The Scarecrow Press 1988.
– Peter Cowie (Hg.): Le cinéma des pays nordiques. Paris: Editions du Centre Pompidou 1990; englische Fassung: Scandinavian Cinema. London: The Tantivy Press 1992.
– Marguerite Engberg: The Influence of Danish Cinema on German Film 1910-1920. In: Griffithiana, Nr. 38/39, Oktober 1990, S. 127-138.

Personen

Filme

Die in den Kurzbiografien erwähnten Namen und Filmtitel sind im Register nicht verzeichnet. Aus den Filmografien wurden nur die Titel übernommen.

B = Kurzbiografie, fg = filmografische Angaben, F = Foto

Dank

Dieses Buch enthält die für den Druck überarbeiteten Vorträge, die auf dem 6. Internationalen Filmhistorischen Kongreß»Schwarzer Traum und weiße Sklavin – Deutschdänische Filmbeziehungen 1910-1930« gehalten wurden. Ergänzend wurde neben den Materialien des Anhangs der eigens für diese Veröffentlichug verfaßte Beitrag von Leonardo Quaresima aufgenommen.
Der Kongreß fand statt vom 18. bis 21. November in Hamburg und wurde veranstaltet von CineGraph – Hamburgisches Centrum für Filmforschung e.V. in Zusammenarbeit mit dem Bundesarchiv – Filmarchiv Berlin und Koblenz, der Kinemathek Hamburg e.V. (Kommunales Kino Metropolis), dem Hamburger Filmbüro e.V und mit Unterstützung der Kulturbehörde der Freien und Hansestadt Hamburg. Dank an Rudi Freund und Helmut Regel (Bundesarchiv), Heiner Roß (Kinemathek Hamburg) und Torsten Teichert (Hamburger Filmbüro) und ihre Mitarbeiter.
Zur Vorbereitung des Kongresses fand im Mai 1993 in Berlin ein Sichtungskolloquium statt, das Evelyn Hampicke mit CineGraph Babelsberg – Brandenburgisches Centrum für Filmforschung e.V. im Zeughauskino in Zusammenarbeit mit dem Deutschen Historischen Museum und dem Bundesarchiv – Filmarchiv organisierte. Dr. Rainer Rother und den Mitarbeitern des Zeughauskinos gilt hierfür unser besonderer Dank.
Der Kongreß wäre ohne die großzügige Bereitstellung von Filmen und Materialien durch Det Danske Filmmuseum Kopenhagen kaum möglich gewesen. Für unbürokratische Unterstützung und Beratung danken wir Ib Monti, Leiter des Museums, und seinen Mitarbeitern und Mitarbeiterinnen, besonders Frau Aase Malmkjær.
Dank auch an das Nederlands Filmmuseum Amsterdam, die Stiftung Deutsche Kinemathek Berlin und das Deutsche Institut für Filmkunde Wiesbaden.

Heide Schlüpmann (Frankfurt) sowie Marguerite Engberg, Carl Nørrestedt, Anne Jespersen und Casper Tybjerg (alle Kopenhagen) haben durch zahlreiche Hinweise und Materialbeschaffung sehr geholfen.
Zum Gelingen des Kongresses haben die konzeptionellen und organisatorischen Arbeiten von Manfred Behn, Manuela Heise und Sibylle Sturm entscheidend beigetragen. Die Arbeit von CineGraph – Hamburgisches Centrum für Filmforschung e.V. wird unterstützt von der Kulturbehörde der Freien und Hansestadt Hamburg.

Autoren

Manfred Behn, geboren 1949 in Soltendieck. Studium der Anglistik, Germanistik und Pädagogik in Hamburg. Tätig in der Erwachsenenbildung und als freier Autor. Buch- und Zeitschriftenveröffentlichungen, Mitarbeit an Lexika (Literatur und Film). Lebt in Hamburg.

Prof. Marguerite Engberg, geboren 1919 in Kopenhagen. 1967 Gründerin und erste Professorin der filmwissenschaftlichen Abteilung an der Universität Kopenhagen, dort bis 1989 Professur für Filmgeschichte. Neben zahlreichen Veröffentlichungen (s. auch Bibliografie in diesem Band) Arbeiten zur Sicherung und Restaurierung von dänischen Filmen der Stummfilmzeit. Zuletzt erschien »Danish Films Through the Years« (1990). Lebt in Kopenhagen.

Michael Esser, geboren 1953 in Berlin. Buchhändlerlehre, Studium von Germanistik und Theaterwissenschaft. Lehrbeauftragter am Institut für Theaterwissenschaften der Freien Universität Berlin. Konzeption filmhistorischer Ausstellungen und Veranstaltungsreihen, filmgeschichtliche Veröffentlichungen. Mitarbeiter der Stiftung Deutsche Kinemathek und des Deutschen Historischen Museums. Lebt in Berlin.

Deniz Göktürk, geboren 1963 in Istanbul. Studium in Konstanz, Berlin und Norwich; dort Abschluß in Comparative Literature. Übersetzungen literarischer und wissenschaftlicher Texte aus dem Türkischen und Englischen. Veröffentlichungen zu Film und Literatur in Fachzeitschriften und Tageszeitungen. Gegenwärtig Arbeit an einer Dissertation zum Amerikabild im frühen deutschen Film. Lebt in Berlin.

Jeanpaul Goergen, geboren 1951 in Luxemburg. Rundfunkarbeiten zur Mediengeschichte. Veröffentlichung von »Walter Ruttmann. Eine Dokumentation« (1989). 1992/93 Jahresstipendium des Berliner Nipkow-Programms. Mitglied von CineGraph Babelsberg – Brandenburgisches Centrum für Filmforschung e.V. Lebt als freier Autor in Berlin.

Evelyn Hampicke, geboren 1953 in Berlin. Mitarbeiterin im Bundesarchiv-Filmarchiv. Mitglied von CineGraph Babelsberg – Brandenburgisches Centrum für Filmforschung e.V. Lebt in Berlin.

Sebastian Hesse. Hörfunk-Redakteur beim Süddeutschen Rundfunk und freier Autor. Gegenwärtig Arbeit an einer Dissertation zum Detektiv- und Kriminalfilm bei Heide Schlüpmann in Frankfurt. Lebt in Heidelberg.

Dr. Jürgen Kasten, geboren 1954. Industriekaufmann, Studium der Theaterwissenschaft, Germanistik und Psychologie. Veröffentlichungen u.a.: »Der expressionistische Film« (1989), »Film schreiben. Eine Geschichte des Drehbuches« (1990), »Carl Mayer. Filmpoet« (1994). Geschäftsführer des Verbandes deutscher Drehbuchautoren e.V. Lebt in Berlin.

Peter Lähn, geboren 1956 in Duisburg. Studium der Kunstgeschichte, Neueren Deutschen Literatur, Philosophie und Medien-

wissenschaften. Mitarbeiter beim Deutschen Filmmuseum, Frankfurt. Lebt in Frankfurt.

Carl Nørrestedt, geboren 1943 in Kopenhagen als einziger Enkel von Carl Schenstrøm (Pat). Filmkritiker und Filmhistoriker: Verfasser zahlreicher Veröffentlichungen zur Geschichte des skandinavischen Stummfilms und des Standardwerkes »Experimentalfilm in Denmark« (1986). Autor und Schauspieler von experimentellen Kurzfilmen. Lebt in Kopenhagen.

Dr. Leonardo Quaresima, geboren 1947 in Sassoferrato (Ancona). Professor für Filmgeschichte an den Universitäten Udine, Bremen und Bologna. Veröffentlichungen u.a.: »Leni Riefenstahl« (1985) und »Cinema e teatro in Germania« (1990). Mitherausgeber der Zeitschrift »Cinema & Cinema«. Lebt in Bologna.

Dr. Heide Schlüpmann, geboren 1943. Lehrt Filmgeschichte und Filmtheorie in Frankfurt. Mitherausgeberin von »Frauen und Film«. Neben zahlreichen Zeitschriftenveröffentlichungen u.a. »Friedrich Nietzsches ästhetische Opposition« (1977) und »Unheimlichkeit des Blicks. Das Drama des frühen Kinos« (1990). Lebt in Frankfurt.

Casper Tybjerg, geboren 1968. Studium an der Filmabteilung der Kopenhagener Universität; dort 1992 Abschluß mit einer Arbeit über das Kino Sam Peckinpahs. Gegenwärtig entsteht eine Dissertation mit dem Titel »The Coming of Age of Danish Cinema: Benjamin Christensen and the Silent Film after 1910«.